pois é

paulorónai

pois é

1ª edição

JOSÉ OLYMPIO
E D I T O R A
Rio de Janeiro, 2014

© herdeiros Paulo Rónai

Reservam-se os direitos desta edição à
EDITORA JOSÉ OLYMPIO LTDA.
Rua Argentina, 171 – 3º andar – São Cristóvão
20921-380 – Rio de Janeiro, RJ – República Federativa do Brasil
Tel.: (21) 2585-2060
Printed in Brazil / Impresso no Brasil

Atendimento direto ao leitor:
mdireto@record.com.br
Tel.: (21) 2585-2002

ISBN 978-85-03-00963-8

Capa: VICTOR BURTON
Foto: ARQUIVO DE FAMÍLIA

Livro revisado segundo o novo Acordo Ortográfico da Língua Portuguesa.

CIP-BRASIL. CATALOGAÇÃO NA PUBLICAÇÃO
SINDICATO NACIONAL DOS EDITORES DE LIVROS, RJ

	Rónai, Paulo, 1907-1992
R675p	Pois é / Paulo Rónai. – 1ª ed. – Rio de Janeiro: José Olympio, 2014.
	432 p. ; 21 cm.

ISBN 978-85-03-00963-8

1. Literatura brasileira. 2. Tradução e interpretação. 3. Linguagem
e línguas. I. Título.

	CDD: 869.909
14-09194	CDU: 821.134.3(81).09

SUMÁRIO

Prefácio   **9**

I. LETRAS NOSSAS

Rosiana

Especulações sobre *Tutameia*   **15**

A fecunda Babel de Guimarães Rosa   **29**

Rosa não parou   **39**

Palavras apenas mágicas   **47**

Interesse geral de uma correspondência particular   **55**

Ceciliana

Lembrança de Cecília Meireles   **63**

Gravado na pedra   **71**

O Romanceiro da Inconfidência vinte anos depois   **77**

Drummondiana

Tentativa de comentário para alguns temas de
Carlos Drummond de Andrade   **83**

Boitempo   **105**

Crônicas de um contemporâneo	109
Rachel de Queiroz ou a complexa naturalidade	113
O Risco do Bordado	125
O Nariz do Morto	129
O Reino Perdido	135
Um verão como nenhum outro	139
Entre lirismo e epopeia	143
João Ternura veio substituir Aníbal Machado	149

II. LETRAS ALHEIAS

Ainda vale a pena ler a *Eneida*?	159
As fábulas de La Fontaine, leitura para adultos	171
Prévost, Des Grieux e Manon	179
Alfred de Vigny e *Servidão e Grandeza Militares*	185

Balzaquiana

Balzac e nós	203
A *Correspondência* de Balzac	221
B/B/B ou Balzac pretexto e texto	241
Claude Tillier redivivo	251
São lendas as *Sete Lendas* de Gottfried Keller?	257
A Morte de Ivan Ilitch, e a nossa	273
Grazia Deledda, a voz da Sardenha	287
Karen Blixen e/ou Isak Dinesen, ou o desespero mágico	293
A criadora de pavões	301

Hungárica

Kálmán Mikszáth, um romancista húngaro	309
O Soldado Mentiroso	329
O Menor dos Deuses	337
Nenhures?	345

III. LÍNGUA

Lua de mel com um dicionário	351
Útil inda brincando	357
Siglas etc.	365
Iniciação ao franglês	379
Humorismo linguístico	387
Um idioma ganha o seu dicionário	393

IV. VIDA

Mergulho no Japão	401
Elegia fiumana	425

PREFÁCIO

Pois é.

Ao receber convite para juntar um punhado de artigos e ensaios, pus-me a remexer numa vasta papelada acumulada nos últimos trinta e cinco anos, e dela saí algo perplexo. Descartada grande parte do que tinha escrito, o resto ainda era muito heterogêneo: preenchendo alternadamente funções de leitor, professor, recensionista, antologista, prefaciador, tradutor, acabei como diletante.

Mas como resistir à tentação de salvar do cemitério dos jornais e das revistas duas dúzias de escritos feitos para transmitir um recado, dar um depoimento, comunicar uma experiência rara, agradecer um prazer recebido? E assim selecionei as páginas que seguem e que foram se agrupando em quatro seções. Talvez o leitor a quem três nada disserem encontre na quarta algo que lhe diz respeito.

Não esperem deste livro nenhuma doutrina orgânica e coerente. Aceito, para ele também, a pecha de impressionista. Nem reclamem se, em alguns trabalhos, não encontrarem o distanciamento sentimental tão desejável no ensaio.

Parte dos artigos da primeira seção são depoimentos, testemunhos; os demais visam a comunicar a outros o prazer encontrado em certos livros. Prefácios que me pediram para traduções de livros estrangeiros compõem parte da segunda; os outros se subordinam a dois de meus temas permanentes, a obra de Balzac e a literatura húngara. A terceira é devida ao interesse que sempre me têm despertado pais de burros e obras congêneres. A desculpa da quarta é a raridade da experiência que relata. E talvez o leitor paciente descubra sozinho por que lhe acrescentei "Elegia Fiumana".

Mas a minha intenção era explicar o título. Talvez ele se deva entender apenas como uma retomada de contato com o leitor, a quem cordialmente convido a um bate-papo, eventualmente a uma troca de ideias.

Agradecimentos sinceros ao bom amigo Prof. Gilberto Mendonça Teles, sem cujo estímulo este livro não existiria.

Nova Friburgo, sítio "Pois é", setembro de 1989.

Paulo Rónai

PARTE I

LETRAS NOSSAS

Rosiana

ESPECULAÇÕES SOBRE *TUTAMEIA*

Os prefácios

Toda pessoa, sem dúvida, é um exemplar único, um acontecimento que não se repete. Mas poucas pessoas, talvez nenhuma, lembravam essa verdade com tamanha força como João Guimarães Rosa. Os testemunhos publicados depois de sua morte repentina refletiam, todos, como que um sentimento de desorientação, de pânico ante o irreparável. Desejaria ter-lhes acrescentado o meu depoimento, e, no entanto, senti-me inibido de fazê-lo. Não estava preparado para sobreviver a Guimarães Rosa, preciso de tempo para me compenetrar dos encargos dessa sobrevivência.

Aqui está, porém, o último livro do escritor, *Tutameia*, publicado poucos meses antes da sua morte, a exigir leitura e reflexão. Por mais que o procure encarar como mero texto literário, desligado de contingências pessoais, apresenta-se com agressiva vitalidade, evocando inflexões de voz, jeitos e maneiras de ser do homem e amigo. A leitura de qualquer página sua é um conjuro.

Como entender o título do livro? No *Pequeno Dicionário Brasileiro da Língua Portuguesa*, encontramos "tuta e meia" definida por Mestre Aurélio como "ninharia, quase nada, preço vil, pouco dinheiro". Numa glosa da coletânea, o próprio contista confirma a sinonímia desses termos, juntando-lhes outros equivalentes pitorescos, tais como: "nonada, baga, ninha, inânias, ossos de borboleta, quiquiriqui, mexinflório, chorumela, nica".

Atribuiria ele realmente tão pouco valor ao volume? Ou terá adotado a fórmula apenas como antífrase carinhosa e, talvez, até supersticiosa? Inclino-me para esta última suposição. Em conversa comigo (numa daquelas conversas esfuziantes, estonteantes, enriquecedoras e provocadoras que tanta falta me hão de fazer pela vida afora), deixando de lado o recato da despretensão, ele me segredou que dava a maior importância a este livro, surgido em seu espírito como um todo perfeito, não obstante o que os contos necessariamente tivessem de fragmentário. Entre estes havia inter-relações as mais substanciais, as palavras todas eram medidas e pesadas, postas no seu exato lugar, não se podendo suprimir ou alterar mais de duas ou três em todo o livro sem desequilibrar o conjunto. A essa confissão verbal acresce outra, impressa no fim da lista dos equivalentes do título, como mais uma equação: *mea omnia*. Essa etimologia, tão sugestiva quanto inexata, faz de "tutameia" vocábulo mágico tipicamente rosiano, confirmando a asserção de que o ficcionista pôs no livro muito, senão tudo, de si. Mas também em nenhum outro livro seu cerceia o humor a esse ponto às efusões, ficando a ironia em permanente alerta para policiar a emoção.

— Por que *Terceiras Estórias* — perguntei-lhe — se não houve as segundas?

— Uns dizem: porque escritas depois de um grupo de outras não incluídas em *Primeiras Estórias*. Outros dizem: porque o autor, supersticioso, quis criar para si a obrigação e a possibilidade de publicar mais um volume de contos, que seriam então as *Segundas Estórias*.

— E que diz o autor?

— O autor não diz nada — respondeu Guimarães Rosa com uma risada de menino grande, feliz por ter atraído o colega a uma cilada.

Mostrou-me depois o índice no começo do volume, curioso de ver se eu lhe descobria o macete.

— Será a ordem alfabética em que os títulos estão arrumados?

— Olhe melhor: há dois que estão fora da ordem.

— Por quê?

— Senão eles achavam tudo fácil.

"Eles" eram evidentemente os críticos. Rosa, para quem escrever tinha tanto de brincar quanto de rezar, antegozava-lhes a perplexidade, encontrando prazer em aumentá-la. Dir-se-ia até que neste volume quis, adrede, submetê-los a uma verdadeira corrida de obstáculos.

Seria este o motivo principal da multiplicação dos prefácios, de que o livro traz não um, mas quatro? Atente-se: o primeiro índice, que encabeça o volume, relaciona quarenta e quatro "estórias"; no segundo, pois há um segundo, "de releitura", no fim do volume, quatro títulos são separados dos demais e apontados como prefácios.

Prefácio, por definição, é o que antecede uma obra literária. Mas no caso do leitor que não se contenta com uma leitura só, mesmo um prefácio colocado no fim poderá ter serventia. Ora, Guimarães Rosa esperava, reclamava até, essa segunda leitura, esteando a exigência em trechos de Schopenhauer, a abrir e fechar o volume.

Estórias à primeira vista, num segundo relance os prefácios hão de revelar uma mensagem. Juntos compõem ao mesmo tempo uma profissão de fé e uma arte poética, em que o escritor, através de rodeios, voltas e perífrases, por meio de alegorias e parábolas, analisa o seu gênero, o seu instrumento de expressão, a natureza da sua inspiração, a finalidade da sua arte, de toda arte.

Assim "Aletria e Hermenêutica" é pequena antologia de anedotas que versam o absurdo; mas é, outrossim, uma definição de "estória" no sentido especificamente guimarãesrosiano, constante de mostruário e teoria que se completam. Começando por propor uma classificação dos subgêneros do conto, limita-se o autor a apontar germes de conto nas "anedotas de abstração", isto é, nas quais a expressão verbal acena a realidades inconcebíveis pelo intelecto. Suas estórias, portanto, são "anedóticas" na medida em que certas anedotas refletem, sem querer, "a coerência do mistério geral que nos envolve e cria" e faz entrever "o suprassenso das coisas".

"Hipotrélico" aparece como outra antologia, desta vez de divertidas e expressivas inovações vocabulares, não lhe faltando sequer a infalível anedota do português. E é a discussão, às avessas, do direito que tem o escritor de criar palavras, pois o autor finge combater "o vezo de palavrizar", retomando por sua conta os argumentos de que já se viu acossado como deturpador do vernáculo e levando-os ao absurdo: põe maliciosamente à vista as inconsequências dos que professam a partenogênese da língua e se pasmam ante os neologismos do analfabeto, mas se opõem a que "uma palavra nasça do amor da gente", assim "como uma borboleta sai do bolso da paisagem". A "glosação em apostilas" que segue esta página reforça-lhe a aparência pilhérica, mas em Guimarães Rosa zombaria e *pathos* são como o reverso e o anverso da mesma medalha. O primeiro "prefácio" bastou para nos fazer compreender que em suas mãos até o trocadilho vira em óculos para espiar o invisível.

"Nós, os temulentos" deve ser mais que simples anedota de bêbado, como se nos depara. Conta a odisseia que para um borracho representa a simples volta a casa. Porém, os embates nos objetos que lhe estorvam o caminho envolvem-nos em uma sucessão de prosopopeias, fazendo dele, em rivalidade com esse outro temulento que é o poeta, um agente de transfigurações do real.

Finalmente, confissões das mais íntimas apontam nos sete capítulos de "Sobre a Escova e a Dúvida", envolvidas não em disfarces de ficção, como se dá em tantos narradores, mas, poeticamente, em metamorfoses léxicas e sintáticas.

É o próprio ficcionista que entrevemos de início num restaurante *chic* de Paris a discutir com um *alter ego*, também escritor, também levemente chumbado, que lhe censura o alheamento à realidade. "Você evita o espirrar e o mexer da realidade, então foge-não-foge." Surpreendidos de se encontrarem face a face, os dois eus encaram-se reciprocamente como personagens saídas da própria imaginativa, perturbados e ao mesmo tempo encantados com a sua "Sosiedade" (*sic!*), temendo uma palestra rapsódica de ébrios em que o tema do *engagement* ressurge volta e meia como preocupação central. O Rosa comprometido sugere ao Rosa alheado escreverem um livro juntos; este não lhe responde, a não ser através da ironia discreta com que sublinha o contraste do ambiente luxuoso com o ideal "da rude redenção do povo".

Mas a resposta à acusação de alheamento deve ser buscada também e sobretudo nos capítulos seguintes. Em primeiro lugar, põe-se em dúvida a natureza da realidade através da parábola da mangueira, cada fruta da qual reproduz em seu caroço o mecanismo de outra mangueira; e o inacessível nos elementos mais óbvios do cotidiano real é aduzido, afirmado, exemplificado. Depois de tentar encerrar em palavras o cerne de uma experiência mística, sua, o autor procura captar e definir os eflúvios de um de seus dias "aborígines" a oscilar incessantemente entre azarado e feliz, até enredá-lo numa decisão irreparável. Possivelmente, há em tudo isto uma alusão à reduzida influência de nossa vontade nos acontecimentos, às decorrências totalmente imprevisíveis de nossos atos. A seguir, evoca o escritor o seu primeiro inconformismo de menino em discordância com o ambiente sobre um assunto de somenos, o uso racional da escova de dentes; o que explicaria a sua não participação numa época em que a participação do escritor é palavra de ordem. Nisto, passa a precisar (ou antes a circunscrever) a natureza subliminar e supraconsciente da inspiração, trazendo como exemplo a gênese de várias de suas obras, precisamente as de mais valor, antes impostas do que projetadas de dentro para fora.

Para arrematar a série de confidências, faz-se o contista intermediário da lição de arte que recebeu de um confrade não sofisticado, o vaqueiro poeta em companhia de quem seguira as passadas de uma boiada. Ao contar ao trovador sertanejo o esboço de um romance projetado, este lhe exprobrou decididamente o plano (talvez excogitado de parceria com o sósia de Montmartre), numa condenação implícita da intencionalidade e do realismo: "Um livro a ser certo devia de se confeiçoar da parte de Deus, depor paz para todos."

Arrependido de tanto haver revelado de suas intuições, o escritor, noutro esforço de despistamento, completou o quarto e último prefácio com um glossário de termos que nele nem figuram, mas que representam outras tantas idiossincrasias suas, ortográficas e fonéticas, a exigir emendas nos repositórios da língua.

Absorvidos pelos prefácios, eis-nos apenas no limiar dos quarenta contos, merecedores de outra tentativa de abordagem. Quantas vezes mesmo, nesta breve cabra-cega preliminar, terei passado ao lado das intenções esquivas do contista, quantas vezes as suas negaças me terão levado a interpretações erradas? Só poderia dizê-lo quem não mais o pode dizer; mas será que o diria?

As estórias

Descontados os quatro prefácios, *Tutameia*, de Guimarães Rosa, contém quarenta "estórias" curtas, de três a cinco páginas, extensão imposta pela revista em que a maioria (ou todas) foram publicadas. Longe de constituir um convite à ligeireza, o tamanho medido obrigou o escritor a excessiva concentração. Por menores que sejam, esses contos não se aproximam da crônica; são antes episódios cheios de carga explosiva, retratos que fazem adivinhar os dramas que moldaram as feições dos modelos, romances em potencial comprimidos ao máximo. Nem desta vez a tarefa do leitor é facilitada. Pelo contrário, quarenta vezes há de embrenhar-se em novas veredas, entrever perspectivas cambiantes por trás do emaranhado de outros tantos silvados. Adotando a forma épica mais larga ou o gênero mais epigramático, Guimarães Rosa ficava sempre (e cada vez mais) fiel à sua fórmula, só entregando o seu legado e recado em troca de atenção e adesão totais.

A unidade dessas quarenta narrativas está na homogeneidade do cenário, das personagens e do estilo. Todas elas se desenrolam diante dos bastidores das grandes obras anteriores: as estradas, os descampados, as matas, os lugarejos perdidos de Minas, cuja imagem se gravara na memória do escritor com relevo extraordinário. Cenários ermos e rústicos, intocados pelo progresso, onde a vida prossegue nos trilhos escavados por uma rotina secular, onde os sentimentos, as reações e as crenças são os de outros tempos. Só por exceção aparece neles alguma pessoa ligada ao século XX, à civilização urbana e mecanizada; em seus caminhos sem fim, topamos com vaqueiros, criadores de cavalos, caçadores, pescadores, barqueiros, pedreiros, cegos e seus guias, capangas, bandidos, mendigos, ciganos, prostitutas, um mundo arcaico onde a hierarquia culmina nas figuras do fazendeiro, do delegado e do padre. A esse mundo de sua infância o narrador mantém-se fiel ainda desta vez; suas andanças pelas capitais da civilização, seus mergulhos nas fontes da cultura aqui tampouco lhe forneceram temas ou motivos, o muito que vira e aprendera pela vida afora serviu-lhe apenas para aguçar a sua compreensão daquele universo primitivo, para captar e transmitir-lhe a mensagem com mais perfeição.

Através dos anos e não obstante a ausência, o ambiente que se abrira para seus olhos deslumbrados de menino conservou sempre para ele suas cores frescas e mágicas. Nunca se rompeu a comunhão entre ele e a paisagem, os bichos e as plantas e toda aquela humanidade tosca em cujos espécimes ele amiúde se encarnava, partilhando com eles a sua angústia existencial. A cada volta do caminho suas personagens humildes, em luta com a expressão recalcitrante, procuram definir-se, tentam encontrar o sentido da aventura humana: "Viver é obrigação sempre imediata." "Viver seja talvez somente guardar o lugar de outrem, ainda diferente, ausente." "A gente quer, mas não consegue furtar no peso da vida." "Da vida sabe-se: o que a ostra percebe do mar e do rochedo." "Quem quer viver, faz mágica."

A transliteração desse universo opera-se num estilo dos mais sugestivos, altamente pessoal, e no entanto determinado em sua essência pelas tendências dominantes, às vezes contraditórias, da fala popular. O pendor do sertanejo para o lacônico e o sibilino, o pedante e o sentencioso, o tautológico e o eloquente, a facilidade com que adapta o seu cabedal de expressões às situações cambiantes, sua inconsciente preferência pelos subentendidos e elipses, seu instinto de enfatizar, singularizar e impressionar são aqui transformados em processos estilísticos. Na realidade, o neologismo desempenha nesse estilo papel menor do que se pensa. Inúmeras vezes julga-se surpreender o escritor em flagrante de criação léxica; recorra-se, porém, ao dicionário, lá estará o vocábulo insólito (*açamouco, alarife, avejão, brujajara, carafuz, chuchorro, esmar, ganjã, grinfo, gueta, jaganata, marupiara, nómina, panema, pataratesco, quera, sáfio, seresma, séssil, uca, vocoroca* etc.) rotulado de regionalismo, plebeísmo, arcaísmo ou brasileirismo. Outras vezes, não menos frequentes, a palavra nova representa apenas uma utilização das disponibilidades da língua, registrada por uma memória privilegiada ou esguichada pela inspiração do momento (*associoso, borralheirar, convidatividade, de extra-ordem, inaudimento, infinição, inteligentude, inventação, mal-entender-se, mirificácia, orabolas deles!, reflor, reminisção* etc.). Com frequência bem menor há, afinal, as criações de inegável cunho individual, do tipo das amálgamas *abusufruto, fraternura, lunático de mel, metalurgir, orfandante, psiquepiscar, utopiedade* com que o espírito lúdico se compraz a matizar infinitivamente a língua. Porém, as maiores ousadias desse estilo, as que o tornam por vezes contundente e hermético, são sintáticas: as frases de Guimarães Rosa carregam-se de um sentido excedente pelo que não dizem, num jogo de anacolutos, reticências e omissões de inspiração popular, cujo estudo está por se fazer.

Estonteado pela multiplicidade dos temas, a polifonia dos tons, o formigar de caracteres, o fervilhar de motivos, o leitor naturalmente há de, no fim do volume, tentar uma classificação das narrativas. É provável que a ordem alfabética de sua colocação dentro do livro seja apenas um despistamento e que a sucessão deles obedeça a intenções ocultas. Uma destas será provavelmente a alternância, pois nunca duas peças semelhantes se seguem. A instantâneos mal-esboçados de estados de alma sucedem densas microbiografias; a patéticos atos de drama, rápidas cenas divertidas; incidentes banais do dia a dia alternam com episódios lírico-fantásticos.

Entre os muitos critérios possíveis de arrumação vislumbra-se-me um sugerido pelo que, por falta de melhor termo, denominaria de antonímia metafísica. Essa figura estilística, de mais e mais frequente nas obras do nosso autor, surge em palavras que não indicam manifestação do real, e sim abstrações opostas a fenômenos percebíveis pelos sentidos, tais como: *antipesquisas, acronologia, desalegria, improrrogo, irreticência; desverde, incogitante; descombinar* (com alguém), *desprestar* (atenção), *inconsiderar, indestruir, inimaginar, irrefutar-se* etc., ou em frases como *"Tinha-o para não ser célebre"*. Dentro do contexto, tais expressões claramente indicam algo mais do que a simples negação do antônimo; aludem a uma nova modalidade de ser ou de agir, a manifestações positivas do que não é.

Da mesma forma, na própria contextura de certos contos o inexistente entremostra a vontade de se materializar.

Em conversa ociosa, três vaqueiros inventam um boi cuja ideia há de lhes sobreviver consolidada em mito incipiente ("Os três homens e o boi"). Alguém, agarrado a um fragmento de memória, tenta ressuscitar a frase que lhe sobrenada na mocidade esquecida ("Lá nas campinas"). Ameaça demoníaca de longe, um touro furioso se revela, visto de perto, um marruás manso ("Hiato").

Noutras peças, o que não é passa a influir efetivamente no que é, a moldá-lo, a mudar-lhe a feição. O amante obstinado de uma megera, ao morrer, transmite por um instante aos demais a enganosa imagem que dela formara ("Reminisção"). A ideia da existência, longe, de um desconhecido benfazejo ajuda um desamparado a safar-se de suas crises ("Rebimba, o bom"). Um rapaz ribeirinho consome-se de saudades pela outra margem do rio, até descobrir o mesmo mistério na moça que o ama ("Ripuária"). Alguém ("João Porém, o criador de perus") cria amor e mantém-se fiel a uma donzela inventada por trocistas.

Num terceiro grupo de estórias, por trás do enredo, delineia-se outra que poderia ter havido, a alternativa mais trágica à disponibilidade do destino. O povo de um lugarejo livra-se astutamente de um forasteiro doente em quem se descobre perigoso cangaceiro ("Barra da Vaca"). Um caçador vindo da cidade com o intuito de pesquisas escapa com solércia às armadilhas que lhe prepara a má vontade do hospedeiro bronco ("Como ataca a sucuri"). Enganado duas vezes, um apaixonado prefere perdoar à amada e, para depois viverem felizes, reabilita a fugitiva com paciente labor junto aos vizinhos ("Desenredo").

Noutros contos, o desenlace não é um "desenredo", mas uma solução totalmente inesperada. Atos e gestos produzem resultados incalculáveis num mundo que escapa às leis da causalidade: daí a multidão de milagres esperando a sua vez em cada conto. Por entender de través uma frase de sermão, um lavrador ("Grande Gedeão") para de trabalhar, e melhora de sorte. Um noivo amoroso que sonhava com um lar bonito é abandonado pela noiva, mas o sonho transmitiu-se ao pedreiro ("Curtamão") e nasce uma escola. Para que a vocação de barqueiro desperte num camponês é preciso que uma enchente lhe desbarate a vida ("Azo de almirante").

Nessa ordem de eventos, uma personagem folclórica ("Melim-Meloso"), cuja força consiste em desviar adversidades extraindo efeitos bons de causas ruins, apoderou-se da imaginação do escritor a tal ponto que ele promete contar mais tarde as aventuras desse novo Malazarte. Infelizmente, não mais veremos essa continuação que, a julgar pelo começo, ia desabrochar numa esplêndida fábula; nem a grande epopeia cigana de que neste livro afloram três leves amostras ("Faraó e a água do rio", "O outro ou o outro", "Zingaresca") provas de atração especial que exercia sobre o erudito e o poeta esse povo de irracionais, ébrios de aventura e de cor, refratários à integração social, artistas da palavra e do gesto.

Muito tempo depois de lidas, essas histórias, e outras que não pude citar, germinam dentro da memória, amadurecem e frutificam confirmando a vitória do romancista dentro de um gênero menor. Cada qual descobrirá dentro das quarenta narrativas a sua, a que melhor lhe desencadeia a imaginação. Seja-me permitido citar as duas que mais me subjugaram pela sua condensação, dois romances em embrião que fazem descortinar os horizontes mais amplos. "Antiperipleia" é o relatório feito em termos ambíguos por um aleijado, ex-guia de cego, do acidente em que seu chefe e protegido perdeu a vida. Confidente, alcoviteiro e rival do morto, o narrador ressuscita-o aos olhos dos ouvintes enquanto tenta fazê-los partilhar seus sentimentos alternados de ciúme, compaixão e ódio. "Esses Lopes" é a história, também contada pela protagonista, de um clã de brutamontes violentos que perecem um após outro, vítimas da mocinha indefesa a quem julgavam reduzir a amante e escrava. Duas obras-primas, em poucas páginas, que bastavam para assegurar a seu autor uma posição excepcional.

1968

A FECUNDA BABEL DE
GUIMARÃES ROSA

Na obra de Guimarães Rosa, a noção de Babel aparece pela primeira vez, salvo erro, em 1952, com o sentido figurado de "algazarra" ou "balbúrdia". É no escrito "Pé duro, chapéu de couro" que o encontramos sob forma do neologismo deverbal "ababélo". Eis o contexto: "O chão se dá. Os cavalos contritos. Filas e fileiras se armaram; sem ababélo, sem emboleus, tal e al, contêm-se os vaqueiros, de aguarda."[1] A frase tem inconfundível sabor roseano, mas a novidade da palavra restringe-se à forma, sem conotações semânticas.

Quatro anos depois, porém, o próprio topônimo Babel faz referência clara à confusão das línguas, contada na Bíblia, apontando-lhe uma consequência até então não aventada: "Uma tradução é saída contra Babel. E tenho que, do gorar da Torre, adveio não apenas a separação das falas: cada qual, ao mesmo tempo, perdeu algo da geral eficácia, ficado repartido entre as outras, e que só no remir do conjunto é que um dia deverá restituir-se de vez."[2]

---

[1] Citada por Oswaldino Marques. In: *A Seta e o Alvo*. Rio de Janeiro: Instituto Nacional do Livro, 1957, p. 94.

[2] "Pequena Palavra". In: *Antologia do Conto Húngaro*. Rio de Janeiro: Civilização Brasileira, 1956, p. XIII.

Sentiria Guimarães Rosa saudades de uma superlíngua, que unisse as virtudes e as potencialidades expressivas de todas, um esperanto *sui generis*, destinado menos a ser compreendido de todos do que a dizer todo o concebível por qualquer um? Pouco importa sabermos se realmente acreditava na existência, outrora, de um meio de comunicação tão perfeito, ou se apenas lançou essa hipótese para dar apoio a uma intuição momentânea e fugidia. O que porém parece indiscutível é que tentou infundir algo desse superidioma na sua própria linguagem.

O segundo trecho citado faz parte do importantíssimo ensaio que o grande romancista quis antepor, à guisa de prefácio, à minha *Antologia do Conto Húngaro*, numa demonstração de generosa amizade. Para quem sabe ler,[3] essa "Pequena Palavra" constitui verdadeira arte poética em que Guimarães Rosa, pela primeira e última vez, expôs sem rebuços o seu pensamento mais íntimo acerca da função do estilo literário.

Desculpem-me os leitores por transcrever uma passagem desse estudo em que o prefaciador, Rosa, analisa o trabalho do tradutor (isto é, o meu). Transcrevo-o menos pelo elogio do que pela restrição, pois é nesta que ele precisa com mais clareza a sua teoria da influência que as línguas literárias podem, e devem, exercer umas sobre as outras.

"Saudável é notar-se que ele (o tradutor) não pende para a sua língua natal, não imbui de modos de afeto seus textos,

---

[3] Penso especialmente em Luiz Costa Lima Filho e seu estudo "A expressão orgânica de um escritor moderno". In: *Diálogo*, n. 8, nov. 1957; ver sobretudo p. 77-8.

que nem mostram sedimentos da de lá; não magiariza...
A mim, confesso-o, talvez um pouquinho, quem sabe, até
agradasse também a tratação num arranjo mais temperado à
húngara... Mesmo à custa de ou — franco e melhor falando
— mesmo para haver um pouco de fecundante corrupção
das nossas formas idiomáticas de escrever."

Essa vontade de fecundante corrupção a serviço do
enriquecimento da língua, se mais de uma vez encontrou
incompreensão por parte de puristas míopes, tem sido
louvada por vários críticos sensíveis e cultos. Por último, o
filósofo Vilém Flusser, para quem língua e realidade são si-
nônimos, assinalou-a como uma das fontes do estilo rosiano.
Em seu esforço criador, diz ele, "Guimarães Rosa se apoia
tanto sobre o sertão como sobre a biblioteca. Viaja com os
vaqueiros em busca de palavras e formas... Mas, simultaneamente, mergulha nos compêndios, anota e compara formas
da gramática latina, húngara, sânscrita ou japonesa para
penetrar o tecido da língua e desvendar-lhe a estrutura".[4]

Não há, nessa afirmação, exagero nenhum. Tive em
mãos a *Chrestomathie Hongroise*, de Kont, em que Rosa aprendera os rudimentos do húngaro em 1929. Mário Palmério
descobriu em Minas os seus professores de russo e de japonês. Provas ainda mais convincentes dessa insopitável
gulodice linguística encontram-se, porém, nos próprios
livros do escritor, e alguns de seus críticos mais penetrantes
já lhes iniciaram até a catalogação.

---

[4] Vilém Flusser. *Da Religiosidade*. São Paulo: Conselho Estadual de Cultura,
1967, p. 133-4.

Um deles, o saudoso Cavalcanti Proença, relacionava, em *Grande Sertão: Veredas*, latinismos como "restível" (de *restibilis*), "renitir" (de *reniti*), "escurril" (de *scurrilis*), "perequitar" e "sucrepar"; indianismos como "colominhar" (de *curumim*), "tapejar" (de *tapejara*, "guia"), "embaiar" (disfarçar-se com galhos de arbustos durante o combate como os *mbaiás*), "quirguinchar" (de *quirquincha*, nome quíchua do tatu) — e até um babilonismo, "chamachar" (que aludiria ao deus babilônio Shamash).[5]

Já antes dele, o espírito agudo de Oswaldinho Marques decifrou, em *Sagarana* e três escritos menores, anglicismos como "torrear", "tanado", "despondência", "esmarte", "clapa" e "floo"; latinismos como "limeas", "astaco-astaz", "lália", "triões", "sus e jus", "conclins", "vafro"; grecismos, como "cocleias", "quelão", "estreblótico", "esclérico", "boágide" e "boleática"; francesismos como "hampa", "claial", "homardo homar", "fantomático"; italianismos, como "rusticana" e "adunada"; e até russismos ("sótnia") e neerlandismos ("clopear").[6]

Usei o termo "decifrar", pois esses vocábulos geralmente passam à nossa frente em turbilhão, envoltos numa avalanche verbal, arrastados de roldão, dificultando bastante o reconhecimento da sua origem. Destarte, só mesmo um húngaro poderia descobrir (e confesso para a minha vergonha que não descobri à primeira leitura)

---

[5] M. Cavalcanti Proença. *Augusto dos Anjos e Outros Ensaios*. Rio de Janeiro: José Olympio. 1959, p. 213-4.
[6] *Op. cit.*, p. 127-8.

os adjetivos húngaros *lassu* ("lento") e *friss* ("rápido") disfarçados com virtuosismo noutro trecho da já citada "Pequena Palavra": "... nas tabernas rurais... o país canta e dança suas czardas, que em ritmo alternam: a lentidão melancólica e lassa — e — o fervor tenso e agilíssimo de alegria doidada, que alucina com inaudito *frisson*." Teriam pensado que esta última palavra, sem dúvida pedida de empréstimo ao francês, nem por isso deixava de esconder um enxerto húngaro?

É bem possível que outras palavras húngaras ainda estejam dissimuladas no sertão vocabular de Guimarães Rosa, até que um acaso venha desmascará-las. Basta atentar no entusiasmo com que o autor de "Pequena Palavra" se refere ao exótico idioma dos magiares: "Suas palavras nem sempre se fecham na racional fixidez conceitual explícita, na rigidez denotativa, antes guardam sob o significado uma ativa carga potencial, rudimentar, com o que, nos diversos momentos, inteiram-se mais variadamente de sentido, e, segundo as soluções rítmicas, se reembebem de halo vivaz. Será, se dizer posso, uma língua menos 'da lei' que 'da graça'; uma língua para homens muito objetivos ou para poetas."

Poderia prolongar a citação cujo interesse dispensa comentário. Não soubéssemos que o escritor está esboçando um retrato da língua húngara, poderíamos jurar que está dissecando o próprio estilo.

Confidências do seu congenial tradutor alemão Curt Meyer-Clason revelam inegáveis vestígios germânicos no conglomerado estilístico do nosso autor. Não fosse o posfácio da sua versão de *Primeiras Estórias*,[7] quem teria percebido que o adjetivo "soposo" aplicado a certo tipo de lama deixada pela chuva encobre o regionalismo hamburguês *suppig,* ou que a acepção "cruzar-se com alguém", atribuída por Guimarães Rosa ao verbo "atravessar", se deve a outro germanismo (*der Mensch kommt mir in die Quere*)?

Mais estranho ainda o caso do advérbio "coraçãomente" (no conto "Substância"), esclarecido por um trecho de carta do contista ao seu tradutor alemão e citado por este. Enquanto em alemão o advérbio *herzlich* remonta diretamente a *Herz,* diz Rosa, em português o sujeito falante já não toma consciência da ligação existente entre "cordialmente" e "coração". Por não mais perceber em "cordialmente" nenhuma palpitação, o contista brasileiro refaz o advérbio desde o substantivo "coração", esquecendo propositadamente que — de acordo com a praxe portuguesa — o advérbio teria que ser derivado de um adjetivo (enquanto, em alemão, adjetivo e advérbio têm forma idêntica). Resultado: uma palavra nunca vista (que só, talvez, em "irmãmente", encontra alguma analogia) e que, por isso mesmo, detém o leitor, dá-lhe um choque, o faz sopesar queira ou não a carga emocional do vocábulo esquisito.

Não se pense que esses poucos exemplos esgotam o *apport* cosmopolita em *Primeiras Estórias.* Se Meyer-Clason cita ainda o grecismo *sebesto,* não relaciona latinismos como "assim *vocado* e ordenado", "as *infernas* frotas", "o Padre

---

[7] Curt Meyer-Clason. "Über das Unübersetzbare". In: *Das dritte Ufer des Flusses.* Colônia: Kiepenheuer & Witsch, 1968, p. 257.

Prefeito, *solene modo,* fez-nos a comunicação" e "Duarte Dias pensou que ia virar riquíssimo, e mudado de fato esteve, da data por diante, em homem *sucinto,* virtuoso e bondoso".[8] Retenhamos este último exemplo, em que o adjetivo *sucinto* fica inexplicável se lhe aplicarmos o seu sentido moderno, único na língua atual. Mas uma olhada a um dicionário latino há de nos convencer de que o particípio *succinctus,* com o sentido primitivo de "arregaçado", chegou por evolução compreensível a de "desembaraçado", "expedito", "ágil", e a frase ganha sentido completo. (Lembrando-nos de que a estória "Um moço muito branco" é apresentada como transcrita de jornais de 1872, de uma época, portanto, em que o conhecimento do latim era mais espalhado, veremos que o termo nem chega a ser artificial no contexto.)

Não pude reler todo o *Corpo de Baile* para melhor documentar este artigo. Mas bastou percorrer uma das sete novelas, "Cara de Bronze", para topar com os latinismos "truso", "tundir", "dênias" e "senescer". Essa narrativa é, aliás, notável por ser um dos poucos escritos do nosso autor em que ele próprio aparece — embora oculto sob o exótico apelido de *Moimeichêgo.* O espírito brincalhão do novelista encontrou aí uma maneira engenhosa de esconder a própria identidade, apontando-a quatro vezes em quatro idiomas diferentes, mas sem avisar que ali havia dente de coelho.

Um olhar lançado para *Tutameia* revela o aspecto babélico desde o título, explicado, no corpo do volume, por falsa etimologia no sentido de *mea omnia.* Não é nenhuma

---

[8] *Primeiras Estórias.* Rio de Janeiro: José Olympio, 1962, p. 104.

cincada do autor. Ele sabe, porém, que mesmo uma falsa etimologia pode enriquecer a palavra com novas conotações. Um único dos quatro prefácios do volume, "Da escova e da dúvida", anexa do latim os verbos "nugar" e "perver", o advérbio "admodo", o adjetivo "descomenso".

O número crescente de estudos eruditos sobre a obra de Guimarães Rosa faz supor que o aspecto que nos ocupa há de ainda provocar levantamentos pacientes.[9] Os pesquisadores do futuro terão à sua disposição, além dos livros até agora editados, as obras póstumas, cujo próximo lançamento há de constituir empreendimento de transcendental importância. Elas também oferecem uma profusão de exemplos em apoio à tese do imperialismo linguístico de Guimarães Rosa.

A novela "O homem do pinguelo", na expressão "em paupéries e intempéries", recorre ao curioso expediente de solicitar-nos a naturalização de uma palavra latina, fazendo-a acompanhar de outra semelhante, já em gozo de seus direitos de cidadania.

Tive em mão outra novela, esta completamente inédita, "Retábulo de São Nunca" onde se lê "o povo cronicava", e nas notas manuscritas que lhe representam o ponto de partida, esta anotação: cronicar (*to chronicle*).

"Páramo", outra novela até hoje desconhecida, fala em "antigos grimórios", aportuguesando a palavra francesa

---

[9] Anos após a publicação desse artigo em jornal, surgiram as originalíssimas pesquisas do Prof. William Myron Davis, da Universidade da Flórida; ver "Japonese Elements in *Grande Sertão: Veredas*". In: *Romance Philology*, vol. XXIX, n. 4, maio 1976, University of Columbia; "Línguas Orientais no *Grande Sertão*". In: *Diário de Brasília*, 13 jul. 1975.

grimoire (livro dos mágicos e dos bruxos, livro manuscrito indecifrável).

As infiltrações vocabulares são, evidentemente, mais fáceis de surpreender que as influências estruturais; nem por isso estas deixam de existir, desafiando a curiosidade dos pesquisadores. A título de palpite, permito-me assinalar que a *scholar* norte-americana Mary L. Daniel em sua preciosa tese de doutoramento arrola entre as características sintáticas do nosso autor a colocação terminal dos verbos nas cláusulas e frases, assim como a frequente omissão dos verbos copulativos.[10] Quanto à primeira dessas peculiaridades, desde Quintiliano é considerada como própria da frase latina.[11] Quanto à segunda, lembremo-nos de que a frase puramente nominal tem importância excepcional no russo.[12] Aos que tachariam essa aproximação de quimérica, submeteremos frases como: "Andalécio — o que de nome real; Indalécio Gomes Pereira — homem de grandes bigodes"[13] ou "Os campos do Urubuquaquá — urucuias montes, fundões e brejos. No Urubuquaquá fazenda de gado: a maior — no meio — um estado de terra"[14] — nas quais topamos com o mesmo travessão que em russo tão frequentemente introduz, em substituição do predicado, o complemento predicativo.[15]

---

[10] Mary L. Daniel. *João Quimarães Rosa: Travessa Literária*. Rio de Janeiro: José Olympio, 1968, p. 107 e 125.

[11] L. Laurand. *Manuel des Etudes Grecques et Latines*. Paris: Auguste Picard, 1928, p. 735.

[12] André Mazon. *Grammaire Russe*. Paris: Librairie Droz, 1945, p. 244.

[13] *Grande Sertão: Veredas*. Rio de Janeiro: José Olympio, 1956, p. 166.

[14] *Corpo de Baile*. Rio de Janeiro: José Olympio, 1956, p. 559.

[15] André Mazon. *Op. cit.*, p. 269.

Esta nota não tem outro fito senão alertar os leitores curiosos sobre o universalismo linguístico do nosso autor, paralelo ao universalismo de sua mensagem e não menos consciente. Sem poder destacar-se do Brasil de que fez, apesar de tão viajado e experimentado, o único cenário por assim dizer de toda a sua obra, esse estranho e sábio Guimarães Rosa não hesitou em fertilizar-lhe o solo com abundante e variado adubo estrangeiro.

1968

ROSA NÃO PAROU

Passados dois anos depois da morte de João Guimarães Rosa, a sua obra estava assumindo proporções e feição definitivas. O volume de saudades *Em Memória*, as recentes traduções de *Primeiras Estórias* em alemão, castelhano e inglês, a versão polonesa de duas novelas de *Corpo de Baile*, a tese da professora norte-americana Mary B. Williams sobre a *Travessia Literária* do escritor, a importante monografia de Ney Leandro de Castro, de próxima publicação, sobre o seu *Universo Vocabular*, tudo isso concorre para gravar no espírito a silhueta fixa do grandioso edifício de cinco pilares — *Sagarana, Corpo de Baile, Grande Sertão: Veredas, Primeiras Estórias, Tutameia* — que tanto espanto incute, incitando à meditação e ao estudo.

Mas, atenção: a obra de Guimarães Rosa não está encerrada. Em seu arquivo, entre seus papéis, foram encontrados, além de esboços, planos e notas, alguns trabalhos inteiramente acabados ou quase prontos: um volume todo preparado, outro planejado. O seu editor, José Olympio, entendeu acertadamente ser de seu dever dar esse legado à publicidade numa série de obras póstumas. A primeira delas acaba de sair sob o título de *Estas Estórias,* título dado pelo próprio Rosa, enquanto se estava procedendo à datilografação.

Encarregado do preparo técnico do volume, achei de minha obrigação explicar numa nota preliminar o estado em que foram encontrados os originais e o critério adotado para se respeitar o texto ao máximo, assinalando-se todos os trechos a que o autor não tivera tempo de dar o último retoque. Na difícil tarefa, vali-me muito da incansável ajuda da Sra. Maria Augusta Camargo Rocha — D. Madu —, a secretária amiga de Guimarães Rosa que o assistiu durante os últimos dez anos da vida, na preparação datilográfica e tipográfica de seus volumes, familiarizando-se a fundo com o seu pensamento, o seu estilo e a sua ortografia.

Das nove narrativas que compõem o livro, cinco foram publicadas em vida do autor, mas por terem saído em datas diversas, em publicações nem sempre igualmente acessíveis, não puderam ter comunicado ao espírito do leitor o poderoso impacto que assim reunidas hão de exercer.

As datas de publicação desses escritos nem de longe coincidem com as da composição. A respeito de "A simples e exata estória do burrinho do comandante" e "Meu tio, o Iauaraté" informam D. Aracy, viúva do escritor, e Franklin de Oliveira, seu grande amigo, que já estavam escritas havia uns dez anos quando foram entregues em 1961 e 1962 à revista *Senhor*. "Com o Vaqueiro Mariano" teve a sua primeira publicação em 1947. Das novelas inéditas, uma pelo menos, "Bicho mau", fora retirada da primeira edição de *Sagarana*. É de presumir, em suma, que a maioria dessas obras, senão todas, remontam à primeira fase do escritor, sendo mais ou menos contemporâneas de *Sagarana*.

Dados esses esclarecimentos indispensáveis, aqui está o involuntário organizador desta obra póstuma, não para dizer a confrangedora aflição com que foi mexer nos papéis do saudoso amigo, mas para depor sobre as horas de deslumbramento que teve ao reler ou ao ler *Estas Estórias*. Não tivesse Rosa escrito outras, que elas bastariam para garantir-lhe lugar dos mais altos na história das nossas letras.

"Para não nascer, já é tarde; para morrer, ainda é cedo." Sem ilusões sobre a vida, no pouso forçado entre os dois polos, Guimarães Rosa recriou-a em sua infindável variedade com a gravidade de quem cumpre uma missão. Essa variedade e essa gravidade estão presentes no volume novo, como o estavam nos antigos. Em cada uma de suas nove estórias, ele envereda por outro caminho, e de todas essas expedições volta de mãos cheias.

"A simples e exata estória do burrinho do comandante", anedota desenvolvida em narrativa conradiana, de estilo épico e sopro largo, é de todas as obras de Rosa a que tem coordenadas temporais e espaciais mais nítidas, ligada como está a um episódio da recente história do Brasil. Mais que esta, porém, interessava ao autor a pessoa do protagonista, admiravelmente delineado no retrato indireto que ele traça de si mesmo. Esse narrador (segundo informação de D. Aracy, o então Comandante Américo Pimentel, já falecido) deve tê-lo impressionado com os dotes que os dois tinham em comum: a paixão da observação minuciosa e o pendor franciscano que vem à tona no encontro do oficial com a alimária do título. Mais uma vez Rosa nos faz assistir a um quase milagre operado por obra e graça de um ser dos mais humildes.

"A estória do homem do Pinguelo", outro caso real (acontecido, segundo lembra D. Madu, ao avô do próprio contista), é narrada por testemunha de quilate inferior, bem diferente do letrado comandante, e por isso mesmo mais acessível ao sobrenatural. Em meias-palavras, com reticências, circunlóquios, toda espécie de precauções verbais, o matuto tenta dar-se conta de um acontecimento esquisito, onde as garras de Alguém, enquanto aparentemente se divertem em atrapalhar os cálculos dos humanos perplexos, botam sentido em suas confusões.

O otimismo do lado solar de Rosa é que alimenta também a entrevista-retrato "Com o vaqueiro Mariano": nele o narrador, já homem feito, já escritor ilustre, conta com entusiasmo contagiante a sua visita ao Mato Grosso e suas idas e lidas ao lado do vaqueiro Mariano, poeta instintivo, intocado pela cultura. Nesse laboratório ao ar livre do Pantanal, faz-nos assistir a suas experiências de antropomorfismo linguístico, aplicado não, como nas mitologias antigas, aos deuses, e sim aos animais; partilha conosco seus êxtases de exilado urbano ao redescobrir mais uma vez o éden da primária vida pastoril.

Os leitores da coletânea *Os sete pecados capitais* conhecem "Os chapéus transeuntes", grotesca mistura de anedotas de velório onde a presença do cadáver (mesmo antes de sê-lo de verdade) desnuda os herdeiros, desmascara a decadência de uma classe, descerra cobiças inconfessáveis, desencadeia amores de discutível pureza. Um humorismo amargo e zombeteiro inculca-nos o absurdo da vida e da morte, condensado numa fórmula bem rosiana — "A gente morre é para provar que não teve razão" —, definição que, alguns anos mais tarde, com a própria morte à vista, o escritor procuraria arrancar ao seu espírito dando-lhe definição diametralmente oposta, esta que há de sobreviver: "A gente morre é para provar que viveu."

De entre os trabalhos inéditos, ficou para o fim "Meu tio, o Iauaretê", narração ininterrupta feita a um interlocutor invisível por um onceiro ignorante, desgarrado há anos de qualquer contato humano. Vários leitores hão de ter comparado na época essa narrativa a *Grande Sertão*, em razão da semelhança da estrutura, o que deve ter levado Rosa a anotar no original que essa estória era anterior ao *Grande Sertão*. A confissão do protagonista, homem descido ao nível da animalidade pura, que mal sabe comunicar-se com os seus semelhantes em fragmentos de uma linguagem semiesquecida (e que lhe volta aos arranques sob o efeito do álcool), sem dúvida das obras mais poderosas e mais ousadas do escritor, não teme a comparação com "Uma paixão no deserto" de Balzac. Lembra-a por um de seus aspectos, mas supera-a de muito pela espantosa riqueza ambiental, assim como pelo virtuosismo verbal atingido através do manejo do instrumento expressivo mais bruto.

Ficaram para a segunda parte do volume as narrativas datilografadas, mas sem a demão final do escritor. Entre elas, "O dar das pedras brilhantes", história aventurosa de uma expedição pacificadora pelo interior do Brasil, inicia-se no plano do real e vai deslizando aos poucos para o da metafísica, seguindo o fio de uma narração cada vez mais envolvida em névoa e brumas, revelando no fundo do sertão turvos mundos inacessíveis à razão e à lógica.

"Páramo", de extrema força alucinatória, é uma das poucas estórias de Guimarães Rosa desenroladas fora do Brasil. Trouxe-a da sua missão à Colúmbia, um de seus primeiros postos diplomáticos, onde ele mesmo teria experimentado os efeitos dissolventes do *soroche*, asfixia física e moral, para anos após utilizá-la nessa história-fantasmagórica de pesadelo. Era preciso que um escritor excepcional, um médico e uma alma atormentada pelo medo da morte, unidos numa pessoa só, fossem submetidos à esmagadora experiência para dela extrair essa página obsessiva que cheira a incenso e enxofre.

"Bicho mau", pelo contrário, parece à primeira vista o relato perfeito, convencionalmente realista, do assunto tantas vezes elaborado da mordida fatal de cobra. Mas, como as narrativas de *Sagarana*, transcende o regionalismo na minuciosa e aguda anotação das reações do ambiente, assim como na encarnação algo demoníaca de sinistros poderes malfazejos no bicho mau.

"Retábulo de São Nunca", que talvez seja inacabado, retoma a história eterna de amantes que nasceram um para o outro, se procuram e se rejeitam, se exaltam e se infelicitam reciprocamente, se ofendem, torturam e humilham, continuando a amar-se dentro do rosiano ambiente sertanejo de fazendas e igrejas, rodeados de um grupo de comparsas pitorescos.

E assim atravessamos guiados pela mão do moço Guimarães Rosa, ausente presente, embriagado pelas próprias descobertas, outras veredas intemporais do seu universo fechado, de paixões ancestrais e medos atávicos, vislumbres e pressentimentos, beirado de crendices e mistérios. A abordagem é feita por meio desses instrumentos mágicos, as palavras reinventadas, cuja sugestiva novidade e imprecisão permite-nos intuir uma inconcebível super-realidade.

1969

PALAVRAS APENAS MÁGICAS

Se me perguntarem qual das obras de João Guimarães Rosa me toca mais de perto, indicaria — apesar da profunda admiração que me inspiram outros trabalhos do autor — a novela *Campo geral*, pelo que nela sinto de dolorosamente vivido e enternecidamente lembrado; pela maestria com que o escritor cata nos olhos escancarados de uma criança os reflexos do mundo misterioso, absurdo e cruel dos adultos; pela pintura perfeita de uma microssociedade marginal e fechada, de paixões, costumes e ritos arcaicos; pela arte com que nos faz sentir o escorrer do tempo, enquanto acompanhamos o menino Miguilim na sua trabalhosa iniciação; pelo sortilégio da linguagem individualizadora que permite ao narrador ver a sua personagem por dentro sem formalmente identificar-se com ele. Por tudo isto, eu a escolhera para comentário num curso dado em 1967, na Universidade da Flórida, a um grupo de estudantes interessados em nossa literatura.

Este curso deu-me a oportunidade para nova leitura, mais meticulosa que as anteriores, desta obra-prima a um tempo límpida e densa. Verifiquei então que, apesar da minha familiaridade com o texto, este ainda conservava mistérios para mim: palavras ou acepções não dicionarizadas, expressões insólitas, regências novas. Sem dúvida o contexto sugeria quase sempre sentidos possíveis; mas, prevendo indagações dos alunos, não queria ficar reduzido a conjeturas. Isolado naquele meio de língua inglesa, sem a presença de brasileiros com quem pudesse discutir as minhas interpretações, acabei mandando um questionário ao próprio Guimarães Rosa, cuja prestativa generosidade me era conhecida de longa data.

Apesar de recebê-lo num momento difícil — ainda não tinha desadaptado o organismo das altitudes do México, onde participara de um congresso, e se encontrava em véspera de uma viagem a Brasília —, o amigo respondeu-me sem demora numa carta de extrema gentileza e precisão. Depois de definir, uma por uma, as palavras e locuções que lhe submetera, concluía assim: "Naturalmente, nas respostas acima, você só tem o resíduo lógico, isto é, o que pode ser mais ou menos explicado, de expressões que usei justamente por transbordarem do sentido comum, por dizerem mais do que as palavras dizem; pelo poder sugeridor... São palavras apenas mágicas. Queira bem a elas, peço-lhe."

O que me levou a retomar esta carta foi o aparecimento de *Universo e Vocabulário do Grande Sertão*, de Nei Leandro de Castro, publicado na prestigiosa coleção de Documentos Brasileiros pela Livraria José Olympio. O assunto deste estudo modelar, premiado desde 1967, quando ainda estava em manuscrito, e desde então desenvolvido e aperfeiçoado, são precisamente estas palavras mágicas de Rosa, só que colhidas em *Grande Sertão: Veredas*, às quais ele soube querer bem a ponto de fazer delas objeto de longa e apaixonante pesquisa.

O jovem erudito de Natal (agora estabelecido no Rio) empenhou nesta investigação seus dotes de pesquisador, aproveitando as lições de um estágio em Portugal e de uma estada na Inglaterra para conferir os seus resultados. Tendo acompanhado o seu estudo em suas progressivas transformações, é com sincera alegria que o vejo impresso neste belo volume, documento da inegável vocação crítica do autor, apoiada numa cultura sólida e auxiliada por métodos modernos de notável eficiência.

A obra monumental de Guimarães Rosa, pioneira sob tantos aspectos, está fornecendo a ilustração brasileira mais valiosa às novas teorias do fenômeno literário. O autor do presente volume, por exemplo, integra-a na tese da "obra aberta", com base na sua intrínseca ambiguidade, por oferecer "ângulos de visão mutável a cada tomada", e aponta-lhe a importância sugestiva para a crítica literária à qual inculca "uma consciência, um esforço de autonomia como processo reinventivo".

Opondo-se resolutamente à atitude de alguns críticos que apartam os aspectos de forma e os de conteúdo, com prejuízo manifesto para estes, considera a obra dentro da perspectiva de uma estrutura unificadora. Rosa, para ele, não é criador de uma nova língua nem de um dialeto, e sim o "tradutor de uma linguagem dentro da língua" que assimilou isomorficamente o literário e o plebeu, neologismos, formas arcaicas e regionalismos, mas filtrando todo este material "pelo repalavramento pessoal do código idiomático", interpretação esta concorde com a do próprio escritor, quando afirmava tender instintivamente a desenvolver as tendências evolutivas da linguagem sertaneja ouvidas na infância.

A presença simultânea de processos de poesia e prosa, o poder verbal derivado da minuciosidade barroca, a refundição do clichê e do lugar-comum, os processos de estratégia literária conscientemente aplicados são outros itens frisados e exemplificados pelo ensaísta.

O seu objetivo, porém, não se limita a trazer exemplos para a teorização. Propõe-se ao mesmo tempo, e nisto consiste o extraordinário valor didático de seu estudo, subsídios efetivos para a leitura de *Grande Sertão: Veredas*, dando a interpretação de 1.800 palavras "difíceis" dessa avalancha verbal, tentando a maior aproximação possível do sentido exato, recorrendo a todas as fontes de consulta disponíveis antes de se abalançar a interpretações pessoais. Os seus resultados, somados aos de predecessores tão perspicazes como Cavalcanti Proença, Oswaldino Marques e Mary Daniel, facilitam o acesso ao mundo mágico de Rosa, e, constituindo de agora em diante verdadeiro complemento de sua obra mais importante, trazem-na ao alcance de professores e alunos, abrindo-lhes uma fonte permanente de genuína beleza. É de esperar que a amorosa paciência com que ele se dedicou à elucidação de centenas de trechos rosianos contagie mestres e discípulos.

Em mais de 130 páginas compactas, o pesquisador ordena num registro alfabético os neologismos não dicionarizados de *Grande Sertão*; cita-os de cada vez dentro do respectivo contexto, lembrando frequentemente interpretações anteriores e discutindo-as quando delas diverge. Com razão, separou num apêndice cerca de trezentos regionalismos brasileiros que, embora dicionarizados, podem causar dificuldade ao leitor. Para se ter uma ideia da soma de pesquisa e meditação representada por esse livro, notemos que no volumoso acervo de nada menos de 1.800 vocábulos submetidos ao exame apenas uns dez se mostraram refratários à interpretação.

Chega-nos ao mesmo tempo uma tese defendida na Faculdade de Letras da Universidade Federal de Minas Gerais, por Ivana Versiani Galery, sobre *Os Prefixos Intensivos em Grande Sertão: Veredas.* Preparado sob a direção competente da ilustre Prof.[a] Angela Vaz de Leão, o livro distingue-se vantajosamente da média dos trabalhos pela ampla perspectiva dentro da qual a sua autora sabe focalizar um aspecto circunscrito na expressão. A intenção original da autora — segundo nos revela na introdução — foi abordar todos os neologismos de *Grande Sertão*, isto é, elaborar obra semelhante à de Nei Leandro de Castro, que acabamos de mencionar. Depois, verificada a extensão da matéria, restringiu o objetivo ao exame da prefixação em geral. Analisadas e classificadas todas as palavras novas em que apareciam prefixos, notou que ainda assim o assunto era vasto demais para permitir uma discussão minuciosa. Foi quando resolveu ater-se apenas a um único aspecto, limitando-se aos prefixos como recursos enfáticos, isto é, aqueles "que alguma vez tiveram o valor preciso de reforçar o sentido da palavra-base". Mas, com critério acertado, acessoriamente arrola também os empregos não enfáticos dos prefixos dissecados para melhor ressaltar aquela aplicação especificamente estilística.

O trabalho de Ivana Versiani Galery é bem mais que um catálogo de exemplos. Ela faz preceder a sua coleta de um breve estudo substancial onde insiste sobre o caráter oralizado de *Grande Sertão: Veredas*. Citando Walter Porzig, lembra, a meu ver com muita justiça, àqueles que recusam naturalidade ao estilo de Rosa neste livro, que a linguagem oral muitas vezes procura evitar palavras e rodeios correntes para utilizar formas insólitas, rebuscadas, de troça e paródia, mais de uma vez intencionalmente extravagantes. A mesma pessoa que, escrevendo, possivelmente procuraria conformar-se a padrões convencionais, recorre ao falar a processos lúdicos e gratuitos com finalidade em si mesmos, tal como o estilo literário. É esta, sem dúvida, a perspectiva dentro da qual se deve aquilatar a narrativa de Riobaldo, intectual místico do sertão, igualmente preocupado com o sentido da vida e o das palavras, visando atrás do seu interlocutor calado a uma invisível audiência extraterrestre que há de condená-lo ou absolvê-lo.

Assinalemos ainda um capítulo interessante sobre a natureza dos prefixos em geral, onde a autora procura resolver se estes morfemas devem ser considerados como elementos de composição e derivação. Aí é que talvez coubesse uma digressão sobre a função do processo em línguas não latinas, por exemplo, o alemão e o russo, em que o prefixo possui uma mobilidade e uma elasticidade desconhecidas no português e nas línguas irmãs. A divagação justificava-se pela intenção manifesta de Guimarães Rosa de dotar a sua língua de mais este meio expressivo de elasticidade descomunal. Contentemo-nos, porém, com o muito que nos traz a tese de Ivana Versiani Galery, numa eloquente demonstração de como a pesquisa linguística universitária deve explorar domínios da literatura viva.

1970

INTERESSE GERAL DE UMA
CORRESPONDÊNCIA PARTICULAR

A imensa obra de João Guimarães Rosa, além de continuar a dessedentar milhares de leitores, está atraindo a curiosidade de um número cada vez maior de estudiosos dentro e fora do Brasil, como era de prever. A fusão originalíssima das lembranças de um mundo rústico e primitivo com os dados de uma cultura universal, a mensagem mística envolvida na narrativa, a amálgama de religiões e mitos, a incorporação orgânica de influências vindas de fontes múltiplas e, afinal, a tentativa audaz de dilatar ao infinito a expressividade e a flexibilidade da língua fornecem assunto para trabalhos universitários, pesquisas, teses. Ora, a quantos buscam, além de prazer, matéria para estudo nos volumes de Guimarães Rosa, a *Correspondência* do escritor com o Prof. Edoardo Bizzarri[16] tem extraordinária importância. Sua publicação é serviço inestimável prestado à história das letras nacionais.

O interesse humano desta troca de cartas (34 de Rosa, 37 de Bizzarri) consiste em documentar o nascimento e

---

[16] João Guimarães Rosa. *Correspondência com o Tradutor Italiano.* São Paulo: Instituto Cultural Ítalo-Brasileiro, s.d. Edição única de 1.000 exemplares numerados. Não comerciável.

a evolução de uma amizade entre dois homens que, praticamente, não se conheciam, mas cuja estima foi crescendo pelo amor à mesma obra. Mais de um trecho da *Correspondência* mostra que Guimarães Rosa considerava-se antes portador e transmissor do que autor de uma mensagem; daí ele achar natural que tradutores e críticos consagrassem a esta a mesma dedicação deslumbrada e integral que ele próprio lhe votava. ("Eu, quando escrevo um livro, vou fazendo como se o estivesse 'traduzindo' de algum alto original, existente alhures, no mundo astral ou no 'plano das ideias', dos arquétipos, por exemplo.") E, pelo fato de os dois se consagrarem à mesma tarefa, a sua cortesia natural e a sua inesgotável curiosidade intelectual juntavam-se para auxiliar o "colega" em toda a medida do possível.

Edoardo Bizzarri, adido cultural da Itália no Brasil, fino crítico e ensaísta, cujo raro gosto se patenteia na relação das obras que tinha traduzido — de Melville, Henry James, Faulkner, Graciliano Ramos —, já era leitor deslumbrado de Guimarães Rosa antes de vertê-lo para o italiano, e tivera ocasião de patentear a sua admiração ao atribuir-lhe, em 1957, como um dos árbitros, o Prêmio Carmem Dolores Barbosa. Depois de traduzir a novela "Duelo", empreendeu e levou a cabo a gigantesca tarefa de verter para o seu idioma os dois volumes monumentais de *Corpo de Baile*; e, depois da morte de Guimarães Rosa, cumpriu a façanha não menos árdua de transplantar *Grande Sertão: Veredas*, realização cujas altas qualidades já tive oportunidade de realçar.[17]

---

[17] "Guimarães Rosa e Seus Tradutores". In: *Correio do Povo*, Caderno de Sábado, 25 set. 1971.

Ao abordar os sete romances de *Corpo de Baile*, o tradutor tropeçava numa multidão de termos não dicionarizados e construções não usuais — em suma, as mesmas dificuldades encontradas pelo leitor. Mas enquanto este pode passar além, a consciência profissional de Edoardo Bizzarri não lhe permitia ler e traduzir por alto. Verificara que não adiantava fazer indagações junto a outros escritores, que, topando com palavras que ignoravam, ficavam com raiva do autor; dirigiu-se, pois, a este, submetendo-lhe longas relações de termos e frases duvidosas separadas por espaços brancos, "leitos de Procusto", onde cabia a Guimarães Rosa inserir a competente explanação.

O romancista criou gosto em responder minuciosamente, acabando por fornecer todo um glossário ao texto. O jogo, confessava, infundiu-lhe mesmo um pouco de humildade: "Pois agora é que vejo como certos leitores têm razão de irritar-se contra mim e invectivar-me." Algumas de suas explicações são dissertações precisas, complementos valiosos do texto; assim, por exemplo, as dadas a respeito do sentido de *vereda*. Identifica plantas e animais, elucida costumes, levanta contextos para esclarecer sentidos. Mostra como de vez em quando recorreu a outras línguas: "*bilbo*, do latim *bilbo, bilbere* = fazer o ruído de água que se escapa de uma vasilha, fazer gluglu: *bilbit amphora, aqua bilbit*. Achei lindo, e usei no sentido de fazer o ruidozinho d'água caindo em água". Revela como a sua memória, familiarizada com outras línguas, liga aos fonemas portugueses associações de outras línguas: *grimo*, "feio carateante, de rosto engelhado, rugoso" evoca-lhe não só *grima* (raiva, ódio) e *grimaça* (careta), mas também o inglês *grim* e o alemão *grimm*, o dinamarquês *grimme*; conclui dizendo: "Eu quis captar o *quid* universal desse radical." Mais de uma vez ele próprio sugere equivalentes italianos. Multiplicando os justos elogios ao tradutor, chega a exclamar com o mesmo aparente egocentrismo que, no fundo, era uma manifestação do espanto que lhe incutia a própria obra: "Tenho medo de pensar que você pudesse não existir."

Além de responder a perguntas concretas, de vez em quando fazia ao intérprete, como que para premiá-lo, revelações curiosas, "de propósito, para *abanar* ou *refrescar*, como o assistente vem ao *ring* fazer com o *boxeur* combatente, entre dois *rounds*". Segredou-lhe que, nalgumas páginas de "Dão-Lalalão", "perpassa uma espécie de paráfrase do *Cântico dos Cânticos*" e noutras "um pouco de Dante", citando tintim por tintim os trechos alheios diluídos em seu texto. Mostrou-lhe em "Cara de bronze" "uma verdadeira 'estorinha' em miniatura, dada só através de nomes exatos de arbustos", feliz com a argúcia do poeta Pedro Xisto, que descobrira todo aquele tesouro propositadamente escondido. Havia em tudo isso uma intencionalidade mágico-lúdica que, pelo visto, não surpreendia demasiado ao Prof. Bizzarri, eminente dantólogo.

Terminada a tradução de *Corpo de Baile*, Guimarães Rosa já começa a sentir saudade daquele dialogar de cartas e, sobretudo, pena do parceiro. "Que iremos fazer? Você já imaginou? Você, esvaziado, de repente, deste pesado e forçoso trepidar de tarefa, sem ter diante este tipo de dificuldades para brilhantemente vencer? Bizzarri, que é que, depois, você, você vai fazer?"

Bizzarri não ficaria por muito tempo sem o que fazer. Encontraria outra maratona na versão para o italiano de *Grande Sertão: Veredas*. Mas desta vez já não poderia contar com o auxílio do amigo na decifração de seus enigmas. Adoentado, sobrecarregado, conflitado por maus pressentimentos, preocupado com a posse na Academia, Guimarães Rosa parece nas últimas cartas se debatendo num labirinto sem saída. Soube ainda da assinatura do contrato de tradução entre Bizzarri e a editora Feltrinelli, mas morreu antes que o trabalho tivesse começado.

Em vários trechos da correspondência, alude ele a outros "pró-custos", questionários semelhantes aos de Bizzarri, e ainda mais copiosos, que lhe submeteram outros tradutores, especialmente a Sra. de Onis, a quem são devidas as versões inglesas de *Sagarana* e de *Grande Sertão: Veredas*. As suas respostas a esta senhora e a Meyer-Clason (já publicadas parcialmente na Alemanha), assim como a Jean-Jacques Villard e a Ángel Crespo, que perfazem alguns volumes, constituem um comentário quase completo de seus maiores livros e possuem, por isso, um interesse prodigioso. Sua publicação impõe-se como tarefa digna do Instituto Nacional do Livro ou ao Instituto de Letras da Universidade de São Paulo, o qual em boa hora acaba de adquirir das herdeiras a biblioteca e os papéis do escritor.

Por enquanto, aplausos entusiásticos merece este grande amigo do Brasil, o Prof. Edoardo Bizzarri: antecipando-se às morosas providências de entidades oficiais, ele mais uma vez se mostrou à altura da tarefa a que o levaram, segundo o próprio Guimarães Rosa, "uma correspondência íntima, um tom anímico de família, um parentesco entre nós dois".

1970

Ceciliana

LEMBRANÇA DE CECÍLIA MEIRELES

Nenhum outro poeta esteve tão familiarizado com a morte, ninguém a encarou com tanta serenidade, ninguém dialogou tanto com ela como Cecília Meireles, para quem ser e não ser eram duas fases da mesma existência. Ninguém mereceria, como ela, que a transição de uma fase para a outra se fizesse suavemente, sem choque. O destino não lhe concedeu esta graça. E, por isso, o seu desaparecimento golpeou-nos menos que a sua doença. Quem estivesse a par da marcha insidiosa da enfermidade tinha de considerar a sua morte como uma libertação. Como aceitar a ideia do embotamento progressivo daquela sensibilidade aguda e apurada?

Vi-a pela última vez poucos dias antes da sua morte. Estava inconsciente havia duas semanas. A amorosa vigília do marido e das filhas não pôde impedir que as palavras, que ela dominara, a desamparassem, que ela se desligasse de tudo, pairando num alheamento completo naquele *no man's land* do sofrimento, entre duas margens opostas.

Privei da sua amizade, ao mesmo tempo ausente e presente. Essas duas maneiras aliavam-se nela, fundiam-se em paradoxal harmonia. É minha impressão que para a maioria dos amigos devia ser o que era para mim: uma afeição em constante disponibilidade e entretanto algo longínqua. Apesar da sua singeleza, incutia mais que admiração: um sentimento quase religioso.

Vivia num ambiente feérico e irreal que a enquadrava como uma moldura perfeita, um belo solar numa rua escondida, acima da cidade, acima do cotidiano, cercada da atmosfera mágica que lhe compunham o afeto do marido, a presença de seus livros, de seus quadros, de seu museu de bonecas folclóricas, de suas plantas. Ali vivia acima da confusão, *au-dessus de la mêlée*, expressão que se me impôs desde a primeira vez que a fui visitar.

De rara e estranha beleza, que resistiu aos anos e ao sofrimento, transmitia a tudo que a rodeava um halo de perfeição. A sua casa, o seu pátio, os seus móveis tinham alma. A sua hospitalidade distinguia e iluminava. Durante os anos terríveis da guerra, refugiados de vários países nos reuníamos ali para respirar, no aroma do chá, uma sensação de iniciação e intimidade que nos fazia esquecer o exílio. A grande maioria dos brasileiros recebia-nos, é verdade, com a instintiva doçura e a gentileza característica da terra, mas poucos aquilatavam como ela a profundeza do drama individual de cada um de nós. A capacidade requintada de sentir, adivinhar e imaginar levara-a a compreender-nos.

Essa grande dama que nos recebia com tão fina cortesia praticava a amizade como a arte, dispensando-nos do esforço de dizer as nossas angústias que intuía, mostrando-se nossa obrigada pela possibilidade que lhe oferecíamos de ajudar-nos.

Posso a esse respeito dar o meu testemunho pessoal. Foi nesse período que a editora Globo me encomendou a tradução para o português das *Cartas a um jovem poeta*, de Rainer Maria Rilke. Apesar de não dominar ainda suficientemente o idioma, não estava em condições de recusar o trabalho; tive de aceitá-lo, na esperança de encontrar alguém capaz de dar-lhe os últimos retoques. A sorte levou-me a Cecília. Não somente ela concordou gentilmente em acudir-me, mas encontrou uma fórmula especial para livrar-me de qualquer constrangimento: "Pois é, eu que estou traduzindo para a mesma editora *A Canção de Amor e de Morte do Porta-estandarte Cristóvão Rilke*, estava precisamente à procura de quem me ajudasse a resolver certas dificuldades do original alemão." Foi este o meio que a sua generosidade inventou para pôr-me à vontade: e lá estão hoje as nossas duas traduções enfeixadas no mesmo volume, como se fossem trabalhos de categoria igual.

O apuro da sensibilidade e a extensão da cultura (que só os seus íntimos podiam entrever, tão ariscamente ela a escondia) tornavam-na acessível a todas as correntes do espírito, a todas as civilizações, mesmo as mais exóticas e ignotas. Uma sede inextinguível de comunicação intelectual levou-a a percorrer velhos países em vias de renascer — a Índia e Israel —, fê-la penetrar os segredos de idiomas hieráticos, recriar para os nossos ouvidos maravilhados a música de poesias longínquas.

Há dois anos apenas ela publicou uma esplêndida antologia de traduções *Poesia de Israel*, em cujo prefácio lemos estas palavras comovedoras em sua comedida precisão:

"Acreditamos que a poesia, além de outras virtudes, possui a de tornar as criaturas compreensíveis umas às outras, na sua íntima verdade, que é a verdade do espírito. Compreender é de certo modo amar. Com essa intenção foi organizado este pequeno livro."

Não conheci nenhum outro escritor que tivesse tanta estima à literatura e tão pouca à chamada vida literária. Não possuía a menor parcela de cabotinismo, esse vício tão frequente em seus confrades, mesmo os mais dotados. Levava a sério qualquer serviço: uma conferência ocupava-a por meses, toda tarefa transformava-se em caso de consciência. A busca da perfeição total, tão patente em toda a sua obra, era nela um instinto inato e, tornando-a hostil a qualquer improvisação, nuançava todas as suas iniciativas.

Daí o esmero com que cuidava dos menores detalhes da apresentação de seus livros, escolhia os tipos, desenhava ou planejava as capas, fazia a paginação e a revisão com um escrúpulo infinito. Honrou-me algumas vezes com o pedido de ler as provas de alguns trabalhos seus, inclusive do monumental *Cancioneiro da Inconfidência*. Lidas as provas deste volume, fui levá-las de volta com o meu punhado de observações. Foi durante a discussão desses reparos que tive a ocasião de assustar-me com a extensão de suas pesquisas sobre o assunto, a época e as personagens. Mas foi preciso uma oportunidade especial como esta para se entrever uma erudição, que ela tudo fez para dissimular.

É impossível falar de Cecília Meireles sem pronunciar a palavra feitiço. Mais de uma vez, minha mulher e eu tivemos a impressão nítida de que ela possuía como que um sexto sentido. Acontecia não a vermos por meses. Bastava pronunciar-lhe o nome com saudade e no mesmo dia, às vezes na mesma hora, o telefone tocava: era ela. Certa vez contamos-lhe essa experiência, e aí ela nos confirmou a recorrência frequente de casos semelhantes de telepatia que lhe aconteciam em relação também a outros amigos.

É cedo demais para, abstraindo-nos da presença viva, debruçarmo-nos sobre a obra e estudá-la como realidade independente. O que posso fazer neste momento é repetir algumas afirmações que escrevi na capa de um disco de poesias suas recitadas por ela mesma. Disse então que a sua arte é essencialmente clássica; que à leitura de seus poemas sentimos a adequação perfeita da expressão à ideia e da forma à expressão; que os seus temas em geral são alheios à atualidade efêmera e seus versos isentos de cor local; que a sua poesia tem algo definitivo e lapidar. Na maioria de seus poemas, o que ela faz é explicar-se a si mesma. Dirige-os aparentemente a outros seres, dentro da convenção de toda poesia; na verdade, porém, dirige-os a si própria, a fim de encontrar no seu microcosmo respostas àquelas perguntas que lhe lança o universo. Da necessidade desta contínua confrontação consigo mesma deve nascer essa multidão de espelhos que povoa os seus livros. O segredo e o milagre de sua arte consistem nisto: que nesses espelhos nós, os leitores, encontramos não só o retrato íntimo da poetisa, mas a nossa própria fisionomia. Sem dúvida, o que ela exprimia não era apenas o seu *eu* contingente, limitado pelo corpo, confinado no tempo, determinado por encontros e acontecimentos fortuitos, e sim a parcela eterna de humanidade que encarnava, a soma de espantos e milagres que descobrira no viver, no respirar, no contemplar, no lembrar, no amar e no sofrer. Será por isso que essa mulher tão singular, tão diferente, tão superior tem provocado e há de provocar ecos na sensibilidade de todos nós.

Ao procurar evocá-la para os que não a conheceram pessoalmente, revolto-me com a fragilidade da minha memória que não soube reter ou, ferida pela tristeza da separação recente, ainda não sabe reconstituir com fidelidade pormenores de nossos encontros. Deles resta-me, porém, esta impressão geral: nunca lhe ouvi pronunciar uma frase frívola, uma banalidade. E contudo, a sua conversação nada tinha de solene nem de estudado; era a revelação adequada de um espírito rico, reto e claro.

Havia muitos anos não exercia mais o seu cargo de professora, mas conservou-o até o fim e cumpriu a sua atuação de educadora. O antigo pavilhão mourisco da praia de Botafogo, de que somente o nome sobrevive, abrigou outrora uma biblioteca infantil, a primeira do Rio, que ela organizou e dirigiu. Gostava da mocidade sob todas as formas, admirava-a e respeitava-a. A melhor demonstração desse respeito encontrei-a há pouco, num recente discurso pronunciado para estudantes, publicado depois de sua morte em *O Estado de S. Paulo*: ao contrário de tantos pretensos educadores, em vez de adular a mocidade, de felicitá-la por possuir o futuro e de considerá-la, por isso, superior às gerações passadas e presentes, insistia em apontar-lhe os deveres do trabalho e as alegrias da dignidade.

Qualquer evocação de sua personalidade humana ficaria incompleta, tão múltiplas eram as suas facetas. E ainda que as pudéssemos lembrar todas, seria pouco. Mais de uma vez ela própria nos alerta sobre o que os rápidos encontros humanos têm de ilusório:

"Inútil perguntar
por palavras que disse:
histórias vãs de circunstância,
coisas de desespero ou de meiguice.

(Mísera concessão
no trajeto que faço;
postal de viagem, endereço efêmero,
álibi para a sombra do meu passo...)"

Consolem-se com essa advertência os que não tiveram o privilégio de conhecê-la em sua aparência física. Consolem-se também, e sobretudo, com a magnífica herança que em seus poemas a poetisa lhes deixou a eles e a seus filhos e a seus netos. Leiam esses poemas que fazem com que o mundo, por onde passou Cecília Meireles, nos pareça mais cheio de beleza, a vida mais digna de se viver. Não era isto que ela quis dizer-nos numa de suas poesias mais perfeitas, *Imagem*?

"Meu coração tombou na vida
tal qual uma estrela ferida
pela flecha de um caçador.

Meu coração, feito de chama,
em lugar de sangue, derrama
um longo rio de esplendor.

Os caminhos do mundo, agora,
ficam semeados de aurora,
não sei o que germinarão.

Não sei que dias singulares
cobrirão as terras e os mares,
nascidos do meu coração."

1965

GRAVADO NA PEDRA

Da extensa obra poética póstuma deixada por Cecília Meireles, tão grande ou maior do que a publicada em vida, acaba de sair um ciclo de poemas digno de ser arrolado entre seus escritos mais acabados. São quarenta e tantos poemas inéditos (com uns poucos incluídos na *Obra Poética* das Edições Aguilar) escritos no decorrer de uma viagem pela Itália em 1953. O Instituto Cultural Ítalo-Brasileiro de São Paulo, que os lança sob o título de *Poemas Italianos*, manteve a disposição do volume, preparado pela poetisa, mas acrescentou-lhe a bem inspirada homenagem de comentários de dois tipos isentos de arbitrariedade: uma versão italiana paralela, fiel e congenial, de Edoardo Bizzarri e trechos das crônicas evocadoras da viagem publicadas pela autora no *Diário de Notícias* em 1955 e 1956, que esclarecem a inspiração e a gênese de muitos poemas.

Aos que tiveram a ventura de conhecê-la, a sóbria perfeição deste volume póstumo vem evocar de chofre o inexcedível senso de harmonia de Cecília Meireles, o traçado geométrico da sua letra, o esmero amoroso com que controlava os pormenores mais ínfimos da impressão de seus livros. Estes detalhes suscitam outros: a lembrança do perfil clássico, dos gestos serenos, da inflexão grave da voz, do conchego da casa e do jardim que lhe emolduravam a vida em perfeita adequação. Que exultação não havia de produzir no âmago de sua sensibilidade o encontro da paisagem e da arte italianas com sua riqueza de formas, cores e luzes, e também o daquela humanidade agitada e espontânea em sua trepidação gesticulante, seu sorriso largo e suas lágrimas fáceis, ao longo de seus passeios em Roma, Nápoles, Florença e Veneza.

No momento em que escreveu estes versos ela estava no apogeu da sua carreira, numa fase de plenitude. Voltava da Índia, onde fora recebida com verdadeira devoção, percorria a Itália primaveril com o companheiro querido da sua vida. Nada fazia ainda prever a moléstia que anos após a atacaria traiçoeiramente. Pelo contrário, o seu organismo ignorava tudo das doenças. Tudo a predispunha a uma radiosa expansão.

Mas o encontro agiu num sentido diferente. Fez eclodir no fundo de sua personalidade o sentimento trágico do fim, inseparável da beleza. Os vibrantes quadros multicores que se lhe antolham, fixam-se em melancólicas naturezas-mortas. A orgia de matizes amontoados no balcão de uma florista traz uma sugestão ambígua:

"As flores respiram o ar da tarde com delícia.
E ainda não sabem que já estão cortadas."

O sol que ilumina as ruas silenciosas de Pompeia não desperta nela, por contraste natural, uma sensação intensa de viver, mas ensina-lhe

"a sentir o amor que morre
e amar todas as máscaras do nada."

A presença obsessiva de um passado compacto dá a seus passeios um travo amargo, uma melancolia metafísica:

"Pedras não piso, apenas:

— mas as próprias mãos que aqui se colocaram,
o suor das frontes e das palavras antigas.

Ruínas não vejo, apenas:

— mas os mortos que aqui foram guardados
com suas coragens e seus medos da vida e da
morte.

Viver não vivo, apenas:

— mas de amor envolvo esta brisa e esta poeira,
eu também futura poeira noutra brisa.

Pois não sou esta, apenas:

— mas a de cada instante humano,
em todos os tempos que passaram. E até quando?"

Vivida com essa profundidade, a viagem perde todo cunho turístico, tornando-se simbólica. O cenário italiano, com a onipresença de monumentos destinados a eternamente lembrar momentos fugazes, desencadeia automaticamente a imagem de um futuro vazio e, enquanto metamorfoseia os transeuntes em sombras que deslizam, faz os mármores contraírem uma palpitação deslumbrante.

> "Tudo à espera, entre os vigilantes ciprestes
> e as derrubadas colunas,
> que as estátuas desçam das arquitraves,
> dos jardins, das escadas, das fontes,
> e venham reclinar entre os jacintos
> para a merenda vesperal
> a brancura da sua nudez feliz.
> (As túnicas de mármore já se entreabrem, ao
> vento...)"

Ante a gloriosa nudez e os eternos abraços das estátuas, o amor da carne é tateante e ilusório:

> "Nos namorados humanos
> o corpo é lento e pesado,
> longa rede a escorrer lágrimas
> nas vastas areias da alma."

Os vivos só ganham verossimilhança na medida em que se aproximam dos arquétipos eternos fixados na pedra, como a linda servente romana cujos olhos "estão dizendo coisas de eras anteriores".

"Por mais que estejas servindo
licores e aperitivos!
com rosto de eternidade
és um belo morto alegre
a consolar tristes vivos..."

E o trágico privilégio de sentir em todo instante a transitoriedade da vida é que, em Pompeia, leva a poetisa a conceber a erupção como um futuro imediato e a faz partilhar com os mortos antigos os últimos instantes da sua vida.

Salta aos olhos o caráter escultural destes poemas severos e plásticos, tão fora de época, contemporâneos de Horácio, de Leopardi e de Rilke, em que a palavra "morte" é *leitmotiv* inúmeras vezes expresso, frequentemente subentendido: eles guardam saudades não de paisagens reais, mas da vida de cada um de nós, ao mesmo tempo irrevogável e incompreensível.

A frequente ausência de um "eu" identificável, a predominância do espetáculo com o relegamento do espectador a um segundo plano, a omissão quase total de rimas, um estilo de grande pureza e forte laconismo, um vocabulário tão latino que, em regra geral, consente uma tradução literal para o italiano, reforçam ainda a intemporariedade desta poesia que parece gravada na pedra desde sempre, para sempre.

1969

O ROMANCEIRO DA INCONFIDÊNCIA
VINTE ANOS DEPOIS

Lembro-me de quando li *Romanceiro da Inconfidência* pela primeira vez, lá vão vinte anos. Fui dos primeiros a lê-lo — pois a autora me pedira auxílio na revisão das provas — e, portanto, dos primeiros a sentir o frêmito que nos incute uma obra eterna. Tantos anos decorridos desde então integraram a própria Cecília neste passado "que não abre a sua porta e não pode entender a nossa pena". A releitura de agora, enquanto aviva as saudades da amiga, confirma e reforça o deslumbramento experimentado quando do primeiro contato com o poema.[18]

Foi uma visita a Ouro Preto que desencadeou o sortilégio na alma da poetisa. Mas o assombro não se transmudou logo em poesia. Por vários anos ela investigou com afinco a história da Inconfidência para compenetrar-se da atmosfera da época e da mentalidade das personagens. (Recordo que ela trabalhava simultaneamente num estudo extenso sobre a autoria das *Cartas Chilenas*, ligadas ao mesmo ambiente e ao mesmo momento. Por onde andarão os originais desse estudo?) Ela

---

[18] Cecília Meireles. *Romanceiro da Inconfidência*. Rio de Janeiro: Civilização Brasileira, 1973, 234 p.

acabou por identificar-se com a Vila Rica do século XVIII; o poema revela conhecimento profundo do *spiritus loci*. Mas, e nisto consiste uma de suas altas qualidades, a pesquisa não embotou a emoção inicial, que ressuma de cada verso.

A lenta maturação da obra possibilitou o encontro de uma forma de perfeita adequação. Seria extemporâneo recorrer à epopeia, já ultrapassada mesmo na era dos acontecimentos evocados. Adstringir-se a um lirismo pessoal em face de episódios de tão intenso conteúdo épico limitaria o fôlego e a força da mensagem. O dilema foi resolvido pela feliz escolha do romanceiro, sequência de quase cem romanças — cenas, instantâneos, comentários, cantigas, elegias — que gravitam em redor dos mesmos fatos.

Inspira-se esse conjunto num senso agudo da História. Lidos tantos documentos ignorados pelos contemporâneos, aparentemente explicados os motivos das ações, perdura a sensação de fatalidade, acompanhada de outra, de impotência e frustração:

> "Na mesma cova do tempo
> cai o castigo e o perdão.
> Morre a tinta das sentenças
> e o sangue dos enforcados...
> — liras, espadas e cruzes
> para cinza agora são.
> Na mesma cova as palavras,
> o secreto pensamento,
> as coroas e os machados,
> mentira e verdade estão."

— adverte-nos a "Fala Inicial" nessa estrofe de acento manzoniano.

Armada de erudição, inspiração e ironia, a poetisa evita o falseamento das proporções a que o assunto convidava. Faz-nos ver a conspiração ora pelos olhos dos contemporâneos, ora pelos da posteridade. Sentimo-la apontar, inesperada e tímida, na atmosfera bucólica da Arcádia. Bisbilhotices, delações, perseguição burocrática e policial vão aumentando a repercussão das conversações nostálgicas de alguns intelectuais nas frias noites de Vila Rica; intervenções de parentes e de padrinhos tentam abafá-la; depois, ela avulta quando o principal acusado, transformado em bode expiatório, aceita consciente o seu papel de mártir. Tudo isso é revivido com realismo palpável. Mas o nosso conhecimento do que sucedeu depois e de como a História se encarregou de pôr em prática os sonhos daqueles ideólogos alarga a perspectiva, adensa o patético e transforma em coro pungente os sussurros da vizinhança provocados pelas reuniões secretas, as detenções, a devassa, o julgamento, a execução das sentenças.

Salvo em "Fala Inicial" e em "Cenário", os versos não parecem escritos por um poeta individual. Falam as personagens da conspiração, a voz anônima do povo, os maldizentes, os justos, as testemunhas, os curiosos. Viram motivos de pura poesia os autos da devassa, os inventários dos bens dos inculpados, os antecedentes socioeconômicos do levante mal-esboçado.

Enquadram o episódio central — o drama de Tiradentes — um panorama da vida mineira de então com a influência perturbadora da riqueza e quadros em que surgem os demais implicados e outros atores da tragédia. Tudo isso comentado numa língua de tom popular e sabor arcaico, mas também palpitante de uma inquietação e uma perplexidade tipicamente modernas.

No fim, não se sabe mais quem conta a história nem quando ela foi contada. Assim, ela assume algo de coletivo e de intemporal: torna-se a saga de uma nação, o panegírico da liberdade.

> "Liberdade — essa palavra
> que o sonho humano alimenta;
> que não há ninguém quem explique,
> e ninguém que não entenda!"

1973

Drummondiana

TENTATIVA DE COMENTÁRIO
PARA ALGUNS TEMAS DE CARLOS
DRUMMOND DE ANDRADE

Segundo explicação da editora, anteposta a este volume,[19] reúnem-se aqui grupos de poesias que, sem terem tido existência bibliográfica, foram sendo acrescentados às edições sucessivas das *Poesias Completas* de Carlos Drummond de Andrade. O caso lembra o da certidão de idade que o pai distraído corre a tirar no Registro Civil quando de repente vê seus filhos, taludos e buliçosos, toparem com a primeira exigência burocrática.

Impunha-se, com efeito, essa providência para legalizar o que já existia com tanta força, impondo-se à nossa maneira de sentir e de falar. Especialmente o poema "José", que dá título ao volume, há muito destacou suas palavras iniciais do contexto para que principiassem uma vida independente dentro da fraseologia da língua. Por falar nisso, quem não terá notado quantos versos desse Drummond que surgiu como quebrador de tabus e destruidor de clichês se estão transformando em frase feita? Emprego a expressão em sentido valorativo, não pejorativo: no de fórmula lapidar

---

[19] *José & Outros*. Rio de Janeiro: José Olympio, 1967, 132 p.

em que a sensibilidade coletiva reconhece com espanto a expressão que lhe faltava para se definir. Há dois mil anos Horácio Flaco, sem dar por isso, fundiu em lugares-comuns — *Eheu, fugaces, Postume, Postume,/ Labuntur anni!* — as eternas inquietações do homem efêmero; Carlos Drummond de Andrade outra coisa não faz ao cristalizar em clichês lacônicos as nossas ansiedades: "Mundo mundo vasto mundo,/ se eu me chamasse Raimundo/ seria uma rima, não seria uma solução... No meio do caminho tinha uma pedra... A vida parou/ ou foi o automóvel?... Perdi o bonde e a esperança... Oh, sejamos pornográficos... Tenho apenas duas mãos/ e o sentimento do mundo... Principalmente nasci em Itabira... Itabira é apenas uma fotografia na parede. Mas como dói!... Trabalhas sem alegria para um mundo caduco... E agora, José?... Preso à minha classe e a algumas roupas/ vou de branco pela rua cinzenta... Este é tempo de partido,/ tempo de homens partidos... O filho que não fiz/ hoje seria homem... me transformo em notícia... O mundo não vale o mundo... Meu pai perdi no tempo e ganho em sonho... E como ficou chato ser moderno,/ agora serei eterno... Ganhei (perdi) meu dia..." etc. Reparem ainda nas frases ou títulos drummondianos que deram para aparecer em frontispícios de livros alheios — *Os Inocentes do Leblon, Os Mortos de Sobrecasaca, O Anjo Torto, A Doce Música Mecânica* —, outros tantos atestados de transfusão de sangue. Noutras literaturas também já encontrei fenômenos de fecundação semelhantes (vejam-se *Amants, heureux amants* e *Beauté, mon beau souci*, de Valéry Larbaud, e *Tel qu'en lui-même*, de Duhamel), mas geralmente os títulos de empréstimo não eram solicitados a contemporâneos vivos. Não vejo outra homenagem mais expressiva do que esta, nem prova mais evidente da onipresença de Drummond. Certo dia, falando em Balzac, ele o comparava à poeira, que está em toda parte. Parodiando-o, direi que, para o Brasil de nossos dias, é ele que assumiu esse modo de existir difuso. Para o Brasil... apenas enquanto os julgadores do Prêmio Nobel não aprenderem o português; e se não o aprendem, pior para eles, pois os futuros historiadores da literatura universal, a que vale, hão de aprendê-lo de qualquer jeito, em grande parte por causa deste mesmo Drummond.

Voltemos, porém, ao presente volume. Ele é peculiar no sentido de abranger composições de um quarto de século, sem porém incluir — nem de longe — a obra toda desse período, pois em seu decorrer saíram três volumes autônomos do poeta — *A Rosa do Povo, Claro Enigma, Lição de Coisas* —, afora as poesias de circunstância de *Viola de Bolso.* Seria, pois, algo arbitrário querer descobrir neste volume uma unidade que ele não possui — a não ser aquela, magnífica e talvez sem precedentes, de substância e forma, que, desde *Alguma Poesia,* anima toda a obra do nosso autor.

O convite a prefaciar este volume *sui generis* seria, antes, um incentivo para tentar dar uma visão de conjunto da obra poética de Carlos Drummond de Andrade, e era o que ia empreender quem assina estas linhas. Não podiam oferecer-lhe oportunidade melhor, nem mais honrosa para mostrar, por exemplo, a visceral brasilidade desta grande poesia universal (que tanto ajudou o imigrante atordoado a sentir, a compreender e a amar a terra em que aportou para dela nunca mais se afastar). E este era apenas um dos aspectos a serem tratados... Para quem tantas vezes tentou penetrar e assimilar essa obra, recuando de cada vez após breves abordagens superficiais, lá estavam, sob forma de obrigação e tarefa, o pretexto e o impulso tantas vezes desejados.

Eis quando contingências de ordem pessoal me impediram de dispor do tempo e da calma indispensáveis. E já pensava em eximir-me mais uma vez, quando a indulgente amizade do autor me sugeriu reproduzir aqui uma palestra recente. Nela, à margem de um disco em que ele próprio dizia cinco de seus poemas, tinha eu esboçado, não sem receio, um comentário como que a sugerir um dos possíveis tipos de aproximação dessa poesia tão atraente quanto exigente. É verdade que dos cinco poemas do disco apenas um, o mais extenso — "Desaparecimento de Luísa Porto" —, faz parte de *José & Outros*. Mas todos eles foram considerados pelo comentarista como espécimes de alguns temas essenciais do poeta, e, como tais, suscetíveis de confronto com outros poemas, muitos dos quais pertencentes a esta coletânea. Fica, pois, aqui esta desculpa à espera de circunstâncias que me permitam escrever afinal o estudo maior tantas vezes projetado.

Não quero encerrar este prefácio ao prefácio sem assinalar um fato que, em relação à poesia de Drummond, me parece altamente sintomático e significativo: a próxima publicação de uma antologia consagrada à fortuna literária de "No Meio do Caminho", poesia de apenas dez versos feitos com a repetição e a variada combinação de somente vinte palavras, e à imensa repercussão que essa pedra atirada ao lago estagnado da literatura há uns quarenta anos provocou e continua provocando.[20]

Explica-se poesia? Uma certa penumbra, a indecisão do conteúdo, a fluidez dos contornos não fazem parte da própria essência do poema? Explicitando as intenções do poeta, que disso não nos encarregou, ainda que consigamos apontá-las com exatidão, não o estaremos traindo? Pois se o objetivo dele fosse o de ser entendido sem possibilidade de equívocos, não disporia para isso de toda a aparelhagem da língua que ele maneja cem vezes melhor que nós? Por outro lado, existe o perigo de não o entendermos bem nós mesmos, ou deixando de perceber o sentido oculto por trás de suas frases, ou atribuindo-lhe ideias e intuitos que nem de longe lhe ocorreram no momento de compor os seus versos.

Entretanto, toda obra de arte é uma criação bilateral, na qual ao destinatário também cabe uma parcela ativa. Ela só começa a existir no momento em que é percebida pelo ouvinte, o espectador, o leitor. Cada um destes recria em si e para si o poema, forçosamente diverso em seu espírito daquilo que era no espírito do poeta e também daquilo que

---

[20] *Uma Pedra no Meio do Caminho. Biografia de um Poema.* Introdução de Arnaldo Saraiva. Montagem dos textos por Carlos Drummond de Andrade. Rio de Janeiro: Editora do Autor, 1967.

for no espírito de qualquer outro componente do público. A impressão que ele exerce na sensibilidade do leitor acaba por completá-lo, por se incorporar a ele.

Concebido assim o poema, justifica-se o nosso esforço de exprimir em palavras a parte com que contribuímos para integrá-lo. Essa tentativa permitirá a outros leitores conferirem a sua participação com a nossa. Mas os principais beneficiados do esforço somos nós mesmos, pois o ensaio de interpretação força-nos a investigar as razões da nossa adesão sentimental e a desvendar algo da química complexa e misteriosa que transforma uma sequência de palavras em poema e um poema em tremor íntimo, em substância alimentícia do nosso ser espiritual.

É, pois, sob esse prisma que tentaremos dar não uma explicação, nem sequer uma interpretação de alguns poemas de Carlos Drummond de Andrade, apenas um comentário à margem deles. Foram escolhidos para este fim cinco poemas ditos por ele e registrados num disco onde a voz do autor, pondo as suas inflexões a serviço de seus versos, já constitui uma primeira, e muito valiosa, interpretação.

Sempre tive a impressão de que os versos do nosso grande poeta, de extrema densidade intelectual, destinam-se antes de mais nada à leitura individual e silenciosa. Lidos em voz alta, devem ser ditos como o são pelo próprio autor e não recitados. A gesticulação e a declamação, quando não os falseariam, nada acrescentariam à beleza desses poemas, devida não a valores retóricos e musicais, e sim à combinação original de simples vocábulos convencionais, revestidos de singular força evocadora. É esta força que suscita em nós os múltiplos sentidos dessas palavras sem brilho, cambiantes em inúmeras situações vividas por nós mesmos ou sugeridas por contextos literários.

Emanuel de Moraes, um dos comentadores mais agudos do nosso poeta, abre, em sua introdução à *Obra Completa* (Companhia Editora Aguilar, 1964), capítulo especial em relação a três poemas do volume *A Rosa do Povo*: "A Morte do Leiteiro", "Caso do Vestido" e "Morte no Avião", que se distinguem pelo ritmo dramático. Várias características da poesia "Desaparecimento de Luísa Porto" (em *José & Outros*) fazem com que a associemos a esse grupo.

Em todas essas composições falta, aparentemente, o elemento lírico, qualquer motivo pessoal. O seu núcleo é um fato do dia, provavelmente lido em jornal. "A Morte do Leiteiro", de todo modo, é o relato de um caso ocorrido no Rio há alguns anos e comentado pela imprensa durante alguns dias: alguém, ouvindo, de madrugada, os passos do leiteiro diante da sua porta, toma-o por ladrão e mata-o com um tiro. Se nessa poesia ainda encontramos uma manifestação direta do poeta sob forma de comentário, já em "Caso do Vestido" é a protagonista, uma mulher do povo, que conta às filhas como o marido a humilhou e abandonou por outra, e como esta, anos após, abandonada por sua vez, veio pedir-lhe perdão, deixando o vestido como lembrança; no fim da história, ouvem-se os passos do marido que volta para casa. Em "Morte no Avião" é a vítima que revive o dia anterior à catástrofe, reinterpretado à luz do desfecho trágico.

"Desaparecimento de Luísa Porto" é igualmente "a-lírico". O evento que o inspirou é o sumiço de uma solteirona sem personalidade e sem traços definitivos, sem nada a diferenciá-la das demais solteironas, a não ser precisamente o seu desaparecimento, de que o poeta tomou conhecimento através de um tópico de jornal, desses que lemos todos os dias com atenção distraída e imediatamente esquecemos, um apelo em que uma velha mãe pede notícias da filha perdida.

Esse resumo anódino de um drama de família cotidiano vai, nas mãos do poeta, criar corpo, completar-se de pormenores, estofar-se de realidade. As palavras banais são tomadas de uma palpitação dolorosa, logo que por trás delas logramos perceber, como que fisicamente, a voz implorante da velha mãe. O anúncio transforma-se numa série de apelos pungentes, entremeados da enumeração dos sinais distintivos da desaparecida, entrecortada por sua vez pela narrativa das circunstâncias do desaparecimento, e de tudo isso emerge a reconstituição de duas vidas tristes e apagadas.

É a mãe que fala na maior parte dos versos, mas uma arte sutil entrelaça às suas lamentações outras vozes, reconhecíveis pelos estilos diferentes. Reaparece de vez em quando o do tópico de jornal, identificando-se com o da reportagem policial, em seu laconismo insensível, supressão de artigos, eliminação de verbos. A ingenuidade da mãe reflete-se na enumeração das pessoas a quem se dirige — "qualquer do povo, da classe média, até mesmo os senhores ricos" — na insistência de seus rogos que tomam forma de estribilhos e em suas reminiscências inúteis — o desaparecimento há meio século do chefe de polícia — que de maneira alguma concorrem para a elucidação do caso, mas que pela fidelidade na transcrição da linguagem coloquial com suas reticências sugestivas — "saíra à tarde para uma volta no largo do Rocio e até hoje" — dão à sua pessoa absoluta autenticidade. As informações a respeito de Luísa parecem provir das vizinhas, em resposta às possíveis indagações de um repórter. O trecho untuoso em que se promete recompensa celeste a quem trouxer notícias dá a impressão de vir do púlpito. Escondido no magote de gente que comenta o fato, lá está também num cantinho o poeta, reconhecível pelo seu vezo de quebrar a ascensão do patético por meio de um adjetivo ou até de uma conjunção de efeito grotesco ("a filha volatilizada"; "afável posto que estrábica").

No decorrer do poema, os sentimentos da mãe passam por toda uma gama de matizes: espanto, autocomiseração, esperança, intuição da verdade, resignação, exaltação, para no fim atingir altitudes místicas: ela já não procura a filha solteirona de 37 anos, e sim o objeto de todos os seus cuidados em 37 anos, o alvo das irradiações de todo o seu amor, a sua própria vida, em suma — uma realidade mais intensa, a ideia da filha, e não o seu ser em carne e osso.

Temos que assinalar a sábia distribuição por todo o poema de manchas de cor local, que servem a situar socialmente as personagens e o episódio; o nome da rua Santos Óleos (*se non è vero, è ben trovato*) e o de Cachoeiro, cidadezinha natal de Luísa, a devoção desta a Santa Teresinha do Menino Jesus, a falta de telefone na casa, a alusão à pessoa de Rita Santana, costureira, a melhor amiga de Luísa. Poucos poetas sabem, como Drummond, tirar efeitos emotivos de um patrônimo ou de um topônimo. Alusões ao mata-mosquito, ao repórter-amador facilitam também a localização temporal e espacial do fato. Esses toques de particularização têm tanto mais força por focalizar o poema um mistério universal: o da diluição dos vivos, da separação definitiva dos que se amam e da sua sobrevivência nos outros, frisando acessoriamente a consolação encontrável na fé singela e a insignificância dos destinos individuais ante os cataclismos coletivos.

Alguns anos antes, Carlos Drummond de Andrade, em "Consideração do Poema", perguntara: "Como fugir ao mínimo objeto ou recusar-se ao grande?" Aqui vemos como "mínimo" e "grande" se confundem: de um típico não assunto o poeta tirou este poderoso coral, sinfonia que repercute em nosso âmago e transmite à nossa sensibilidade o desafio da ansiedade existencial.

★

Se existe poema transparente é o soneto "Carta" (em *Lição de Coisas*), no total despojamento de seus quatorze versos. Quem só o conhece por tê-lo ouvido pode nem ter percebido que se trata de soneto: o empenho do poeta em apagar as rimas por meio de *enjambements*, a naturalidade absoluta das frases, a discrição das palavras retiram toda ênfase a essa composição a ponto de, apesar da perfeição métrica dos versos, comunicar-lhe a displicência sem pose de uma conversa familiar. O conteúdo é cristalino: o crescente sentimento de solidão da velhice e a nostalgia da infância perdida fundem-se na saudade da mãe para sempre ausente.

Esta poesia, na realidade, dispensa qualquer explicação. Traduzida em qualquer língua, lida por qualquer leitor, há de provocar ressonâncias semelhantes, tocar uma corda comum a todas as sensibilidades. Mas pode servir-nos de pretexto para apontar uma das constantes mais importantes da poesia drummondiana: a nota familiar.

Essa nota, tão frequente nos poetas intimistas e penumbristas, espécie de lugar-comum da poesia menor, assume na obra de Drummond significado de excepcional gravidade. É através da vivência-família que o poeta atinge os mistérios da sobrevivência e da imortalidade, tendo ele próprio fechado os outros caminhos que levam a eles. Propositadamente alheio à inquietação religiosa, já declarou alto e bom som (em "Os Últimos Dias") não esperar "outra luz além da que nos envolveu dia após dia", mas nesse "pouco que fica de tudo" registra a herança imponderável transmitida pelos pais aos filhos:

> "Fica um pouco de teu queixo
> no queixo de tua filha."
> ("Resíduo")

São numerosas em sua obra as conversas imaginárias com o pai morto, conversas que o pudor, o respeito, as convenções impediram em vida e que só se tornaram possíveis com a morte de um dos interlocutores, mas agora permitem uma comunicação integral. Em vida, o pai guardava o amor "em tríplice cerca de espinhos" ("Como um Presente") e seu silêncio favorecia os desentendimentos; mas nas palestras que o filho mantém com ele em sonho, embora ainda desta vez haja poucas palavras ou nenhuma ("Viagem na Família"), já não há mal-entendidos.

As conversas com a mãe ausente e as cartas que lhe são dirigidas são de outra natureza: elas não precisam operar nenhuma reconciliação. Numa evocação mágica da mesa familiar ("A Mesa"), onde passado e presente se confundem, ela aparece sem auréola,

> "pois que, sendo de ouro,
> cuida logo em reparti-la,
> e se pensa, melhor faz,"

no meio dos filhos cinquentões, cuja alma ainda guarda

> "o desejo muito simples
> de pedir à mãe que cosa
> mais do que nossa camisa
> nossa alma frouxa, rasgada."

O poeta, que, num momento de ingenuidade e revolta, pergunta:

> "Por que Deus permite
> que as mães vão-se embora?"
> ("Para Sempre")

sonda constantemente a presença ou a ausência da mãe dentro de si mesmo e mede por ela a intensidade da própria vida.

Desconfiado por natureza, o poeta, bem mineiramente, fica com um pé atrás em face desse sentimento instintivo e irracional:

> "É talvez um erro amarmos assim nossos parentes.
> A identidade do sangue age como cadeia,
> fora melhor rompê-la.
> Por que ficar neste município, neste sobrenome?"
> ("Como um Presente")

mas nem por isso consegue arrancar-se a essa comunidade, que muitas vezes se lhe afigura como uma entidade geográfica isenta de imobilidade, que nos acompanha pela vida afora:

> "porteiras, divisas, certas rudes pastagens
> plantadas no ano zero e transmitidas no sangue."
> ("No País dos Andrades")

Este sangue, rio misterioso, combina a dimensão do tempo com a do espaço:

> "Uma rua começa em Itabira, que vai dar no
> meu coração."
> ("América")

Não se cansa de procurar uma definição do mistério que volta a reenfrentar periodicamente:

> "Uma família, como explicar? Pessoas, animais,
> objetos, modo de dobrar o linho, gosto
> de usar este raio de sol e não aquele, certo copo e
> não outro,

a coleção de retratos, também alguns livros,
cartas, costumes, jeito de olhar, feitio de cabeça,
antipatias e inclinações infalíveis..."
("Onde Há Pouco Falávamos")

A sua inquietação remonta na linha dos ascendentes até os bisavós ("Os Bens e o Sangue") que venderam a sua fazenda para despojá-lo de bens terrestres e permitir-lhe concentrar seu fervor "numa riqueza, só, abstrata e una" e baixa pela linha descendente até o neto Luís Maurício, a quem lega a plenitude única de sua experiência do mundo.

Em suma, a existência profunda do poeta, a que se revela na sua obra, caracteriza-se pela presença constante dos mortos queridos. A natureza misteriosa dessa presença é explicada por uma imagem de iluminante beleza:

"O que amamos e fomos um dia...
arde em nós
à maneira de chama que dorme nos paus de
lenha jogados no galpão."
("Permanência")

Essa permanência não apenas explica as nossas saudades, não apenas dá densidade ao nosso viver, mas chega a determinar-lhe o sentido.

> "Cada dia que passa incorporo mais esta verdade,
> de que eles não vivem senão em nós
> e por isso vivem tão pouco."

Por mais que lamente a pouca intensidade desse viver, há de admiti-lo.

> "Pouco e mal que eles vivam, dentro de nós, é
> vida não obstante."

e chega a esse corolário, inesperado, mas lógico:

> "Ter e não ter em nós um vaso sagrado,
> um depósito, uma presença contínua,
> esta é a nossa condição..."

terminando o magnífico poema ao entrever, nessa sobrevivência, a possível explicação de toda a existência humana:

> "Ou talvez existamos somente neles, que são
> omissos, e nossa existência,
> apenas uma forma impura de silêncio, que preferiram."
>
> ("Convívio")

Eis por que numa dessas incertas horas frias em que interrogamos o fantasma que nos olha do espelho o poeta recebeu do seu esta resposta:

"(se acaso é responder
a mistérios, somar-lhes
um mistério mais alto):
Amar, depois de perder."
("Perguntas")

★

Tenho por mim que a poesia "Pombo-Correio" (em *Lição de Coisas*) também foi inspirada por alguma notícia de jornal. Só que desta vez a sugestão poética não estava escondida no fundo do tema, precisando de um mergulhador que a trouxesse à tona. Encontrava-se bem à vista, na própria ideia do pombo-correio, meio de comunicação ancestral e natural num mundo dominado pelos recentes inventos de telecomunicação, e no nome lírico da rua Noel Rosa. Do encontro casual dessas duas sugestões saiu o poema.

Há mesmo uma rua deste nome em Aldeia Campista. Esse logradouro poético, onde "um talo de samba viça no calçamento" em lembrança do grande compositor popular, era digna de acolher visita tão extraordinária como a de um pombo-correio. Enquanto o nome da rua exala música e sonho, a sua exata localização nos traz de volta à realidade geográfico-administrativa. Daí, talvez, a graça do poema em suas contínuas oscilações entre o feérico e o tangível. O pombo chega com sua personalidade ornitológica, em voo raso, entrança-se entre folhas e galhos, dá a impressão de um papagaio de papel — mas daí a um instante parece uma estrelinha presa, suspiro metade no peito, outra metade no ar.

Nada mais real do que o minúsculo enredo. Uma senhora salva-o do carinho perigoso das crianças (não haverá aí uma reminiscência da frase de La Fontaine, *Cet âge est sans pitié*, na fábula dos "Dois Pombos"?) e o entrega a um transeunte de nome tão prosaico como Manuel Duarte.

A noção de pombo-correio envolve necessariamente a ideia de mensagem, que ocorre no mesmo instante ao ouvinte (ou leitor) e ao poeta. As associações poéticas convencionais exigiriam aí uma alusão às mensagens que não chegam à destinação, tal como a "garrafa ao mar" de Vigny. Mas desta vez não há mensagem. E é precisamente a sua falta que, numa inversão caracteristicamente drummondiana, se torna núcleo irradiador de lirismo: o pombo é assimilado às pessoas que vão todo dia à cidade "e somente algum minuto em cada vida se sentem repletas de eternidade".

Noutro movimento, bem próprio do nosso poeta, o pombo, depois de se ter transformado em símbolo, volta a ser ave: "Era um pombo assustado, perdido", depois do que a perspectiva estreita da rua Noel Rosa se alarga mais uma vez até o infinito:

> "e há perguntas na rua Noel Rosa
> e em toda parte sem resposta."

Num acorde final não menos drummondiano, o enterne-
cimento é represado por uma careta, no caso um trocadilho:

"para ser devolvido com urgência
ao destino dos pombos militares
que não é um destino."

★

Não pode haver elogio mais lisonjeiro à cidade do Rio de
Janeiro do que a integração rápida dos brasileiros de outros
estados (e dos estrangeiros) que nela se estabeleceram. Foi
o que aconteceu também ao tão entranhadamente mineiro
Carlos Drummond de Andrade, chegado da grave e dura
cidade de Itabira —

"noventa por cento de ferro nas calçadas,
oitenta por cento de ferro nas almas,
e esse alheamento do que na vida é porosidade e
comunicação"
("Confidência do Itabirano")

— e trazendo ainda por cima a carga inata do *gauchisme*. Mas
o Rio desde logo conseguiu envolvê-lo em sua vertigem
cordial. O primeiro poema que lhe consagra em *Alguma
Poesia* ("Lanterna Mágica") revela ainda a desconfiança
do provinciano ("este povo quer me passar a perna"), mas
não disfarça a simpatia pela cidade onde "as cores nascem
e morrem com impudor violento". Neste mesmo volume,

o poema "Coração Numeroso" mostra como o Rio agiu como verdadeiro antídoto ao desgosto de viver e à vontade de morrer que o poeta trazia em si: a fascinação voluptuosa da cidade lhe fez bater o coração com mais força, trouxe-lhe lágrimas aos olhos e fez com que se sentisse uno com ela.

Desde então, essa identificação não se interrompeu mais: inúmeras crônicas de jornal de Drummond, muitas delas autênticos poemas em prosa, compõem um retrato minucioso e amorosamente fiel do Rio, como talvez nenhum de seus filhos jamais tenha conseguido traçar. Tão sensível ao *genius loci*, ele respira e capta a indefinível atmosfera própria de cada bairro, de cada rua, e a sua arte, tão genuinamente brasileira, matiza-se cada vez mais de carioquismo.

Entre os poemas propriamente ditos, a grandiosa ode unanimista "A um Hotel em Demolição" (em *A Vida Passada a Limpo*) concentra nas paredes condenadas do Hotel Avenida toda a pulsação da cidade, conferindo-lhe individualidade e personalidade humanas, fazendo-o confluência de caminhos, encruzilhada de destinos, medida do fluir do tempo.

A ocasião de cantar a própria cidade chegou com a transferência da capital para Brasília. Como muitos outros cidadãos cariocas, Carlos Drummond de Andrade sentiu a necessidade de um desagravo. Para consolar a sua cidade da diminuição administrativa que acaba de sofrer, consagralhe uma deliciosa crônica em versos, "A Canção do Fico" (em *A Bolsa e a Vida*) e este "Canto do Rio em Sol" (em *Lição de Coisas*), definição das mais felizes da personalidade sentimental da metrópole.

Note-se que Drummond (fiel à sua arte poética — "Consideração do Poema" — que manda o lírico entrar no reino das palavras e aí descobrir os poemas que esperam ser escritos) não deixa de extrair do nome da cidade todas as sugestões latentes: "rio-rindo, ... rio que se vai passando a mar de estórias e sonhos... teu constante janeiro...", assim como faz retinir os nomes sonoros de seus bairros, morros e lagoas. Lances da história da cidade, lembrados sem intuito cronológico ou sistemático, dão uma contribuição principalmente auditiva e pitoresca.

Pode-se observar como o poeta, em falando no Rio, quase involuntariamente adota um ritmo rápido, arfante· neste e nos demais poemas citados extinguem-se as pausas, apagam-se os sinais de pontuação; aparecem a fantasia e o capricho sob forma de trocadilho, como no título "Canto do Rio em Sol" e na saudação ao novo estado, "agora sim, Estado de graça". Pouco dado a neologismos, o nosso poeta — que se distingue, mais do que por criações vocabulares, por aproximações insólitas — galhardamente entra a forjar palavras novas, a amalgamar vocábulos impossíveis, tal como este

"luminosardentissuavimariposas"

que só se tolera por se referir a este Rio amalucado, crisol em que se fundem carne e terra, sangue e seiva, e que justifica todos os absurdos. Não é que nela o nome do mar se transforma em verbo e se conjuga?

Nem podia faltar do retrato o toque acústico da fala carioca, apanhada em sua preferência pelos diminutivos, e o caráter conciliatório, amável, boa-praça da cidade, compendiado num modismo bem nativo: "dá-se um jeitinho".

Sem dúvida, as alusões à história local, o aceno à etimologia da Guanabara, a caracterização por epítetos do clima sentimental dos diversos bairros só ganham plena significação aos olhos do carioca conhecedor da sua cidade: dir-se-ia sorrisos de conivência, troca de senhas entre iniciados. Ainda assim, o poema guarda uma descomunal força evocadora mesmo para quem nunca esteve no Rio, fazendo-lhe entrever os elementos femininos, felinos, vegetais, olfativos, musicais e visuais, que compõem essa vibrante noção de geografia.

★

Os leitores assíduos das crônicas de Carlos Drummond de Andrade sabem com que fervor esse homem arisco e esquivo cultiva a religião da amizade. Muitos deles lembrarão a página intitulada "Estive em Casa de Candinho" (*Confissões de Minas*), onde o escritor apresenta o homem Portinari no seu ambiente, como centro de uma constelação de artistas e poetas felizes com a sua convivência, orgulhosos de o ter como contemporâneo. Ligado ao grande pintor por forte afeto — todos conhecem o retrato que, para a posteridade, conservará os traços físicos de Drummond — ao escrever quase vinte anos depois esta despedida a Portinari — "A Mão", em *Lição de Coisas* —, evita qualquer referência ao indivíduo, ao amigo, talvez no receio de não saber controlar e ordenar ainda a sua emoção. O que ele nos dá é uma análise estética da arte do desaparecido. Mas a análise ganha calor comunicativo pela prosopopeia: a encarnação da arte na mão que a realiza.

Esta mão resume todos os atributos do homem: cresce, olha com olhos azuis, compõe, murmura, cantarola, cala-se — e mesmo os seus atributos sobre-humanos: voa. A arte que ela criou é expressão de sofrimento e, ao mesmo tempo, representação suprarrealista do mundo, que completa e corrige. Nela cabe importância transcendental à cor, instrumento mágico de reinterpretação do universo. Envolve reivindicação social: não aplaca, mas aguça a sede.

Após uma enumeração rápida dos aspectos da realidade escolhidos para assunto, uns por exigência de amor, outros pelas virtualidades pictóricas que encerram, temos explicados a origem e os fins da participação nessa arte que, inspirada inicialmente na visão dos meninos esqueléticos da cidade natal do pintor, passou a preconizar a felicidade de todos os meninos do mundo. A sua contribuição para essa felicidade é a transfiguração misteriosa do real: "o que era dor é flor". A obra constitui um legado perfeito que se explica a si mesmo; por isso o artista deixa a interpretação aos doutores de Bizâncio, os teoréticos e exegetas.

1965

BOITEMPO

Lírico, parco em confidências, que tanto mais se encobria quanto mais se revelava, Carlos Drummond de Andrade nos oferece desta vez um ciclo de poemas declaradamente autobiográficos: reminiscências de menino, cenas e episódios decorridos num ambiente de singela ingenuidade, feito para realçar o colorido das primeiras impressões.[21] Imagens de Epinal de estranha vibração, que, entre os deslumbramentos da infância, deixam entrever-lhe os desencantos e a turva efervescência, trazendo à memória flagrantes da vida de outro menino de Minas, de nome Miguilim.

Essa infância desabrocha nos planos lírico e épico, com inesperada força patética dentro do cenário desadornado. As vinhetas sucedem-se repassadas ora de sóbria ternura, ora de *humour* seco, ora de crueldade objetiva; a saudade é apenas uma das atitudes, e não a mais frequente. Cavando fundo no chão da meninice, o poeta mais de uma vez atinge as raízes de humilhações e derrotas que marcam a alma para o resto da vida. Oscilamos continuamente entre a contemplação melancólica e o desabafo palpitante de mágoa. Quando as

---

[21] Carlos Drummond de Andrade. *Boitempo & A Falta que Ama*. Rio de Janeiro: Sabiá, 1968. Capa de Ziraldo, 192 p.

vivências da idade adulta interferem para retificar as visões do infante, a mudança de prisma, indicada por um único verso, às vezes por poucas palavras ou uma só, opera um choque violento. Mas esses contrastes bruscos vão sendo atenuados pela alternância constante de quadros serenos ou cômicos com confissões de violência contida e que levaram meio século a serem articuladas. Os poemas-piada, característicos das primeiras coletâneas, e as patéticas páginas de álbum de família em que Drummond chega à arte suprema, compõem, afinal, um afresco de impressionante unidade.

A ironia, que aflora a cada instante, dir-se-ia que desta vez nem é do poeta, mas da História, do Tempo que, depositando suas camadas de pó sobre os seres e as coisas, sabe desvalorizá-los e desvirtuá-los. Basta a enumeração dos requisitos pedidos à casa da família em 1911 para que estoure a tragicomicidade de um mundo inteiro, caído todo ele em desuso. Mais adiante, porém, a mesma casa, no ato de abandonar a família, despe-se de quase todos os seus atributos materiais; aí toda ironia se esvai e o desespero entremostra-se através da repetição de algumas palavras, atingindo o paroxismo no último verso:

Liquidação

"A casa foi vendida com todas as lembranças
todos os móveis todos os pesadelos
todos os pecados cometidos ou em via de cometer
a casa foi vendida com seu bater de portas
com seu vento encanado sua vista do mundo
seus imponderáveis
por vinte, vinte contos

A fusão do pungente e do engraçado, do drama e da anedota se faz pelo ritmo; entende-se por aí menos a organização do tempo musical do que a captação do tempo físico, a fluir pachorrentamente, quase tangível em sua estagnação, exigindo uma designação própria: "boitempo", tão diverso do suceder-se febril e descontrolado dos dias modernos.

Aqui e ali as recordações líricas assumem jeito de inventário sob a pena de quem procura deslindar no seu próprio ser os vestígios da opulência e do brilho da família antiga ("talvez? este pigarro") e as heranças de amigos, mestres, namoradas e paisagens, enquanto as reminiscências anedóticas se compõem em depoimento e documento. Misturado a tudo isso temos Itabira com a sua modorra intemporal, suas personagens típicas, suas procissões, seus banhos de rio, seus cemitérios batidos pelo sol, sua rotina de todos os dias: retrato em miniatura de um Brasil patriarcal em vias de extinção.

É por esse aspecto de inventário que a primeira parte do volume se liga à segunda, *A Falta que Ama*, resumo final de uma experiência humana. Nessa prestação de contas à Eternidade não há saldo, mas tampouco há reclamações ou queixumes. Ela se resume num desligamento gradual da vida e num reatamento consciente com os mortos, atitudes desmentidas de tempos em tempos por uma convulsiva sede de amor, que abole os limites entre ser e não ser. Momentos de autoflagelação sucedem a instantes de êxtase; a revolta, embora resignada ao próprio insucesso, acomete, às vezes, através de jogos de malabarismo verbal, contra uma época esvaziada de conteúdo que degradou a palavra e entronizou a burocracia do absurdo. Nalguns poemas-súmula atinge-se um máximo de concentração: "A falta que ama" e "Tu? Eu?" são sínteses não apenas de um roteiro individual, mas da geral condição humana reduzida à sua essência em palavras contadas e pesadas. À despojada simplicidade da primeira parte opõe-se aqui uma riqueza intrincada de símbolos vazados numa linguagem de ilimitada flexibilidade. Em ambas as partes, porém, dão-se retoques ao mesmo retrato: do mesmo rosto, estranho, severo, misterioso e distante, e no entanto familiar a todos nós como o rosto de um irmão.

1969

CRÔNICAS DE UM CONTEMPORÂNEO

Com que prazer reencontramos, depois de os ter lido em jornal, estas sessenta e tantas crônicas de Carlos Drummond de Andrade, enfeixadas no volume *De Notícias e Não Notícias Faz-se a Crônica*,[22] onde elas vêm compor naturalmente um todo orgânico. O autor arrumou-as numa tentativa espirituosa de conceituar o gênero para cuja cristalização e prestígio tanto tem contribuído. Elas estão distribuídas sob títulos correspondentes às seções do jornal — Cidade, Gente, Moda, Artes e Letras etc. —, o que é uma maneira de insistir no seu caráter fundamental de atualidade.

É curioso notar como o poeta de tantos versos feitos para ficar tem antenas para captar os eflúvios desse conglomerado heterogêneo e indefinível que é a atualidade, feita de fatos do dia, frases engraçadas, *slogans*, modos de falar, frivolidades, loucuras da moda, assuntos de conversa — glosando o caso Watergate e os bebês de proveta, a inauguração da ponte e a proliferação dos viadutos, as gafes da censura e

---

[22] Carlos Drummond de Andrade. *De Notícias e Não Notícias Faz-se a Crônica. Histórias, Diálogos, Divagações.* Rio de Janeiro: José Olympio, 1974. Capa de Eugênio Hirsch, 184 p.

as manifestações descomplexadas do sexo. Daí outra unidade deste mosaico, afresco animado não só para o leitor de hoje, mas também para quantos quiserem saber, daqui a dez, cinquenta ou cem anos, o que tem sido a nossa vida entre 1970 e 1973.

Leves, ágeis, cheias de graça, estas crônicas deixam contudo um ressaibo amargo. E que a matéria da maior parte é o absurdo que sob as formas mais diversas vem se instalando no nosso dia a dia, integrando-se no ambiente com mimetismo perfeito, disfarçando-se em normalidade

Detectá-lo é uma especialidade de Drummond. Mas como combatê-lo? Tornou-se parte tão integrada em nosso *way of life* que argumentos e raciocínios não podem atingi-lo. O jeito é enfrentá-lo com as armas do humor, levá-lo às últimas consequências pela caricatura e o exagero, confrontá-lo disfarçadamente com o simples bom senso.

Melhor do que qualquer um, o poeta percebe os malefícios que nos atingem através da expressão verbal. Denuncia as alterações insidiosas da linguagem, mostra como o abuso permanente desvaloriza as palavras. Aponta a infiltração sub-reptícia de vocábulos novos que somos levados a usar sem entendê-los, descasca locuções aparentemente neutras e descobre-lhes as conotações íntimas, registra (e aproveita) as últimas invenções da gíria.

Páginas incisivas, das que dão choque e não se esquecem, tratam dos pesadelos que nos cercam de todos os lados: a empáfia da comunicação, os embustes da psicanálise, as fraudes da educação, a insolência das pseudociências, o alto preço do progresso técnico, a poluição do meio ambiente, a insegurança coletiva e individual. O autor não banca o profeta, nem vende qualquer panaceia; é um contemporâneo que partilha as nossas angústias e nos conforta com um sorriso ou uma careta.

Outras vezes, porém, ele se diverte ao contar-nos aventuras, verdadeiras ou imaginárias, relacionadas com um desquite, duas moças perdidas na floresta da Tijuca, um pacote misterioso de velhas cartas — dentro da linha do narrador que se revelou há anos em *Contos de Aprendiz*.

E também, às vezes, cede o lugar ao inconfundível poeta de "A mesa", como nesse "Diálogo imaginário" em que retoma um de seus grandes temas, o da incomunicabilidade dentro da família.

1974

RACHEL DE QUEIROZ
OU
A COMPLEXA NATURALIDADE

"Nós todos que temos de falar gracioso porque esse é o nosso meio de vida, que temos de dizer de modo gentil o que os outros pensam mal ou dizem mal (e é isso o estilo), quanto haverá de originalidade no nosso estilo, ou simples repetição nas fórmulas que supomos inventar?"

Rachel de Queiroz

Aproveitei a oportunidade da reedição para submeter as *100 Crônicas Escolhidas*[23] de Rachel de Queiroz a um teste de releitura, do qual saíram elas perfeitas, sem um arranhão. Cem obras da fantasia criadora, com a extensão média de duas a três páginas, que exercem perfeitamente a sua função: a de interessar, provocar, comover — noutras palavras, fazer pensar e sentir, isto é, ajudar a viver. É um prazer verificar que aí estão reunidas tantas páginas que há quinze, vinte ou vinte e cinco anos deitaram semente em meu coração e nele se enraizaram.

A designação elástica de crônica encobre contos perfeitos em sua estrutura concisa; perfis de tipos esquisitos

---

[23] Rachel de Queiroz. *100 Crônicas Escolhidas*. 2. ed. Coleção Sagarana. Rio de Janeiro: José Olympio, 1970.

e de indivíduos singulares, vistos com sátira ou ternura igualmente contagiosas; divertidos flagrantes cariocas, reveladores da graça sutil e do espírito galhofeiro da cidade que a escritora adotou; exatas imagens do Ceará, sua terra natal, legítimos documentos de ecologia, de folclore, de psicologia regional; meditações sob forma de conversa leve, em que a moralista, sem ilusões e sem fé, mas conservando o amor das criaturas, lhes ensina a difícil arte de viver e, a mais difícil ainda, de morrer. Nenhuma delas escrita para tirar uma moralidade, todas com uma mensagem a transmitir.

Tarefa tentadora a de esboçar o mapa-múndi das gentes e das ideias de Rachel, tal como a empreendeu com aguda compreensão, para outra coletânea,[24] o escritor Herman Lima, seu conterrâneo e amigo.

Mas, agora, a nossa abordagem é outra.

Um volume como este, diga-se de passagem, parece resolver de vez a pendência sobre se a crônica se inclui, ou não, na literatura. Como excluir dela uma fórmula que permitiu, e garantiu, semelhante eclosão de talento criador? Nem outro foi o pensamento do saudoso Gilberto Amado, a quem os editores em boa hora pediram emprestado, para prefácio, um precioso artigo, escrito sobre *O Caçador de Tatu*, mas válido para toda a arte de Rachel. Mestre Gilberto insiste *expressis verbis* na importância da crônica como gênero literário, entre nós, acrescentando que "alguns

---

[24] Rachel de Queiroz. *O Caçador de Tatu*. Crônicas selecionadas e apresentadas por Herman Lima. Rio de Janeiro: José Olympio, 1967.

dos nossos cronistas são os nossos maiores fornecedores de obras-primas literárias".

Note-se, porém, como curiosidade semântica: no mesmo estudo declarara Gilberto Amado admirar a nossa cronista por não fazer literatura. "Nada de literatura com Rachel. Beleza, sim, muitas vezes, mas sem enfeites, sem chique, sem requififes." Entende-se que desta vez a palavra "literatura", ao contrário da conotação elogiosa conferida há pouco a "literário", é usada em sentido pejorativo; no sentido — tão do gosto precisamente dos literatos — de rebuscamento, lucubração, requinte calculado.

Sem dúvida, as crônicas de Rachel dão a impressão de algo totalmente desprovido de artifícios. Literatura são elas, mas no bom sentido da palavra, sem qualquer literatice.

Toda arte, porém, até a menos artificial, é um conjunto de processos — verdade é que nem sempre fáceis de surpreender. Diverti-me em distinguir e catalogar alguns dos que se identificam neste volume. A sua identificabilidade, é claro, de modo algum diminui a admirável espontaneidade de um estilo do qual se pode dizer que é o homem mesmo — isto é, a mulher mesma.

Num trecho posto em relevo com toda a justiça por Herman Lima, a própria escritora entremostra um dos segredos da sua espantosa comunicabilidade: criou uma linguagem literária "que se aproxime o mais possível da linguagem oral, naturalmente no que a linguagem oral tem de original e espontâneo, e rico e expressivo".

Como que reforçando essa oralidade, a cronista usa com frequência a figura conhecida em Retórica como Apóstrofe quando a interlocutores de presença ora explícita, ora implícita. Aqueles são correspondentes que lhe escrevem: "Desculpe, Aspásia, estou tentando lhe falar com o coração nas mãos" (p. 34); "Em primeiro lugar, moça, deveria dirigir-se à minha ilustre colega do consultório sentimental" (p. 41); "Com gosto atendo ao seu pedido, rapaz" (p. 51); são os leitores em geral: "Quem quiser mandar recados e lembranças, aproveite que estou às ordens" (p. 85); "Direis que isso não passa de simples vaidade" (p. 84); é um leitor indeterminado: "Converse com aquele senhor idoso (...). Escute duas pessoas verazes e honestas contando uma discussão que tiveram entre si (...). Ouça a descrição de um desastre (...). Olhe esse magro funcionário lendo o seu jornal" (p. 83-4); é qualquer homem: "Não, não te apiedes de quem morre (...). Ora, deixa em paz os mortos" (p. 67); é a própria escritora dialogando consigo mesma: "Deanna Durbin fracassou por quê? Porque o público gostava da menina Deanna Durbin, magrinha e adolescente (...)" (p. 118); é o indefinido e inatingível destinatário de tanta pergunta irrespondível: "Como viverão atualmente as mulheres da Europa? Quem zelará pelo moral das donzelas? Quem lhes vigiará os namoros, as conversas noturnas, os beijos furtivos?" (p. 10).

Poder-se-ia escrever, aliás, toda uma tese sobre o uso que Rachel faz do ponto de interrogação, desde a interrogação retórica até a pergunta afirmativa e agressiva; desde a displicente pergunta coloquial até a grave questão existencial. Às vezes começa a crônica por interrogação não dirigida especificamente a ninguém, mas que dá a entender a existência de algum segredo cuja solução nos interessa: "Por que mistério, sendo a praia do Flamengo a residência mais 'bem' do Rio, não é o banho do Flamengo igualmente bem?" (p. 166); outras vezes, terminando-a por pergunta — "Pois, diga-se o que se disser, este Brasil é grande, não é mesmo?" (p. 114) — dá-nos vontade de responder em voz alta. Ou então, começando-se a crônica por uma resposta — "Sim, o gato se chama Bogun" (p. 124) — subentende-se uma pergunta e, portanto, a presença de um perguntador.

Outras vezes ainda, a sugestão está em começar a crônica entrando *in medias res* — "Ora este caso de hoje se deu no ano da seca de 1915" (p. 38); "Esta noite sonhei com Portugal" (p. 68); "Foi agora, no carnaval" (p. 126); "Ora, afinal, o coitadinho teve sua festa" (p. 43) — quando sentimos formar-se como que uma roda invisível em torno da narradora. Às vezes basta um modismo saboroso — "Esqueci de falar (...)"; "Fosse eu homem e andasse em começo da vida (...)"; "Outro dia escutei pelo rádio (...)"; "Mas qual (...)"; "Quem sabe o Brasil tomaria outro jeito (...)" etc. — para convencer o leitor de que é um ouvinte; mais do que isso, um interlocutor.

Quantas outras formas ainda para estabelecer contato! Por exemplo: a surrada palavra "você" com sutil valor de pronome indefinido; gramaticalmente, se refere a quem lê, logicamente a quem escreve, e envolve os dois na mesma situação: "Pode ser uma leviana viagem de turismo; você parte rogando pragas por causa da ineficiência disso e daquilo, as moscas no aeroporto, a safadeza do táxi que lhe cobrou trezentos cruzeiros, as transferências do horário do avião (...)" (p. 114). Ou então a autora entra em comunicação com o leitor chamando à balha uma de suas personagens — "Horácio, diziam os mais velhos que não sabias viver; mas bem soubeste morrer." (p. 4) — outra vez o recurso rotulado de apóstrofe pela velha Retórica.

Mas que é que pode haver em comum entre as classificações da Retórica e essa prosa transparente que brota do puro manancial da língua viva? Pois bem, ela é um verdadeiro armazém dos enfeites do discurso outrora denominados e ensinados como Figuras de Retórica.

Chamou-me a atenção para o fenômeno a crônica "Metonímia, ou a vingança do enganado", em que Rachel de Queiroz recorda a crítica severa que lhe valeu a expressão "com o peito entreaberto na blusa", usada em *O Quinze,* e a sua resposta contundente depois de ser informada pelo seu professor de Latim de que, sem saber, recorrera a uma metonímia. Pois desde então vem-se servindo, provavelmente sem dar por isso, desse e de outros flósculos tanto mais coloridos e viçosos quanto coincidem com os modismos mais pitorescos da fala popular.

Notam-se, antes de mais nada, aquelas que são decorrência de uma penetração da linguagem coloquial no discurso escrito e nas quais as palavras não guardam entre si a devida coerência sintática, compensando a irregularidade com o impacto da expressão. A mais comum, o Anacoluto, floresce em espécimes especialmente vistosos: "O homem daqui, seu conceito de felicidade é muito mais subjetivo" (p. 195); "Pobre, tão pobre, não tinha a favor de si nada do que os homens dão valor" (p. 3); "De repente, no dobrar de uma esquina (você estava longe de pensar que a embaixada era ali) — de repente lhe salta aos olhos, penduradinha no seu mastro diplomático, a bandeira nacional. Que lhe dá então? Lhe dá uma dor no peito. Sim, apátrida, renegado, exilado voluntário, enjoado da bagunça nacional, você lhe dói o peito de saudade (...)" (p. 115).

Não menos irregular, nem menos gostosa — quando bem utilizada — é a Silepse, em que a concordância decorre mais da Lógica do que da Gramática: "Entra criança de peito, aliás são as melhores (...)" (p. 7); "E se a gente se juntasse todos (...)" (p. 115).

A modificação afetiva da ordem convencional dos termos da oração produz, segundo os tratadistas, o Hipérbato. "A luz sei que vem de Deus" (p. 112); "O caso quem me contou foi José Olympio" (p. 231).

Em sentido retórico, o Parêntese é mais um desses enfeites: "E o dono da viagem do carro de passeio respondeu com autoridade que, claro, o papel era chegar à cidade mais próxima (...)" (p. 155).

Também a Alusão, em acepção estilística, é figura; exige que o leitor, valendo-se de seu cabedal de reminiscências de leitura, inteire o sentido do enunciado: "E de repente me apercebi de que não tenho saudade de nada (...). Saudade de nada. Nem da infância querida, nem das borboletas azuis, Casimiro" (p. 93); "Basta que se diga que eles se amaram de amor proibido como Tristão e Isolda, como Paolo e Francesca" (p. 182).

A Hipérbole, expediente ao mesmo tempo literário e popular, surge com toda a naturalidade em qualquer relato enfático: "Conhecem o sertão inteiro como a palma da mão" (p. 99); "Bogun, bravo como um lobo; belo, como um dia de sol; orgulhoso como Satanás" (p. 125).

Outro recurso comum ao povo e aos oradores é o Eufemismo: "Ela afinal descansou da sua longa passagem pelo mundo" (p. 148).

Não falta a Litotes, que nos leva a afirmar por enunciado negativo: "Mas com isto não estou querendo dizer que tenha Lindomar nada de monja" (p. 78).

O Clímax, intensificação que se efetua em graus simétricos, encarna-se assim: "A cada ano, a cada dia, a cada hora e minuto você tem menos vida dentro de si" (p. 187), e assim: "Como é difícil, meu Deus, como é raro produzir já não digo uma andorinha inteira, mas um simples riscar de asa no céu, uma cantiga de ave, um atrevimento de voo!" (p. 154).

A Antítese, tão de gosto dos românticos, tampouco está ausente do arsenal da nossa autora: "Aquilo que você queria saísse gracioso e saiu canhoto, e o que desejava poético e saiu apenas enfático, e o que pretendia escorreito e claro e saiu amontoado, confuso, fatigante, chato (...)" (p. 153).

O exemplo é particularmente curioso, por servir também como amostra de Paralelismo, de Sinonímia e de Repetição.

Esta última, como sabemos, admite uma multidão de variantes, que os tratadistas se comprazaim em classificar e em subdividir indefinidamente e que, em nossas crônicas, encontram ilustração abundante.

Lembremos a Anáfora, repetição enfática de uma palavra no início de cada membro do período: "O sargento era simpático, era musculoso, era jovem, era formidavelmente marcial" (p. 182); "Jamais se cansar da presença dele — mesmo quando ele é chato; jamais lhe enjoar a voz, as anedotas repetidas, os gestos, os cacoetes; jamais ficar farta dos seus carinhos; jamais, oh, jamais, recordar nada nem ninguém nem rememorar o passado ou evocar o futuro se acaso ele não for personagem desse passado ou candidato a esse futuro — isso é que é amor" (p. 42); "Ainda não é homem, ainda não é nem mesmo gente, mas também já não é mais anjo, já participa da condição humana, já chora, já sofre dor, já tem medo, já deseja as coisas, já possui criaturas e objetos, já tem preferências e antipatias (...)" (p. 96).

Recordemos a Simploce, repetição da mesma palavra no fim de várias orações ou membros de uma oração: "Por detrás de uma muralha, sempre haverá outra muralha (...)" (p. 148); "A pátria dele é o dinheiro, a língua o dinheiro, a comunhão a do dinheiro (...)" (p. 150).

Acrescentemos, com perdão da má palavra, a Anadiplose, requinte que faz Virgílio e a nossa Rachel começarem uma oração pela mesma palavra final da anterior: "Se nasceu nu, nu deveria morrer" (p. 32).

Por pouco não esquecemos a Epanadiplose, em que a sentença acaba com a mesma palavra que a principiou: "O frio conforme a roupa, a roupa conforme o frio" (p. 45), e a Epizeuxe, repetição enfática de uma palavra: "Vida a gente tem que viver sozinha, sozinha" (p. 142); "Não, não te apiedes de quem morre" (p. 67), sem falar na Epanalepse (*sic!*), repetição da mesma sentença, com outras intercaladas: "E pois, se você ainda tem olhos para enxergar feiuras no seu suposto amado, se tem cabeça para lhe descobrir defeitos é porque não ama. Se ele não lhe parece belo, irresistível, único, é porque não ama. Se por amor dele não está disposta a perder tudo, nome, fama, amor-próprio, corpo, sangue, alma e divindade — então não ama" (p. 41-2).

Nem falta a Paronomásia, aproximação de palavras semelhantes: "Precisa vir a luz do sol para trazer a humilhação e a humildade (...)" (p. 153).

Encontra-se ainda o Homoteleuto, acumulação, na prosa, de palavras com a mesma terminação, que só a intencionalidade distingue da rima involuntária: "E assim, vinte e cinco anos naquela freguesia viveu o meu padrezinho, celebrando, casando, batizando, comungando, levando extrema-unção aos moribundos" (p. 174), ou, noutro exemplo: "Sua mentira não é nem jocosa, nem oficiosa, nem perniciosa (...)" (p. 37).

O Polissíndeto, repetição empolgada da conjunção, quando bem usado, é de muito efeito: "E assim bela e assim vestida e assim pintada e formosa começou a lhe pesar o marido enfermiço" (p. 181); às vezes, como no exemplo seguinte, ajuda a recriar o tom bíblico: "E quando essas mil cabeças clamarem e pedirem caridade e misericórdia, então talvez os ouvidos moucos ouçam, e os corações de pedra abrandem, e o sangue não seja mais derramado, e cresça o milho e cresça o trigo onde antes se guerreava, e nos cemitérios se plantem menos homens e mais flores" (p. 64).

O Pleonasmo, acessório sugestivo da fala popular, surge em espécimes bem característicos: "Mas a verdade, a verdade verdadeira que eu falar não posso (...)" (p. 91); "E imagine agora se essa história a contasse um mentiroso!" (p. 83).

No extremo oposto, a Elipse pode ser não menos expressiva: "A toda a hora, da madrugada às dez da noite, é menino, mulher e homem chamando por ele: Mimiro, ó Mimiirooô! E Mimiro longe" (p. 25); "Se o distinto público acha ruim, paciência!" (p. 120); "Foi a uma sessão para nunca mais" (p. 139); "A recordação mais antiga que lhe guardo é pequenino, pretinho e seminu" (p. 3).

Num estudo metódico, teríamos dividido esses ornamentos em Figuras de Construção, Figuras de Palavras ou Tropos, e Figuras de Pensamento. Mas neste esboço rápido, sem maiores pretensões, contentamo-nos em anotar ao acaso da leitura as amostras já alinhadas, como também estes exemplos de Metáfora, escolhidos entre muitos: "Vínhamos nós comendo légua e paisagem desde Juiz de Fora (...)" (p. 53); "Deixou nesses enlevos, mormente num piquenique em Paquetá, algumas pétalas de sua inocência, mas afinal não todas, nem as essenciais" (p. 78).

Há também a Catacrese, que se define como Metáfora exagerada: "Talvez na sua caixa do peito só reste um fole vazio" (p. 188), e a Sinédoque, substituição do todo pela parte: "Quero ver se ainda encontro algum sinal das mãos que se foram dali" (p. 86), e, naturalmente, a famosa Metonímia, que motivou estas elucubrações e que, além de exemplos clássicos como "Cada um bebe o seu cálice" (p. 141), se encarna em frases tão vivas, tão modernas como estas: "O táxi que lhe cobrou trezentos cruzeiros (...)" (p. 114); "Que aliás, sou Vasco, com muita honra!" (p. 119).

Talvez eu surpreenda a cronista ao informá-la de que pratica com virtuosismo a nobre Prosopopeia, a que "antropomorfiza ficticiamente animais e coisas inanimadas", e cujos exemplos normalmente vamos buscar em Camões. Vejamos: "Tem que se pensar no dia de amanhã, embora uma coisa obscura nos diga teimosamente lá dentro que o dia de amanhã, se a gente o deixasse em paz, se cuidaria sozinho, tal como o de ontem se cuidou" (p. 93).

Tampouco lhe repugna a Antonomásia, emprego de um nome comum por um nome próprio: "Na sua carta fala Vossa Alteza do 13 de Maio e dos desastres que acarretou, e diz que eu talvez estranhe ouvir tais conceitos de um neto da Redentora" (p. 174).

A moral da história? Talvez seja esta: que o estilo mais cristalino, mais coloquial, mais direto não é nada simples, mas o resultado de fórmulas e de processos complexos e variados, alguns tão antigos como a própria linguagem; e que o maior elogio que se possa fazer a este volume de Rachel de Queiroz, e a todos os demais, é oferecerem-nos tantos motivos de encanto, *apesar de* poderem alimentar com quantos exemplos for preciso o mais minucioso dos tratados de Retórica.

1971

O RISCO DO BORDADO

Se o ficcionista se reconhece pela sua força de criar ambiente, Autran Dourado é um dos melhores que já apareceram entre nós. Já em *Ópera dos Mortos* admiramos-lhe a capacidade de ir pacientemente constituindo com pedaços do real uma atmosfera densa e tensa em que o inverossímil acontece com a mais perfeita naturalidade.

Naquele romance toda a ação concentrava-se no protagonista cujo lento mergulho na esquizofrenia era narrado com extraordinário poder de persuasão. Agora em *O Risco do Bordado*[25] a personagem central, o menino João, existe antes para ver do que para agir, e nos empresta a sua visão. Talvez nem se possa falar desta vez de romance, e sim de uma série de episódios, sete ao todo, feitos de matéria-prima homogênea, mais pungentes à medida que avançamos na leitura, subjugados pela magia do espetáculo.

O despertar da puberdade, a descoberta da morte, a fuga ao cotidiano, a periodicidade da loucura, a incompreensão dos seres, os abismos do sexo, a multiplicidade da pessoa humana — eis os problemas focalizados respectivamente nesses episódios. Esta rotulação, aliás, admitiria variantes,

---

[25] *O Risco do Bordado*. Rio de Janeiro: Expressão e Cultura, 1970, 276 p.

tão complexa é a problemática das narrativas, tanto mais rica e emaranhada quanto mais próxima do fim do livro.

O conjunto dos episódios forma um bordado colorido de extrema beleza. Mas "só Deus é que sabe por inteiro o risco do bordado", isto é, as motivações do comportamento humano, que o autor sabiamente não desenovela por inteiro; mas o que deixa entrever, basta para nos dar vertigem.

A visão de João nem sempre é a infantil. Pelo fim, ele já é homem que, numa volta à cidade natal, se empenha na reconstrução de sua infância. Mas em todas as histórias há planos e perspectivas diferentes com as retificações de ângulo impostas pelo seu progresso em anos. O processo que, no início, ainda incomoda um pouco, vai-se aperfeiçoando até alcançar eficiência descomunal.

Dir-se-ia que há uma aposta entre o leitor e o autor. Este fixa em altura cada vez maior a corda bamba em que executa suas exibições de malabarismo. "Desta vez ele vai cair" — dizemos com os nossos botões enquanto o acompanhamos com os olhos, suspensa a respiração. Mas não cai. Chega-se ao fim do volume convencido de ter convivido com um escritor que domina a sua arte com segurança alucinatória.

Onde termina a consciência e principiam os estados inconscientes? Onde o limite entre normalidade e loucura? A fronteira entre pureza e sensualismo? A separação entre infância e maturidade? O terreno específico de Autran Dourado são as faixas fronteiriças em que os opostos flutuam numa indecisão vaga.

São tantas as grandes cenas dramáticas do livro que ao tentar relembrá-las ficamos impressionados pela sua multidão. Confesso não poder escolher o melhor dos sete episódios. "Valente Valentina" empolga-me pela sua ingênua pureza; "As voltas do filho pródigo", pelo esquematismo misterioso de um desequilíbrio mental; "Assunto de família", pelo desenrolar de uma luta surda na vida de um casal e seus efeitos sobre o espírito do filho; "O salto do touro", pelo irracionalismo demoníaco do impulso erótico; "As roupas do homem", pela orquestração sinfônica das tentativas de acercamento do mistério que evoca a grandiosa estruturação de "Rashomon", de Ryunosuke Akutagawa.

Poucos escritores, nossos ou alheios, sabem ver e fazer ver na superfície epidérmica do corpo expressão tão matizada dos processos psíquicos. A sua descrição de uma moça jogando paciência e levantando os olhos num sorriso quando completa uma fileira enche páginas inesquecíveis numa sequência de instantâneos que podem dar inveja aos melhores cineastas.

Em se tratando de ficcionista mineiro, e dos mais apurados, é quase obrigatório indagar a sua possível filiação em relação a Guimarães Rosa. Desse exame a personalidade de Autran Dourado não sai diminuída. Contrariamente à maioria dos romancistas da era pós-rosiana, logrou ficar quase totalmente isento da influência linguística do autor de *Grande Sertão: Veredas*. Forjou para o seu uso um estilo funcional, enérgico e expressivo, poético sem derramamentos, em que não muitos regionalismos e alguns neologismos se integram sem choque. Uma investigação mais demorada mostraria que os seus melhores efeitos são mais sintáticos do que léxicos, devidos, por exemplo, à transitivação de verbos intransitivos.

Do escritor, a palavra passa de vez em quando para outros narradores: o próprio João, o avô Tomé, o velho Dr. Alcebíades, o antigo delegado Dionísio — o que, graças ao revezamento de vários estilos, permite evitar a monotonia.

Onde Autran Dourado se aproxima mais de Rosa é na intuição psicológica. Comparam-se, sob esse ponto de vista, o seu "Assunto de Família" com "A Terceira Margem do Rio", para ver como se pode ser semelhante e diferente ao mesmo tempo. É verdade também que o assunto das duas narrativas envolve a incomunicabilidade, atributo específico de Minas, onde a desconfiança contra a linguagem tantas vezes tem por efeito um emudecimento total.

O Risco do Bordado, além de apelar para os leitores brasileiros merecedores deste nome, tem condições de encontrar, com um pouco de sorte, forte repercussão fora do país.

1970

O NARIZ DO MORTO

Nada li do que publicou Antônio Carlos Villaça antes de *O Nariz do Morto*.[26] Dele sei apenas o que ele mesmo diz neste volume de reminiscências. Mas o advérbio "apenas" está mal empregado, já que ele diz a respeito de si mesmo todo o essencial, a vida exterior e a vida íntima, angústias e alegrias, lutas e fracassos; tudo o que um homem pode dizer e o que não pode ele o solta com a agressividade torrencial de quem, amordaçado, esperava desde anos a ocasião de se confessar em público.

O conteúdo substancial da sua vida é a solidão. Apartado, por condições fisiológicas, do convívio despreocupado da maioria, tentou diversas formas de convívio participante. Monge beneditino, frade dominicano, seminarista, procurou Deus onde mais provável lhe parecia encontrá-lo para achar na fé a possibilidade de comungar com os seus semelhantes. Tentou o êxtase, a experiência mística. Teve suas aspirações prejudicadas pelas interferências de um irreprimível instinto de observação crítica, que teimava em apontar-lhe o mesquinho e o ridículo da condição humana, mas ao mesmo tempo lhe trazia, pelo seu exercício, uma

---

[26] *O Nariz do Morto*. Rio de Janeiro: JCM, 1970, 264 p.

recompensa de ordem intelectual e uma satisfação quase sensual. Querendo sair de si mesmo e integrar-se no mundo dos outros, somente conseguiu integrar os outros em si. Desta vez é o advérbio "somente" que está mal empregado, pois ele resume a atividade criadora por meio da qual o indivíduo transforma a realidade ambiente em matéria literária.

Assim a paixão registradora sobrepôs-se, nele, não só à experiência religiosa, mas a todas as formas de ação. O malogro de cada ensaio de integração só fazia confirmar-lhe a consciência de sua missão de escritor. Fugia de si, e a cada volta se lhe deparava o espião, escondido nele mesmo, preparando a pena para anotar as aquisições da escapadela. O mosteiro, o convento, o seminário, asilos pagos com anos de vida, tornavam-se assuntos.

Para ele, agir é reagir, e para tanto necessita de estímulos poderosos. Acabou descobrindo o estímulo mais forte numa realidade que aguardava quem a exprimisse de maneira total. "Terei eu medo de alguma palavra? Terei eu medo de alguma realidade? Não serei capaz de exprimir todas as realidades?"

A resposta do leitor a essa pergunta impertinente é afirmativa: Antônio Carlos Villaça é um escritor de dotes excepcionais, porque tudo quanto diz nos interessa, nos concerne, nos enternece ou revolta. Despiu-se de todos os atributos que lhe pudessem coibir a exibição: pudor, amor-próprio, respeito às conveniências, medo de escandalizar, medo do lugar-comum, medo dos tabus. O assunto de suas reminiscências são os seus contatos com parentes, namoradas, mestres, orientadores, companheiros, e também com personalidades marcantes de quem o destino o aproximou. O depoimento, de uma sinceridade brutal, enfileira lembranças palpitantes, julgamentos às vezes injustos e arbitrários, mas sempre pungentes. Retratista de mão segura, capaz de colher o traço físico que melhor revela um conteúdo íntimo, evoca os seus interlocutores, com seus verdadeiros nomes, com exatidão minuciosa e impiedosa. É verdade que com nenhum deles se mostra tão cruel quanto consigo mesmo. Dos eclesiásticos e dos praticantes leigos que lhe cruzaram o caminho, poucos são tratados com benevolência, sem dúvida porque, comparados a ideais de valor absoluto, o decepcionaram. Mas, se tivesse envolvido noutro meio — num quartel, numa repartição, no magistério —, os alvos de seu *jeu de massacre* seriam provavelmente tratados com igual rigor, por não se conformarem a imagens ideais.

Nem digo que ele não tente a imparcialidade. Mas deixa-se arrebatar pelo ritmo, pela paixão da palavra justa (que às vezes nos impede de sermos justos), pelo gosto da *boutade*, pela tentação da síntese.

Nas páginas iniciais, onde evoca a infância, conta-nos, esse neurótico, como seus anos de criança foram obsediados pela vista de mascarados. Deve ter-lhe ficado daquele tempo a ânsia de desmascarar a todos, em primeiro lugar a si mesmo. Aliada a uma curiosidade bisbilhoteira, esta tendência produziu um dos documentos humanos mais excitantes das duas últimas décadas em nossas letras, ao qual os futuros historiadores dos costumes não poderão deixar de recorrer.

Antes de mais nada, porém, o depoente é um escritor de prodigiosa força comunicativa. Livresco, às vezes, abusa da citação, mas é um pecado venial em alguém que vive os livros e a vida com igual intensidade. Enumerativo demais, cataloga tudo: as suas leituras e os seus amigos, os seus mortos e os seus velórios; mas há nisto como que a afobação pânica de alguém intento em deixar a casa em ordem em vésperas do dilúvio, de um acusado empenhado em responder de antemão a todas as cargas possíveis, ou de um devedor escrupuloso que quer passar recibo a quantos contribuíram com a sua parcela para formar-lhe a personalidade.

Tudo isso entra como matéria-prima num estilo ao mesmo tempo exuberante e severo, lava verbal que tem a especialidade de espalhar-se com precisão geométrica. Abra-se o volume em qualquer página, e lá se encontra a garra do artista: "O último a me cumprimentar foi Dom H. Foi o único que conversou comigo, conversou com calma, devagar, imperturbável, como se estivéssemos numa feira fazendo compras e nos encontrássemos num momento sereno, num recanto propício. Dom H. era ou é — não sei se ele morreu, nem sei se eu morri — baixinho, gordinho, vermelhinho, engraçadinho, meio pateta, um quase débil mental, que celebrava apenas a missa de N. Senhora, invariável, a dos sábados. Perguntou se os meus se opunham. Não, senhor, não se opuseram. Citou uma palavra da Sagrada Escritura: os piores inimigos do homem são os seus pais... Sorriu para mim, sorri para ele."

Quem designa a personagem pela inicial somos nós. Antônio Carlos Villaça designa-a com todas as letras, tal qual outro autor qualquer as criaturas da sua imaginação.

Este memorialista vê os seus contemporâneos *sub specie aeternitatis*, tal como devem ser moldados e malaxados para permanecerem na memória dos outros. E, com efeito, nada lhe falta dos dons que fazem o grande ficcionista em que ele poderá transformar-se, agora que exorcizou todas as inibições do seu passado.

1970

O REINO PERDIDO

Este é um livro que todo professor deveria ler. E todo aluno também, os que são alunos e os que já foram. Para lavar a alma, para tomar um banho de serenidade. Livro que poderia ostentar no frontispício o convite que vi escrito no mosaico da soleira de uma casa antiga: "Entra bom, sai melhor."

Não que eu queira propor a substituição do título atual,[27] expressivo e exato. Ele se refere ao período de um ano durante o qual, por circunstâncias meramente casuais, coube a Genolino Amado, professor do ensino médio municipal, mas logo requisitado pelo serviço de radiodifusão, ensinar deveras num colégio, correr a assinar ponto com o relógio na mão, calcular médias, respirar pó de giz, corrigir provas, julgar pedidos de revisão de prova, tomar parte em reuniões de professores.

É esse o reino perdido? — perguntarão com surpresa os colegas de magistério que porventura me lerem, cansados pela rotina escolar, amargurados pelo ordenado baixo, temerosos das reformas que semeiam inquietação, irritados pela contestação estudantil. Sim, foi esse o reino perdido

---

[27] Genolino Amado. *O Reino Perdido. Histórias de um Professor de História.* Rio de Janeiro: José Olympio, 1971.

por mestre Genolino Amado, que não teve tempo para desiludir-se: o primeiro ano letivo apenas permite sentir o encanto da profissão, o milagre do rejuvenescimento ao contato da mocidade, o prazer de transmitir o que se sabe, a necessidade de ser alternadamente ator, psicólogo, mestre, companheiro, pai e irmão, encenador e espectador.

Tivesse eu o talento de Genolino Amado, não saberia escrever um livro destes. Vinte mil e tantas aulas dadas ao longo de trinta anos de magistério fazem com que os traços de milhares de jovens rostos se confundam na memória da gente, os episódios percam o relevo, as cores murchem. Na mente de nosso memorialista não houve nada disso, devido às circunstâncias excepcionais da vivência e à sua curta duração — de modo que a sua evocação, ao cabo de mais de cinco lustros, guarda uma nitidez e um frescor espantosos.

O cronista — porque o livro se compõe de uma série de crônicas, das melhores que saíram de sua pena, que acabam formando uma história homogênea — conta-nos com uma graça inimitável, mistura de bom humor, ternura, *blague*, autoironia — as origens da aventura; um artigo julgado hostil à administração municipal levara as autoridades a castigá-lo transferindo-o da rádio para a escola. Mas o que devia ser um exílio transformou-se em experiência maravilhosa e, ao acabar de repente, deixou as saudades de um éden.

O professor quarentão entre moças em flor... O assunto nada tem de novo e confina perigosamente com a pieguice. Graças a um autocontrole permanente, o nosso autor safa-se do perigo. Protagonista da história, na verdade não acontece nada a ele; mas olha, vê e sabe fazer ver o muito que acontece em seu redor, nas salas de aulas, no gabinete do diretor, na sala dos professores e dos inspetores, nas adjacências da escola. Esse olhar, penetrante, divertido, malicioso, às vezes enternecido e até embaciado, percebe casos, comédias e dramas onde outros teriam passado sem nada ver. A memória salva-os do esquecimento, a arte transforma-os em vinhetas, que são pequenas obras-primas. No segundo plano tem-se um panorama fiel da vida carioca num importante momento histórico.

Não obstante diferenças substanciais, *O Reino Perdido* lembrou-me *Il Cuore*, que tanto encantou a nossa mocidade. Mas é um *Coração* menos empolado, menos melodramático, mais comedido, tipicamente brasileiro; decerto merece popularidade igual à alcançada por De Amicis.

Percorrendo a bibliografia do autor (um desses anexos úteis que valorizam as cuidadosas edições de J. O.), verifica-se com surpresa que entre o penúltimo livro do autor e este se passaram 23 anos. Que fim levaram as inúmeras crônicas radiofônicas de todo esse tempo, Prof. Genolino? Quem escreveu *O Reino Perdido* não tem o direito de deixar as suas palavras se dissolverem no ar.

1971

UM VERÃO COMO NENHUM OUTRO

No momento em que acabo de ler *Verão dos Infiéis*,[28] já os jornais anunciam o lançamento de outro romance de Dinah Silveira de Queiroz. Como será o novo livro de Dinah? Ninguém pode prevê-lo, como ninguém podia prever o tipo e as características deste romance, tão grande é a versatilidade da escritora, tão inesgotável a sua capacidade de surpreender.

Informa-nos a orelha de que *Verão dos Infiéis* foi escrito dentro da técnica do *nouveau roman*. Por mim, prefiro-o aos espécimes de *nouveau roman* que conheço, nos quais o *modus faciendi*, engenhoso a não poder mais, relega ao segundo plano o problema humano. Felizmente, no livro da nossa romancista, em vez da cerebralidade inexcedível daqueles modelos, encontramos uma arte da estruturação que não paralisa a vibração compadecida, a plena integração no tempo e no ambiente.

Sem esquematismo, ela concentra em seus protagonistas os quatro membros de uma família em vias de desagregação, as grandes angústias que dilaceram a nossa época: a política, a religiosa, a sexual, a existencial. Os componentes dessa

---

[28] Dinah Silveira de Queiroz. *Verão dos Infiéis*, Romance. Rio de Janeiro: José Olympio, 1968, 160 p.

família vivem lado a lado e no entanto longe uns dos outros, cada qual às voltas com o seu conflito íntimo. Tentando romper a sua solidão, procuram desesperadamente contato com outros seres, atormentados por sua vez pelo próprio isolamento. Como as estruturas sociais são impotentes para protegê-los contra as suas angústias, tentam destruí-las ou escapar-lhes sem, por isso, lograrem fugir a si mesmos.

Mas, diga-se logo, essas personagens nada têm de abstrato. São cariocas, respiram o mesmo ar que nós, falam uma língua que ouvimos na rua. Elas são nossas conhecidas: a mãe que, com medo de enfrentar uma doença incurável, se refugia no mundo das drogas; os dois filhos que se envolvem em movimentos de reforma: um da sociedade, outro da igreja; a filha que, atordoada, procura na vida sexual um derivativo e uma solução. Não menos vivos os comparsas que evoluem em seu redor: o puro intelectual esquerdista, que, embora convencido da inutilidade de seu gesto, se alia aos contestantes por coerência íntima; o fotógrafo do jornal que sonha com um furo e, enquanto isto, se consola de seus insucessos pela bebida; a solteirona prestativa, colecionadora de catástrofes; o jovem crítico de talento que busca êxito à margem dos acontecimentos assistindo à vida de camarote... Há também personagens que não comparecem, mas agem pela própria ausência: o pai suicida, cujo ato motivou o esfacelamento da família, o tio longínquo, cuja vinda há de aglutiná-la de novo.

As crises latentes em todas essas vidas desencadeiam-se em apenas três dias, o que poderia parecer artificial, se a autora não tivesse feito converger os seus destinos, com extrema habilidade, para três dias de cataclismo, os das enxurradas e consecutivos desmoronamentos de um destes últimos verões, que mudaram a risonha fisionomia do Rio de Janeiro numa visão apocalíptica. Os momentos de espanto cósmico, de dor coletiva e de confraternização irresistível favorecem uma atmosfera mística em que desaparecem as barreiras entre vida e morte, operando-se nos sobreviventes uma catarse radical.

Ao longo de todo o livro a autora soube tirar partido de inúmeras motivações cariocas: a falta de água, a vida noturna, as manifestações de protesto, as reuniões interconfessionais, assim como entremear aos fios da intriga o mistério da morte de Getúlio Vargas. As rápidas modificações de enfoque, as interferências do sonho e da embriaguez na realidade material, as alternâncias de sombra e luz dotam a história de um ritmo febril e envolvente, conferindo ao romance uma áspera e exótica beleza.

1969

ENTRE LIRISMO E EPOPEIA

Há quanto tempo este livro aguardava a sua vez na estante! Atraindo-me pelas referências faladas e escritas de tanta gente boa, assustando-me por suas quinhentas e tantas páginas enormes e compactas, *O Pássaro da Escuridão, Romance Antigo de uma Cidadezinha Brasileira*, de Eugênia Sereno (Livraria José Olympio Editora), pegou-me afinal nos lazeres de uma convalescência, prendeu-me, subjugou-me e não me larga mais.

Será um romance? É antes uma sucessão de quadros de uma cidadezinha do interior paulistano, Mororó-Mirim, "amarasmada biboqueira" que, quando não dorme a sesta numa contagiosa imutação sorumbática, pratica os atos corriqueiros de uma vida vegetativa num ramerrão anquilosador. A rotina resignada envolve os dias, os meses, os anos num tédio soporífico e poento, entrava as horas extenuadas e perrengues. O tempo escoa monótono, tépido, abafado. Mororó, ignorada do resto do mundo, desforra-se ignorando-o por sua vez, come, reza, ama, sofre, odeia em câmera lenta.

"Em Mororó, quando chega de tarde, mulheres que mostram as cabeças nas janelas (como botões de roupa, cada um na sua casa própria), que sabem pregar remendos e tecer mexericos entre erudições de almanaque, muito dadas entre si, enrolam os cabelos em forma de chouriço, para usá-los à hora da Santa Missa. Depois das rusgas caseiras e de sacudir e soprar o pó das flores de papel, pintadas em *petit-pois*, por excrementinhos de mosca, daí, então, para temperar o tédio doméstico, saem à porta, onde passam, como de uso, a maior parte da vida vegetando aos raios do sol, cultivando os exercícios da mediocridade e saboreando o mesmo destino modesto. Com as mãos nas cadeiras, ficam a olhar por aí, com olhos acostumados, dando-se até muito bem com aquela vida sem desígnios e sem cuidados, aceitando tudo, gostando de espiar ciranda de cisco no vento, correição de taboca no beco ou passeio de taturana no pau. Como não se tem nenhum que-fazer, nem um circo ou toureiro colorido para espiar, qualquer joça que fosse, esperam a morte fazendo crochê, fazem filhos como se fazem biscoitos, escutam os bichos do brejo e zumbidos de abelhas na flor, sem querer saber como vai o mundo por aí e sem olhar para o amanhã. Enfim, passeiam melancólicas sobre aquela repetição, que continua todo santíssimo dia, definitiva e efetiva, mansa e estéril, entre as ruas e o rio ondulante e sonolento, de águas cansadas e opacas fluindo num frêmito sem fim."

Como nada acontece, tudo vira acontecimento. Os esquadrinhadores da vida alheia, as solteironas e as comadres desocupadas passam as horas a espionar e a bisbilhotar, esmiuçando os fatos do dia em comentários infindáveis. Mastigados e repisados interminavelmente, casinhos chinfrins ganham proporções gigantescas, desligam-se do seu contexto, desencadeiam reações desarrazoadas. Alguns destes casos formam a matéria do livro. O ritmo da narrativa identifica-se ao dos diz-que-diz-quês, emaranha-se, demora-se em delongas e circunlóquios, babuja-se num ror de detalhes e matizes.

Longe da civilização, Mororó está em contato intenso com forças anímicas da natureza, principalmente as más, os bichos, portadores de mensagens misteriosas e as plantas, revestidas de poderes medicinais e mágicos. O *leitmotiv* lúgubre da coruja da torre (o pássaro da escuridão) e o coaxar melancólico dos sapos do charco orquestram um concerto permanente de sinais e de presságios. Feiticeiros e bruxas preparam dia e noite mandracas e mandês, grongas, tanglomangos, caborjes e encantações com ritos a um tempo sinistros e ridículos. A superstição, identificada com a religiosidade, sufoca os anseios místicos. Por trás da pitoresca exuberância tropical do quadro, entrevê-se por instantes uma total indigência material e ética, uma miséria indevassável e desalentadora.

A intemporal pasmaceira dos lugarejos mortos é um clichê da literatura de todos os países. As personagens, as situações, os conflitos miúdos, a atmosfera de desespero são variantes dos mesmos arquétipos. O tema renova-se ou não de acordo com a atitude do autor em face de uma realidade viva e sofrida, a sua capacidade de vazar reminiscências em moldes novos de expressão. É onde se revela a notável originalidade desta autora de um livro único e múltiplo, que ela vem refazendo de edição em edição. (Diz que a terceira será muito diferente da segunda, que por sua vez já era revista e ampliada.) Livro sem princípio nem fim, torrente alimentada por fontes inesgotáveis; deve ter sido difícil contê-la entre diques, limitar a narrativa a 32 capítulos, quando dezenas de outros fervilham na imaginação da artista, reclamando expressão.

É singular a participação da narradora nos processos contados. Um pendor invencível leva-a a exagerar os traços já por si caricaturais de suas personagens mesquinhas, sem a impedir, porém, de participar de suas vicissitudes com toda a sua emotividade. Suas apóstrofes às comparsas, ao leitor, a entidades imaginárias (que lembram as prosopopeias das antigas epopeias cômicas), suas confidências, seus rompantes de indignação, seus ímpetos de regozijo manifestados sem rodeios a cada volta da ação, desafiam a objetividade. Essas intervenções, num oscilar constante entre ingenuidade e ironia, constituem uma das marcas da obra.

Era preciso ter coragem para escrever assim numa época em que se suprime a personagem e se oculta o autor. A mesma coragem que se manifesta na recusa de se policiar e de se limitar, de reprimir o ímpeto do próprio lirismo, de restringir o transbordamento da correnteza épica, de se afiliar a modas e escolas, de observar usos e convenções. Eis uma escritora que esparze sem constrangimento a espantosa riqueza do idioma de que se embebeu e o faz com visível deleite sensual; que se realiza arremessando sobre o leitor todas as possibilidades sonoras, toda a brotação prolixa, todos os matizes de um léxico opulento e saboroso, telúrico e enxundioso, requintado e bárbaro, e envolvendo-o nas surpresas constantes de uma complexa sintaxe oral flexível e flexuosa. A história prossegue sinuosa, entre enumerações e ladainhas, ditados e modismos, repetições, exclamações, interrogações, gradações, parênteses, um dilúvio verbal de aliterações, assonâncias, rimas e ritmos, todos os fogos de artifício da intensificação, da variação, da oposição e da reticência. Desorientado, assustado, o leitor começa por esquivar-se e rende-se logo depois, deixando-se arrebatar, detendo-se vez por outra para reler um trecho, não resistindo à tentação de o fazer em voz alta.

Se todos aqueles recursos são aproveitados pela narrativa, não é menor a pitoresca variedade da fala dos capiaus, reproduzida com jocosa fidelidade em seu pedantismo, suas gostosas incorreções, suas redundâncias expressivas. Assim como Mororó é um verdadeiro microcosmo, um corte transversal do Brasil imanente, a linguagem deste livro é um inventário completo não só dos meios expressivos da velha língua portuguesa, e de suas ampliações e transformações no Brasil, como também o compêndio dos resíduos das culturas, mitologias e folclores que nele se fundiram, um resumo do que já se disse, sentiu, pensou e escreveu nesta parte do universo.

Desprevenida ante esta pletora inclassificável, a crítica registra deslumbrada a presença de algo vulcânico e de irresistível, o surgir de algo definitivo nas letras nacionais: uma obra de alta sensibilidade feminil e invulgar força masculina, de caracteres épicos (o desenvolvimento lento da narrativa, o alargamento das proporções, a multiplicação dos pormenores caracterizadores) e líricos (exploração da saudade do passado, da poesia da decadência e do medo, comunhão com a natureza, recriação do *genius loci*, aproveitamento de todas as conotações emocionais da linguagem). Todas essas qualidades dão razão ao excelente artigo de Osmar Pimentel, reproduzido como prefácio: "os recontos de *O Pássaro da Escuridão* estão para o contido romance ortodoxo como o largo rio profundo para a piscina".

1971

JOÃO TERNURA VEIO SUBSTITUIR ANÍBAL MACHADO

O livro definitivo de Aníbal Machado,[29] sua obra mais importante, ao mesmo tempo suma e mensagem, que tão sofregamente havíamos esperado por muitos anos, trouxe-nos uma decepção amarga. Não das que o autor temia, mas outra, bem pior, a de não podermos comentá-lo com o próprio Aníbal. Como ele ia regozijar-se conosco com os aplausos a João Ternura, cujo difícil nascimento ninguém observava com olhar mais curioso — entre divertido e apreensivo — e cujas aventuras o deliciavam como as travessuras de um filho de carne e osso.

As complexas relações entre esse autor e esse herói hão de merecer um estudo especial. Mal começava a escrever o livro, Aníbal cometeu a imprudência de falar nele; de vez em quando, voltava a contar aos amigos um capítulo, uma cena, uma piada que, de tão gostosos, criaram uma atmosfera de expectativa. Tendo encostado o trabalho mais de uma vez, via-se na obrigação de retomá-lo periodicamente não apenas por imposição dos amigos, como também coagido

---

[29] Aníbal M. Machado. *João Ternura*. Rio de Janeiro: José Olympio, 1965, L V I + 230 p.

pela vontade de viver do protagonista, tão irresistível como a das seis memoráveis personagens pirandelianas em busca de um autor.

Só que João Ternura não precisava buscar o autor. Estava lá, era aquele em cujo pensamento ele se formara e de cujo subconsciente se nutria, e que demorava em soltá-lo. Sem ser uma personagem meramente autobiográfica — é fácil apontar as dessemelhanças que o diferenciam do seu criador —, João Ternura era a figura que Aníbal às vezes teria gostado de ser como a que temera ser; era também o herói nato para qualquer episódio saboroso, assim como o ouvinte ideal para aventuras acontecidas a outros. Apesar de sua essência aérea e algo incoerente, teve bastante força para vencer a preguiça e as resistências do seu ideador que, graças à feliz insistência de alguns parteiros voluntários, acabou finalmente por livrar-se desse "monstrinho espantado e inquieto". Foi assim que nasceu esta última obra-prima do movimento modernista que na estante tem seu lugar entre *Macunaíma* e *João Miramar*.

Com o manuscrito já pronto para a impressão, o autor pediu aos leitores que esquecessem toda a publicidade fortuita surgida em redor do livro e o julgassem em si. Pois o livro enfrenta galhardamente esse julgamento, já que se impõe ao leitor como antes se impôs ao autor, e obriga-o a se identificar com ele.

Quem é, afinal, João Ternura? Um ser antissocial, mas sociável, malicioso e inocente, instintivamente livre e sensual, brincalhão e irresponsável, que, sem nenhuma vontade de brigar, tem que enfrentar o mundo em que o seu nascimento o atirou. Criatura fundamentalmente passiva, entrega-se ao acaso e se deixa arrastar pelos acontecimentos sem esboçar o menor gesto de defesa. É o espectador nato para quem tudo é representação, inclusive a própria existência. E tão forte é nele essa vontade de assistir de camarote ao espetáculo que, mesmo depois de morto e dissolvido em seus elementos, dele permanecerá intacta, embora imaterial, a capacidade de espiar.

Por enquanto, vêmo-lo apenas iniciar a vida, para a qual chegou precedido de grandes esperanças, que se empenha em frustrar uma por uma desde seus anos mais tenros. Fá-lo, porém, com toda a inocência e sem dar por isso, de tão ocupado que está em descobrir os mistérios que o rodeiam na fazenda do pai. Os fantasmas da noite, as tentações do sexo, as ameaças do crime enchem a fazenda. São, na realidade, experiências das mais corriqueiras, comuns a todos os homens, mas revestem-se de um halo tão estranho e perturbador como se acontecessem pela primeira vez desde o começo do mundo. Tudo aqui é símbolo, todas as vivências de João Ternura possuem validez universal. Ele exemplifica a irrevogabilidade de cada existência humana, o patético de nosso esforço inconsciente de copiar atitudes e de reproduzir gestos ancestrais. O extraordinário no destino de João Ternura é precisamente o fato de não lhe acontecer nada descomunal; o extraordinário na arte de Aníbal Machado está em fazer-nos partilhar o espanto existencial de sua personagem ante os episódios banais que lhe cabe viver: a funda impressão do primeiro encontro com o trem de ferro; a tentativa de fugir de casa em criança e essa outra de voar, soltando-se de um galho alto; a curiosidade com que espia através da janela o namoro da tia com o radiotelegrafista, a sofreguidão com que ouve as reminiscências equívocas de uma velhinha de passado mais que suspeito... e também, no fundo, a constante sensação de que os objetos, o sentido, o âmago secreto da vida ainda estão por chegar.

Mesmo depois de sua transferência para a cidade grande, Ternura recusa-se a admitir que tenha chegado à destinação: deve existir, algures, um outro largo dos Leões, mais verdadeiro do que o real.

Arrancado para sempre ao ambiente nativo, arremessado na metrópole que o recebe com indiferença, João continua à espera de revelações que não vêm. Na falta delas, transforma em fontes de espanto os ritos mais banais da rotina urbana: o desconto de um cheque vira aventura exótica, expedição em terra incógnita. As coisas continuam a acontecer, os casos a dar-se com ele: o seu encontro casual com a revolução e a sua metamorfose em herói resulta da inocente vontade de dar uma espiada em Copacabana; o desejo de ouvir uma cartomante o faz topar com um moribundo à espera do filho, e ele se transforma nesse filho e embolsa a última bênção. Na sequência de seus desacertos que lembram, ora Chaplin, ora Dom Quixote, intercalam-se episódios leves e gostosos, como o da garota fácil desejando entregar-se ao primeiro ricaço, a quem Ternura gentilmente se apresenta como dono de um edifício de apartamentos em vias de construção, ou *intermezzos* grotescos, como a sua tentativa de pedir emprego ao ministro e o seu alívio ao ser posto no olho da rua por este último.

Com o tempo a narrativa torna-se mais descontínua. Ternura trava relações com boêmios e loucos que pouco influem em seu destino, mas satisfazem a sua sede de pitoresco, com mulheres que o marcam sem apagar a sua sede de amor. Aos poucos desfazem-se as ligações com a terra natal. O pai, adivinhando-o infeliz na cidade grande, pede-lhe que volte, mas ele não lhe dá ouvidos: não viera para ser feliz, e sim para desafiar, ele mesmo não saberia dizer o quê. E deixa-se ficar em permanente disponibilidade para entrar em combate, acolher o milagre, começar a viver — mas, evidentemente, não move o dedo mindinho para aproximar esse momento. Os amigos (e os leitores) vão-se acostumando a suas esquisitices, seus sumiços periódicos. Num instante grave, como que acordando de um sonho, surpreende-se a notar que os anos passaram e ele ficou sozinho.

Daí em diante a existência de Ternura perde-se no fluxo da vida coletiva, exemplificado num grande carnaval carioca (singular pela participação pessoal e tangível de Deus). O herói faz raras aparições para bater um que outro papo lacônico, e a uma pergunta que lhe fazem à queima-roupa sobre os últimos fins da vida responde constrangido: "Nasci para ser... admirar... para amar." Até no último ato da existência (e que deveria ser o primeiro ato sério) consegue driblar as convenções: depois de uma agonia muito bem desempenhada às mil maravilhas, safa-se da morte para indignação unânime dos espectadores compungidos, a fim de em seguida morrer à sua maneira: transformando um de seus desaparecimentos crônicos em sumiço definitivo.

E possível que a progressiva diluição do herói não seja intencional: o autor escrevia seus *morceaux de bravoure* — as cenas de carnaval, o manifesto dos não nascidos, o telegrama ao deus ignoto — na intenção de mais tarde preencher os intervalos, depois faltou-lhe tempo. Intencionais ou não, as interrupções e os pulos, a desproporção entre os acontecimentos e o destaque que lhes é dado, a estrutura frouxa e irregular, agora fazem parte para sempre deste livro singular que, ainda assim, permite-nos acompanhar simultaneamente o envelhecimento do autor e da personagem, a transformação de seus ímpetos iniciais em saudade ou arrependimento, mas nunca em amargura ou despeito.

Sob esta forma há de ser lido e admirado pelo tempo afora. Seus símbolos serão objeto de exegese, seus trechos, incluídos em antologia, seus episódios incorporados à mitologia nacional. Cada leitor descobrirá belezas ainda não apontadas (por mim, escolhi a breve conversa em que Ternura, entristecido pelo que um companheiro lhe conta sobre a infância, a falta de amor materno, se prontifica a partilhar com ele até a lembrança da mãe morta), cada leitor achará graça em outro achado verbal de infinito encanto (como este, na narrativa do velório involuntário: "Saint-Hilaire, o nome dele. Todos o conheciam por Sentalher, devido às dificuldades em que vivia."), em outro poema em prosa dentre os muitos intercalados no livro, alguns dos mais belos da língua (como o desfilar dos importantes, a posse de Rita diante de uma paisagem cósmica, o repentino despertar para o escorrer da vida, o sonho da vaia recebida depois de morto) em outro *intermezzo* de ritmo irresistível (como a história do reino de Bubuia, ou os discursos dos oradores carnavalescos).

Assim o livro e o herói tentarão substituir o autor, para os milhares de leitores futuros que não tiveram a sorte de privar com Aníbal, de trocar com ele pelo menos um sorriso de cumplicidade e ternura, e transmitir-lhes "esse gosto diferente de viver" que é a conclusão e a mensagem da obra. Não temos dúvida de que todos eles pensarão com gratidão nos amigos fiéis — Renard Perez, Eneida, Carlos Drummond de Andrade, Otto Maria Carpeaux e o editor José Olympio — que, acabando com carinho esse precioso volume, deram a Aníbal Machado um substituto perpétuo.

1965

PARTE II

LETRAS ALHEIAS

VALE AINDA A PENA LER A *ENEIDA*?

Ao espírito prático dos romanos, todo voltado para a conquista, a organização e a administração, toda atividade desinteressada, e portanto toda espécie de arte, inspirava antes desconfiança do que admiração. Entretanto, depois de submetida à Grécia no século II a.c., os seus vencedores passaram a sofrer, malgrado seu, a influência cada vez mais forte dos vencidos. Nessa época as letras gregas tinham chegado ao apogeu. Os escritores romanos começaram por traduzir as obras helênicas, em seguida passaram a imitá-las servilmente; só aos poucos conseguiram infundir conteúdo novo nas formas herdadas. Entre os primeiros que o lograram, menção especial cabe a Virgílio.

Publius Virgilius Maro nasceu em 70 a.C., em Andes, perto de Mântua. Filho de um administrador de fazenda, começou os estudos na vizinha Cremona, continuou-os em Milão e terminou-os em Roma. Com mestres gregos aprendeu retórica e filosofia, mas a saúde frágil e uma timidez inata fizeram-no desistir do exercício da advocacia, coroamento natural do aprendizado. Consagrou-se inteiramente à literatura a partir de 42, quando suas primeiras *Bucólicas* (pequenos poemas idílicos e pastoris) chamaram a atenção de vários aristocratas amigos das letras, entre eles Asínio Polião e Cornélio Galo.

O confisco de propriedades rurais praticado para premiar os veteranos de César (Otávio e Antônio mal acabavam de vencer Bruto e seus companheiros responsáveis pela morte do ditador) não poupou o sitiozinho de Virgílio. Espoliado, o poeta recorreu a seus protetores, e graças à sua recomendação junto a Mecenas, valido de Otávio, ganhou outra propriedade, em vez da que fora confiscada. As novas *Bucólicas* ou *Éclogas*, sobretudo a Primeira, conservam a lembrança desses maus momentos e perpetuam a gratidão do poeta pela reparação da injustiça.

A Quarta Écloga, bastante diferente das demais pela elevação do tom e a estranheza do assunto, teria também, segundo alguns, objetivo semelhante. Nela o poeta anuncia, como que em êxtase, o próximo nascimento de um menino, cuja vinda coincidirá com a chegada da idade de ouro. O menino seria o filho que Asínio Polião esperava. Outros, porém, relacionam a profecia com o nascimento de Marcelo, filho de Otávia (irmã de Otávio) e de Antônio, outros ainda com o de Júlia, filha do próprio Otávio. Não faltou quem a considerasse como a predição do advento de Jesus Cristo, e essa maneira de ver seria admitida pela própria Igreja a partir do século IV.

Mas, por enquanto, quatro décadas nos separam ainda do nascimento de Jesus. No momento, Mecenas, tendo reconhecido os dotes excepcionais do poeta seu protegido, assim como a sua predileção pela vida dos campos, entreviu a maneira de pô-lo a serviço do grandioso programa de reconstrução empreendido por Otávio. Urgia, com efeito, encorajar a volta das populações rurais à sua profissão ancestral e restaurar, nos campos devastados pela guerra civil, a antiga prosperidade. Virgílio foi convidado a prestigiar esse plano pela composição de um poema didático dedicado à agricultura. Escreveu-o sob o título de *Geórgicas* de 37 a 30. Nele, resume os conhecimentos essenciais da época relativos à lavoura, à arboricultura, à viticultura, à pecuária, à veterinária e à apicultura, e, para torná-los mais atraentes, entremeia-lhes lendas e mitos que lhes dizem respeito, além de um elogio da vida rústica e louvores a Otávio e Mecenas. Apesar da tecnicidade do assunto e do caráter de encomenda do poema, a arte do poeta realizou obra harmoniosa e equilibrada.

O êxito desse empreendimento difícil, além de consagrar-lhe definitivamente a glória, deu-lhe confiança no próprio talento. Por isso aceitou novo convite, desta vez emanado do próprio Otávio — que, desde a sua vitória sobre Antônio, concentrava todo o poder nas suas mãos —, para compor outro poema, bem mais ambicioso que os anteriores: uma vasta epopeia patriótica destinada a legitimar, pela evocação de suas origens ilustres, as altas aspirações de Roma. A tradição fazia dos romanos descendentes dos troianos e Otávio apontava como fundador da sua estirpe Eneias, um dos heróis da *Ilíada*. Era preciso dar consistência a essa lenda, fundamentá-la na História e na Mitologia com os poderes da poesia.

Essa tarefa Virgílio realizou na *Eneida*, em cuja composição levou dez anos, os últimos da sua vida. Assunto: as atribulações de Eneias desde a destruição de Troia até a chegada ao Lácio e a fundação de uma nova pátria em terras da Itália. Faltava apenas a revisão final quando, desejoso de percorrer os cenários da sua epopeia, o poeta embarcou num navio com destino à Grécia; porém adoeceu em Megara e teve de voltar à pátria, vindo a falecer poucos dias depois em Brindisi, no ano 19 a.C. Antes de morrer, incumbiu dois amigos de destruírem *a Eneida* por julgá-la inacabada e imperfeita, mas, por determinação de Augusto (era esse o nome assumido por Otávio depois que ficou senhor único do Império), esta ordem foi desobedecida.

Imbuído de cultura grega, conhecedor profundo dos poemas de Homero, Virgílio, nesta sua obra-mestra, patenteia a influência de uma e de outro. O assunto específico de uma epopeia é uma guerra (como na *Ilíada*) ou uma viagem (como na *Odisseia*): o da *Eneida* é uma fusão das duas, pois conta as aventuras de Eneias, fugitivo de Troia, à procura de uma nova pátria, e as suas lutas com os donos do Lácio, onde acaba por desembarcar. Embora se trate de acontecimentos que, caso fossem verdadeiros, deveriam ter se verificado muitos séculos antes da fundação de Roma, o poeta soube fazer deles os motivos de um poema nacional apontando os antepassados de seu povo nos troianos que conseguiram escapar da destruição de sua cidade.

Entre as aventuras de Eneias, Virgílio incluiu o seu encontro com Dido, o que não somente introduziu na trama algo monótona de viagens e batalhas um elemento passional, mas também explicava por antecipação o conflito que, tempos depois, ia opor cartagineses e romanos numa guerra longa e sangrenta. (Admitida a existência real de Eneias e de Dido, ainda assim os dois estariam separados, na História, por alguns séculos; mas Virgílio aproximou-os usando de licença poética.) Com verdadeiro virtuosismo encontrou, por outro lado, o meio de encerrar naquela narrativa de fatos pré-históricos os acontecimentos mais importantes da história de Roma: ora faz desfilar aos olhos de Eneias, em sua visita ao Inferno, as sombras de romanos eminentes, ora dota-o de um escudo, forjado por Vulcano a pedido de Vênus, em que se veem reproduzidos os eventos mais memoráveis dos anais pátrios.

Acabamos de aludir à intervenção de duas divindades. Estas e outras, com efeito, estão presentes em toda a epopeia, embora não tomem no litígio dos homens parte tão intensa como os deuses de Homero, que chegam a se agredir uns aos outros. Sem realmente acreditar nas fábulas da Mitologia, o poeta latino serve-se delas para realçar a transcendência do assunto. Nem por isso deve-se pensar que o elemento religioso fique ausente da *Eneida*. Ele é manifesto na fé do poeta numa fatalidade a que os próprios deuses estão submetidos e que impõe a Roma as glórias, mas também os ônus de um alto destino.

É esse destino que dá sentido às peregrinações de Eneias, às vicissitudes do seu périplo, aos combates que sustenta. Em relação a todo o povo romano, ele é formulado pela sombra de Anquises, pai de Eneias, encontrada pelo filho em sua descida ao Inferno:

Tu regere imperio populos, Romane, memento.
Haec tibi erunt artes, pacisque imponere morem,
Parcere subiectis et debellare superbos.[30]

O fato de ser um instrumento nas mãos do destino obriga Eneias a desempenhar um papel nem sempre simpático: ordens superiores mandam-no fugir de Troia, enquanto seus irmãos e amigos sucumbem na luta; mais tarde, elas o forçam a escapar de Cartago às pressas e a abandonar a infeliz Dido, cuja hospitalidade paga com traição. Mas para os romanos, que de bom grado acreditavam a Augusto serem o povo eleito, tais atos representavam outras tantas manifestações da *pietas*, da aceitação sem reservas do que estava escrito nos astros.

Talvez a teoria das origens troianas de Roma seja apenas uma invenção dos gramáticos gregos residentes na Urbe, desejosos de lisonjear a aristocracia cujos filhos ensinavam, dotando-a de uma genealogia ilustre. Em todo caso, a *Eneida* integrou-a definitivamente no patrimônio sentimental da nação, numa época em que ela tinha a consciência mais viva da própria grandeza. Mas se a epopeia fosse apenas um trabalho de propaganda a serviço do expansionismo romano, não nos deslumbraria ainda hoje — como os contos de

---

[30] "Tu, romano, lembra-te de governar os povos sob teu domínio; tuas artes consistirão em impor as condições da paz, poupar os vencidos e subjugar os soberbos."

Rudyard Kipling nos deixariam frios se não tivessem outro mérito além da glorificação do imperialismo inglês. Lemos a *Eneida* como um testemunho extraordinário da vontade e da energia do homem (tais como *Moby Dick*, de Melville, ou *O Velho e o Mar*, de Hemingway), assim como o diário de uma viagem maravilhosa em tempos em que a lenda e a história andam juntas e os imortais se imiscuem na vida de todos os dias. Além das lendas da *Ilíada* e da *Odisseia*, o poeta latino inseria no seu afresco mitos transmitidos por toda a poesia ulterior da Grécia, épica e trágica, assim como por seus predecessores romanos; na explicação do universo, de sua finalidade e de seus fenômenos, valia-se das teorias e dos conceitos dos filósofos de várias escolas gregas; incorporava conhecimentos de geografia, história, astronomia, ciências naturais e psicologia prática — e com tudo isso a sua obra tornou-se uma verdadeira soma da Antiguidade clássica.

Ao mesmo tempo cabe ressaltar a perfeição artística do poema, que, aos olhos da posteridade, se tornou o padrão da epopeia. Não lhe falta nenhum dos componentes apontados como essenciais nos poemas heroicos da Grécia: o proêmio, a invocação, os epítetos ornamentais, os versos repetidos à guisa de estribilho, as grandes comparações épicas, as perífrases, os parênteses. O majestoso verso hexâmetro, a que o harmonioso idioma grego emprestava extraordinária sonoridade, ganhava na língua menos flexível dos romanos uma enérgica dignidade.

Virgílio era inovador, comparado com seus predecessores, na pintura dos caracteres. Homero desenhava-os com alguns traços sumários, insistindo numa só qualidade ou paixão preponderante. Virgílio consagra-lhes retratos matizados, modifica-os sob o impacto dos acontecimentos, atribui-lhes sentimentos complexos. E embora de modo compreensível se identifique sobremaneira com as personagens que carregam o destino de Roma, não fica insensível às razões e aos sofrimentos dos que pertencem ao campo oposto. A melhor prova disto é a sua atitude, cheia de comiseração e ternura, para com Dido. A paixão desta por Eneias e o seu abandono por ele decorrem igualmente de ordens divinas, inelutáveis: se ela não recebesse bem os fugitivos, estes não poderiam refazer-se dos estragos da tempestade; se Eneias permanecesse junto a ela, a nova Troia nunca seria erguida. Virgílio, porém, não vê nela apenas um degrau da ascensão de seu herói, mas também, e em primeiro lugar, a mulher dilacerada entre a paixão e o dever, metamorfoseada de rainha majestosa em amante submissa, depois em pobre fêmea suplicante, por fim em fúria desencadeada — em suma uma verdadeira heroína de tragédia, cujo martírio nos arrebata e consterna.

A mesma compreensiva emoção caracteriza o nosso épico não somente em relação às pessoas, mas também em face dos bichos, das plantas, das paisagens, das coisas inanimadas. Ela se manifesta na escolha dos adjetivos, na disposição das palavras, na precisão e na força das metáforas — isto é, no estilo. A alta qualidade deste último, fruto de um lavor tão incansável quanto imperceptível, justificaria por si só o estudo do latim (do qual, aliás, a leitura de Virgílio constituiu, durante dois milênios, o corolário mais alto).

A esse respeito vale citar uma passagem da carta em que Voltaire responde, em 1754, à Sra. du Deffand, uma de suas correspondentes:

"A Senhora sabe latim? Não. É por isso que me pergunta se prefiro Pope a Virgílio. Ah, Madame, todas as nossas línguas modernas são secas, pobres e sem harmonia em comparação com as que falaram os gregos e os romanos, nossos primeiros mestres. Não passamos de uns violinistas de aldeia. Como quer a Senhora, aliás, que eu compare epístolas a um poema épico, aos amores de Dido, ao incêndio de Troia, à descida de Eneias aos Infernos. Considero o *Ensaio sobre o Homem*, de Pope, como o primeiro dos poemas didáticos, dos poemas filosóficos: mas não ponhamos nada ao lado de Virgílio. A Senhora o conhece por meio de tradução; mas os poetas não se traduzem. Pode-se traduzir a música? Tenho pena da Senhora por não poder, com todo o seu bom gosto e a sua sensibilidade esclarecida, ler Virgílio."

Essa incapacidade da Sra. du Deffand é partilhada pela maioria dos leitores de hoje. Com o abandono gradual dos estudos clássicos, são pouquíssimos os que ainda seriam capazes de ler a *Eneida* nos versos do original latino. Que a leiam pelo menos em tradução portuguesa, na prosa fluente de nossos dias. Embora desprovido dos atavios da forma, o poema há de recompensá-los pela sua rica humanidade as perspectivas que abre sobre um mundo de mitos e outro de realidade, a multiplicidade dos caracteres, a variedade dos episódios, a beleza arquitetônica da estrutura.

Resta dizer algumas palavras sobre a "fortuna literária" do poema, quer dizer, o seu destino nos vinte séculos decorridos desde a morte do autor. Festejado pelos contemporâneos e pelos sucessores — Horácio, Tibulo, Propércio, Juvenal —, Virgílio em pouco tempo alcançou fama de clássico. Foi nele que os garotos de Roma estudaram língua e gramática; foram os seus versos que os desocupados escreviam nas paredes. Desde o século II d.C., espalha-se o hábito das "sortes virgilianas", que consiste em consultar o poeta como a um adivinho: abre-se-lhe a obra ao acaso, aponta-se um verso qualquer e depois tenta-se aplicá-lo ao problema que se quer resolver.

O advento do cristianismo em nada prejudicou a glória de Virgílio, pelo contrário: Santo Agostinho, São Jerônimo e outros expoentes da nova religião votavam-lhe verdadeiro culto. Devido à interpretação oficial da *Quarta Écloga* como poema cristão, à reputação de profeta e de mago atribuída ao poeta e ao espírito de certa maneira cavalheiresco que perpassa ao longo da *Eneida*, toda a obra de Virgílio foi incorporada à tradição cristã, a ponto de Dante escolhê-lo como guia em sua viagem sobrenatural pelos três reinos de além-túmulo descritos na *Divina Comédia*. Já os épicos latinos — Estácio, Sílio Itálico, Lucano — adotaram-no como modelo e nisto foram seguidos pelos da Renascença e da Idade Moderna: Tasso na *Jerusalém Libertada*, Ariosto no *Orlando Furioso*, Milton no *Paraíso Perdido*, Voltaire na *Henríada,* sem esquecermos Camões e *Os Lusíadas*. Entre os muitos românticos que lhe prestaram homenagem, Victor Hugo viu-o como um ser excepcional, "deus bem próximo de anjo", e exaltou-lhe o verso "encimado de estranho clarão".

Remanescente das velhas gerações que ainda traziam gravados na memória e no coração os versos de Virgílio, quem assina estas linhas tem-se valido mais de uma vez dos conceitos da sua viril resignação, cunhados em fórmulas imutáveis de tão lapidares. Quem em horas difíceis recordou, de si para si, as palavras mágicas

Forsan et haec olim meminisse iuvabit,[31]

ao apresentar-lhes o autor aos leitores de um mundo tão distante do seu no tempo e no espaço,[32] tem a impressão de pagar uma dívida de gratidão ao amigo duas vezes milenar.

1967

---

[31] "Talvez, futuramente, seja prazeroso recordar esses fatos."
[32] Esse trabalho foi escrito para servir de prefácio a uma nova tradução brasileira da *Eneida*.

AS FÁBULAS DE LA FONTAINE,
LEITURA PARA ADULTOS

Para o leitor estrangeiro, La Fontaine é um fabulista amável, o autor de agradáveis historietas rimadas, escritas para ajudar a educar as crianças. Para o leitor francês, é o clássico que melhor exprime o gênio nacional, o filósofo mais citado, poeta ao mesmo tempo épico e lírico, um dos maiores comediógrafos, moralista profundo, psicólogo perspicaz: "o nosso Homero", diz Taine; "um milagre de cultura", na palavra de Gide.

Dificilmente poderá partilhar dessa admiração unânime e sem reservas quem procurar a familiaridade com a arte de La Fontaine por meio de traduções. Ainda que lhe descubra o talento em urdir enredos, armar cenas, criar personagens, desenhar retratos e paisagens, emprestar espírito aos animais, mal poderá entrever a força expressiva, a graça e o frescor de um estilo realizado com todos os recursos da língua, regionalismos e arcaísmos, termos técnicos e expressões familiares, requintes de cortesão e unção de pregador, o léxico da caça e da guerra, modismos das províncias e chavões da capital; e fará ideia imperfeita da harmonia e da variedade extraordinária de seus versos admiravelmente flexíveis, adaptados ao tom e à sua situação.

Ainda assim, vale tentar a experiência.[33] Mesmo que não se chegue a sentir pelas fábulas a veneração exaltada dos franceses, retificar-se-á o julgamento apressado e injusto, aceito sem crítica, em relação a um dos mais originais e mais atraentes escritores da França.

Jean La Fontaine (1621-1695) viveu numa das épocas de ouro das letras europeias, a era de Luís XIV, o Rei Sol, protetor de todas as artes. Por coincidência tão rara quanto feliz, verifica-se então a convivência na mesma corte de gênios literários que deixariam a sua marca para sempre nos gêneros que cultivavam. Molière reformula a comédia; Corneille e Racine, a tragédia; Madame de Sévigné, a epistolografia; La Rochefoucauld, a máxima; La Bruyère, o retrato. Por sua vez, La Fontaine leva a fábula ao apogeu, identificando-se com ela a tal ponto que termina encarnando-a.

Os grandes contemporâneos, que lhe votavam amizade e simpatia, julgavam a sua vida tão sem acontecimentos que a ela quase não se referem. Filho de um inspetor das águas e florestas de Château-Thierry, na Champanha, La Fontaine herdaria as funções do pai, porém as desempenharia mediocremente, até abandoná-las de vez. A julgar pelo seu desprezo à escola e aos mestres, não deve ter tirado grande proveito do ensino regular. (Seus conhecimentos, aliás, bastante variados, são os de um autodidata.) Seminarista, não chegou a passar dois anos no seminário; advogado, nem começou a praticar. Aos 26 anos, desposou uma jovem de

---

[33] Esse trabalho foi escrito para servir de introdução a uma antologia de traduções de fábulas de La Fontaine.

apenas quatorze, de quem se separaria dez anos depois, não se importando mais com ela nem com o filho. Tendo gastado o que tinha e o que não tinha, abandona, em 1758, a província natal e vai se instalar em Paris, onde sua obra literária lhe valeria o favor dos grandes. Até o fim da vida seria mantido pelas liberalidades destes como parasita simpático, discreto e cheio de tato.

Deixou fama de distraído, lunático, alheio à realidade. Parece, porém, que ele mesmo contribuiu para criar essa lenda, à sombra da qual soube cuidar de seus interesses e desenvolver uma espécie de egoísmo aperfeiçoado. Herói de um anedotário pitoresco, era geralmente querido. Amigo de todos, mantinha-se contudo algo distante. Provavelmente sua fisionomia verdadeira não será conhecida nunca, cercada desse halo de mistério que, de ordinário, envolve os poetas.

Observe-se, ainda, que aquela carreira pouco estimável de humilde comensal lhe era imposta até certo ponto pelos costumes da época, pelo mecenato oficializado, e aquele egoísmo, decerto condenável num homem comum, lhe permitiu entregar-se inteiramente à arte e realizar a sua obra-prima.

Essa obra-prima compõe-se de umas 240 obrinhas-primas, as fábulas. São o produto de sua idade madura, pois ao publicar os seis primeiros livros, em 1668, antes já tinha 47 anos. Antes e depois, dera e daria à publicidade grande número de obras de todos os tipos, traduzidas, imitadas, adaptadas ou originais, que não lhe haveriam conservado o nome: uma tragédia, sátiras, comédias, uma ópera, elegias, poemas religiosos e sobretudo várias coletâneas de contos em verso, licenciosos e frívolos. (Estes últimos, com pecha de imorais, chegaram a ser condenados pela polícia e teriam motivado a recusa do rei a sancionar de pronto a eleição do autor à Academia de Letras; e foram renegados por ele quando, no término de uma vida folgada e por vezes libertina, ofereceu à Igreja o seu arrependimento.) Mas os leitores de hoje lembramo-nos apenas de suas fábulas.

Que é fábula? "Narração alegórica, cujas personagens são geralmente animais, e que encerra uma lição moral" — reza o dicionário, definição à qual acrescentaríamos mais dois elementos, a brevidade e a forma versificada. Gênero literário dos mais antigos, é cultivado desde a mais alta Antiguidade, por assim dizer sem interrupção. Seu iniciador no mundo ocidental foi Esopo, cujas obras só conhecemos por meio de resumos em prosa e através das adaptações latinas de seus imitadores, especialmente Fedro.

O que teria levado os primeiros fabulistas a representarem seus congêneres sob feições de animais? A biografia de Esopo (ou, mais precisamente, o tecido lendário apresentado sob esse título por Planudes, no século XIV, e que La Fontaine reescreve no preâmbulo de suas fábulas) tenta responder à pergunta. Pobre escravo, feio e aleijado, Esopo tinha de recorrer a esse disfarce não só para não melindrar os homens cujos defeitos punha no pelourinho, mas também para se fazer ouvir e aplaudir.

Como todos os seus predecessores, La Fontaine insiste (no Prefácio) no caráter didático de suas fábulas; por outro lado, dedica-as ao Delfim, que nessa época tem menos de sete anos. Tanto bastou para que elas fossem consideradas como protótipos da literatura infantil e desde cedo invadissem todos os manuais.

O século XVII, preocupado em reformar a sociedade, lembrou-se de submeter a exame cerrado o valor pedagógico das fábulas, e descobriu, com espanto, que nem sempre a sua moral era edificante. É bem conhecida a página de *Emile* em que Jean-Jacques Rousseau, no exemplo de "O Corvo e a Raposa", mostra que as fábulas são capazes de inculcar nos adolescentes em formação sentimentos de egocentrismo e ceticismo, desaconselhando vivamente a leitura delas nas escolas.

Com efeito, a lição moral que delas pode tirar-se (quando se pode) não deriva de nenhuma concepção edulcorada da sociedade. Refletindo as experiências de um homem vivido e desiludido, as fábulas mostram o mundo como ele é. A conclusão é quase sempre ambígua, e presta-se a duas interpretações; no caso do corvo e da raposa, adverte que é preciso acautelarmo-nos contra os lisonjeadores, mas também faz notar que com lisonja se alcança muita coisa; será trabalho do mestre (pois, malgrado os protestos de Rousseau, confirmados no século XIX por Lamartine e, mais perto de nós, por Giraudoux, as fábulas não saíram da escola) preferir o imperativo moral à lição de experiência.

Assim, como Corneille e Racine utilizam sem o menor constrangimento as ficções da mitologia antiga e os episódios da história romana para apresentarem uma concepção totalmente nova das paixões, La Fontaine não hesita em buscar o seu bem onde o encontra, explorando todo o material fabulístico ao alcance da mão. Na França, por toda a Idade Média, circularam os *ysopets,* coletâneas populares de fábulas de Esopo, e a Renascença repôs nas escolas o fabulário de Fedro. Serão outros tantos pretextos para a apresentação de panorama tão completo quanto possível da sociedade do tempo e do homem de todos os tempos.

Em nenhuma das duzentas e tantas fábulas de La Fontaine a ação, a bem dizer, foi inventada por ele. Limita-se o autor a traduzir, ampliando-os, os trabalhos de Esopo e de Fedro, e reduzindo-os do hindu Pilpay, sem procurar um instante sequer dissimular os seus empréstimos. "Considerei que, sendo essas fábulas sabidas de toda a gente, eu nada faria se não as renovasse por alguns ingredientes que lhes realçassem o gosto." Por essa confissão se vê que não era o enredo, a fabulação que o interessava.

O enredo, de fato, serve apenas de ponto de partida. Logo o nosso autor traça o cenário com extraordinário senso pictórico, traços poucos, mas incisivos, e nele coloca personagens já conhecidas, completando-lhes o retrato com pormenores colhidos ao vivo, individualizando-as, envolvendo-as em diálogos saborosos, comentando-lhes o comportamento com deliciosa bonomia. A moralidade, exigida pela tradição, permite concluir as historietas com uma palavra de espírito, um axioma, uma observação atilada.

De várias maneiras a fábula de La Fontaine transcende a definição corriqueira do gênero. Note-se, antes de mais nada, que nem todas as suas narrativas se referem a animais, plantas ou objetos inanimados: aproximadamente a quarta parte tem protagonistas indisfarçadamente humanos. Porém, mesmo nos apólogos em que os atores são bichos, não tardamos a observar a presença de tipos da humanidade. Taine resenhou as figuras representativas da sociedade francesa da época, tais como se revelam através da figuração animal: a corte e os cortesãos, a nobreza e o clero, os burgueses e os camponeses, e *tutti quanti*.

Seriam então as personagens de La Fontaine unicamente homens que dos animais só têm o nome? De modo algum. Grande observador da natureza, cheio de ternura pelos bichos, concede ele aos seus heróis raciocínio humano e gesticulação animal, qualidades de gente e ademanes de bicho. A cada instante o leitor, embora consciente de ler as vicissitudes de homens disfarçados, se encanta com o espetáculo dos bichos apresentados com inteira naturalidade e grande simpatia intuitiva.

Não peçam ao nosso autor lições de zoologia. Sabemos (e o sabia ele também) que inúmeras vezes atribui a seus bichos características que eles não possuem. Já nem falamos no dom da palavra que lhes é conferido em virtude de convenção milenar. Ninguém desconhece que nem o corvo nem a raposa são comedores de queijo; que no inverno o formigueiro dorme e a cigarra está morta, e, ainda que não estivesse, não se alimentaria de insetos. A inexatidão pitoresca desempenha mais ou menos o papel do anacronismo consciente. Entretanto, existe realismo nas fábulas: consiste em reproduzir — com infinita graça e meticulosidade precisa — as impressões antropomorfas que a contemplação dos bichos nos sugere.

Não são pintadas somente as diversas camadas sociais: são analisados — e com que agudeza! — todos os sentimentos humanos, o amor, a amizade, a avareza, a covardia, a fanfarronice, a hipocrisia e assim por diante. Velhos e jovens, homens e mulheres, pais e filhos, mestres e alunos, patrões e criados exemplificam todas as relações possíveis.

Nas mãos de La Fontaine, a fábula, gênero fixo e de limites estreitos, era apenas "a forma preferida por um gênio muito mais vasto que esse gênero" (Sainte-Beuve), que lhe dá uma flexibilidade infinita, ou melhor, a transforma em todos os gêneros: apólogo, parábola, conto, sátira, poesia lírïca, ensaio, conto filosófico, retrato, máxima, confissão, drama e comédia. Sim, comédia: "uma ampla comédia de mil cenas diversas e cuja cena é o Universo", como a definiu, num momento particularmente inspirado, o próprio poeta.

Procuremos imaginar, com Léon-Paul Fargue, o que faltaria à poesia se La Fontaine não tivesse existido. Não só a literatura francesa, mas toda a literatura universal careceria de uma fonte perene de amarga e alegre sabedoria.

1967

PRÉVOST, DES GRIEUX E MANON

Luís XIV, o Rei Sol, depois de um reinado de 72 anos, deixou a França coberta de glórias, resplandecente do brilho das letras e das artes, e cheia de dívidas. Por trás da fachada brilhante do Palácio de Versalhes, símbolo perfeito da Monarquia Absoluta, o país estertorava, esgotado por uma série de longas guerras e de loucas despesas.

Essa foi a herança entregue ao novo rei, Luís XV, bisneto do Rei Sol, um menino de cinco anos, assistido por um regente, Filipe de Orleães, homem inteligente e simpático, mas excessivamente preocupado com festas e prazeres, folgazão e devasso ao máximo. As finanças foram entregues ao banqueiro escocês John Law, que se tornou famoso pela criação da Companhia das Índias para a exploração da Luisiana, do Canadá e das Antilhas, pela organização do Banco Real e pela emissão inflacionária de papel-moeda, seguida de bancarrota. Enquanto isto, observava-se na capital o relaxamento de costumes característico dos períodos de pós-guerra. Os últimos anos do reinado de Luís XIV, depois de seu casamento com a Sra. de Maintenon, exibiram a austeridade do arrependimento; agora manifestava-se a reação às medidas de contenção forçada numa explosão de paixão e prazer, de bailes mascarados onde campeava a luxúria, de jogo à larga, de *soupers fins* do próprio regente com os seus companheiros de devassidão, os *roués*, que se assemelhavam de maneira impressionante às farras dos *playboys* de hoje. Era esse também um período de fermentação das artes e das ideias: Marivaux reinava no teatro e no romance; Watteau, na pintura; nos cafés, nos salões, discutia-se livremente sobre todos os assuntos. O regente morreu em 1723, mas a atmosfera não mudaria tão cedo. A agitação das ideias operada pelos "filósofos" fazia prever, porém, uma reviravolta de todo o edifício social. A gloriosa Monarquia, soterrada pelo terremoto revolucionário, não chegaria ao fim do século.

Um dos tipos sociais mais sintomáticos do período pré-revolucionário era o do abade (*abbé de cour, petit abbé, abbé au petit collet*) frequentador de salões, serviçal dos grandes, parasita e gozador, espirituoso e frívolo, que geralmente não tinha nem a prima tonsura e se valia do título como de um passaporte para o ingresso na alta sociedade. Outro, o jornalista ou panfletário, aventureiro vivendo de expedientes, à procura de quem lhe comprasse a pena, ora aliado ao poder, ora em guerra com ele, e começando a entrever a influência que se podia obter graças a um boato jeitosamente manipulado.

O autor de *Manon Lescaut* pertencia a ambas as espécies sociais, ao mesmo tempo que à classe dos grandes escritores ignorados. A sua vida, cheia de peripécias inverossímeis e aventuras fantásticas, até hoje insuficientemente conhecida, poderia fornecer mais uma das incontáveis narrativas caudalosas, cheias de lances melodramáticos, com que ele inundava o mercado de livros. Contam-se nada menos de setenta volumes originais do Abade Prévost (1697-1763), além de quase meia centena de traduções do inglês, massa enorme de papel impresso de que hoje sobrevive apenas o episódio de *Manon Lescaut*, obra-prima escrita num momento de inspiração particularmente feliz.

É impossível contar a vida do Abade Prévost sem recorrer mais de uma vez ao modo condicional não só pela incerteza de muitas informações, como também pelo ar incrível de invenção lendária ou caluniosa com que se apresentam mesmo os dados apurados. Originário de uma família de boa burguesia de Artois, a nossa personagem ingressou no noviciado dos jesuítas de Paris em 1713; em 1715, vemo-lo entrar no Colégio Henrique IV, para seguir o curso de filosofia, de três anos de duração; mas, logo no ano seguinte, interrompe os estudos para assentar praça. Ao cabo de três anos de quartel, deixa o exército e aparece na Holanda, para onde teria fugido para não ser processado por bigamia. Mas logo depois volta a vestir a farda, para despi-la definitivamente em 1720. Uma decepção amorosa o levaria a um convento de beneditinos, onde chega a professar votos e, por sete anos, se dedica ao ensino e à pregação. Em 1728, inicia a publicação das *Memórias de um Homem de Qualidade* (cujo sétimo volume, em 1731, conterá a história de Manon Lescaut), o que talvez contribuísse para a sua briga com a congregação em 1729. No ano seguinte, vemo-lo na Inglaterra, depois na Holanda, ao que parece para escapar a uma *lettre de cachet* ordenando a sua prisão. Aproveita essas andanças para, além daquela obra, acabar outra, igualmente popular na época, *Memórias de Cleveland*. Ao abandonar precipitadamente a Holanda para homiziar-se outra vez na Inglaterra, deixa atrás de si alguns credores, mas leva consigo uma moça, que teria raptado. Não leva muito tempo a se envolver em complicações com a justiça inglesa, que o manda encarcerar sob a acusação de ter assinado alguns títulos com o nome de um de seus benfeitores. Mas a acusação devia ser falsa ou o encarceramento, de pouca duração, pois voltamos a encontrá-lo em Londres desde 1733, como dono e redator do jornal *Le Pour et Le Contre*.

Enfastiado com o nevoeiro londrino, volta à pátria em 1735, acompanhado da amante, o que não o impede de ser perdoado pela congregação beneditina e de ser readmitido na ordem. Sua piedade ou seus talentos literários conseguem-lhe o cargo de *esmoler* do Príncipe de Conti.

Dir-se-ia que desta vez vai sossegar. Qual nada! Uns artiguinhos indiscretos de *nouvelliste à la main* (cronista social metediço) metem-no outra vez em embaraços e, mais uma vez, levam-no ao exílio. Agora é em Bruxelas e em Frankfurt que vive da pena, executando trabalhos literários por conta de livreiros, e não de mecenas, o que faz dele um dos primeiros literatos profissionais.

Após um ano de ausência forçada, ei-lo outra vez na França, entregue à redação de seus romances e à tradução de autores britânicos, como o primeiro grande divulgador das letras inglesas em seu país. Em 1754, obtém um novo benefício, e, provavelmente para fazer jus a ele, põe-se a escrever a história dos Condés. Quando, em 1763, a morte o surpreendeu, estava trabalhando em obras de apologética, e como pesquisador de piedosa erudição, teve sepultura num dos mosteiros da sua ordem.

Foi este o autor das *Memórias de um Homem de Qualidade*, obra prolixa e romanesca, pertencente ao gênero do "romance de gavetas", cujos episódios podem ser multiplicados à vontade. Um deles é a "História do Cavaleiro Des Grieux e de Manon Lescaut", incluído no sétimo volume das *Memórias* em 1731. Edições independentes do episódio saíram desde 1733 e 1735, sendo logo confiscadas sob a acusação de imoralidade. Em 1753, afinal, *Manon Lescaut* saiu e pôde ser vendido livremente, alcançando logo êxito notável junto ao grande público.

A crítica, porém, só o descobriu depois do advento do romantismo, que encontrou no livrinho motivos do seu maior agrado: o poder avassalador da paixão; o indivíduo em luta contra a sociedade; o encanto da infelicidade. Nada mostra melhor o sucesso da história do que as numerosas "continuações" em que, de acordo com as tendências do leitor comum para a pieguice, Manon é sempre ressuscitada, para recomeçar ao lado de seu amante uma nova série de aventuras.

O que é, finalmente, essa história tão famosa? A narrativa de uma paixão irresistível entre um jovem de boa família e caráter fraco e uma mocinha libertina completamente amoral. A beleza comovedora de ambos, que lhes dá um ar de inocência, conquista-lhes simpatias e cumplicidades e salva-os das piores encrencas em que se metem para conseguir os meios necessários a uma vida de dissipação; e não somente Des Grieux, mas o próprio autor, assim como os seus leitores, sucumbem à sedução dessa encantadora e perigosa Manon. Pudera: segundo o resultado das pesquisas de vários estudiosos, Des Grieux não é senão o próprio Prévost e suas aventuras fazem parte da biografia de quem o inventou.

Essa interpretação explicaria em parte o solitário fulgor de obra-prima com que *Manon Lescaut* chama a atenção, tendo sobrevivido a todo o resto da imensa produção do escritor; tanto mais quanto no livrinho, este faz uso de todos os expedientes tão desacreditados do romance popular, tais como a resistência de um pai cruel ao amor do filho, raptos, fugas, disfarces, assassínios etc., chegando a um excesso de cenas melodramáticas e assegurando ao herói uma impunidade das mais inverossímeis. Mas tudo isso é resgatado pelo elemento unificador do livro, a paixão, que arrebata os protagonistas e os consome em seu fogo. Todas as facilidades encontradas por Des Grieux, todas as coincidências que o fazem descobrir, nos instantes críticos, um meio de escapar, servem para exasperar essa paixão e, portanto, o caráter de mulher fatal, transformando-a num espécime encantador de fragilidade, digno de compaixão tanto quanto de amor.[34]

1967

---

[34] Esse artigo serviu de prefácio à edição brasileira de *Manon Lescaut*.

ALFRED DE VIGNY E *SERVIDÃO E GRANDEZA MILITARES*

Servidão e Grandeza Militares, que Alfred de Vigny publicou em 1835, aos 38 anos de idade, é o seu último livro.[35] Entretanto, viveu ainda 28 anos, sem outros sinais de vida literária, a não ser, de vez em quando, um ou outro poema na *Revue des Deux Mondes*. Cada vez mais retraído, raramente era visto em Paris, e nem a sua eleição para a Academia Francesa, laboriosamente conquistada, lhe modificou a existência arredia. Um silêncio tão obstinado não podia deixar de suscitar comentários nas rodas intelectuais, onde aquela "magnífica extinção de voz" era assunto de zombarias frequentes.

Enquanto isso, na solidão do seu gabinete de Paris ou no isolamento completo do seu sítio de Maine Giraud, o escritor enchia caderno após caderno com o registro minucioso e sincero da sua vida íntima, construindo com esse trabalho diário o seu monumento fúnebre, tanto mais majestoso e comovedor quanto não se destinava a olhos humanos. Num desses oitenta cadernos — cuja conservação, não obstante a

---

[35] Esse trabalho serviu de introdução à tradução brasileira da obra, de autoria de Aurélio Buarque de Holanda Ferreira e Paulo Rónai.

vontade expressa do diarista, foi imposta à posteridade pelo respeito à obra — encontra-se uma frase que pode fornecer a chave para a compreensão da sua personalidade:

"Penso que o Destino dirige metade da vida de cada homem, e o seu caráter, a outra metade."

Vejamos, pois, como o destino o tratou.

Fê-lo nascer nobre — mas num momento em que a nobreza não trazia vantagens; pelo contrário, expunha a humilhações e vexames. Membros da pequena aristocracia provinciana, o Capitão Léon-Pierre de Vigny, veterano inutilizado pela Guerra dos Sete Anos, e sua esposa, Marie-Jeanne-Amélie Baraudin, também de família militar, vinte anos mais moça do que ele, sofreram, na sua cidadezinha de Loches, perseguições das desencadeadas pela Revolução Francesa. Talvez por esse motivo, em 1799, dois anos apenas depois do nascimento de Alfred-Victor (único filho sobrevivente, de três), vemos o casal transferir-se para a capital, onde se instala em condições precárias.

Assim, o novo século encontra a criança na metrópole convulsionada pelos lances dramáticos da revolução, em véspera de outros acontecimentos não menos apaixonantes. Havia pouco, o golpe de Estado de 18 de Brumário concentrara o poder nas mãos de Napoleão, e a cada ano a imagem do Primeiro-Cônsul cresce mais ante aqueles olhos infantis. O Império encontra-o fanatizado no meio dos demais, idolatrazinho entre milhões de idólatras. Ainda que nele não influísse a tradição da família, não poderia imaginar outra profissão, a não ser a das armas, outra glória, senão a do soldado. Mas, precisamente quando ia apresentar-se à Escola Politécnica (reservada aos militares), desmorona-se o Império, e o futuro herói de Napoleão vê-se obrigado a alistar-se no exército da Restauração.

Ei-lo, com apenas dezessete anos, subtenente dos Mosqueteiros Vermelhos, que faziam parte da Casa Militar de El-Rei (patente que equivalia à de tenente dos outros regimentos), envergando o belo e invejado uniforme púrpura. Mas o seu primeiro feito será uma retirada, no séquito de Luís XVIII, a quem a notícia do desembarque de Napoleão pôs em fuga. Essa melancólica jornada sob a chuva, de Paris a Béthune, seria fielmente descrita vinte anos depois, nesta obra.

Começada sob auspícios tão desfavoráveis, a sua carreira não teve melhor prosseguimento. Dentro em pouco, as companhias dos Mosqueteiros Vermelhos seriam dissolvidas, e Vigny, transferido para o 5º Regimento de Infantaria. Seguem-se anos monótonos, apesar da mudança de cenário, de uma guarnição para outra (entre elas a de Vincennes, onde o jovem oficial seria testemunha da explosão contada no segundo episódio deste livro). Uma única vez, a expedição de Espanha faz-lhe entrever a possibilidade de uma entrada em ação. Encaminhado para o teatro das operações, o seu regimento recebe ordem de estacionar na fronteira, à espera dos acontecimentos... e recomeça outra vez a vida insípida das guarnições, agora em cidades fronteiriças.

Decepcionado com essas experiências, tão diferentes das com que sonhava outrora, e que não satisfariam as ambições mais modestas — a sua única promoção veio-lhe por antiguidade —, o Capitão Vigny, alegando fraca saúde, pede e obtém reforma em 1827. Já está, pois, reintegrado na vida civil, quando, em 1830, explode a Revolução de Julho. Sem maior entusiasmo pelos Bourbons, Vigny estaria, entretanto, inclinado a voltar às fileiras e enfrentar os revoltosos, contanto que algum príncipe da casa real resolvesse encabeçar a resistência. Tal, porém, não acontece: os Bourbons fogem de novo, e desta vez para sempre, e assim o nosso autor escapa à sorte da sua personagem, o Capitão Bengala-de-Junco: a de morrer estoicamente por uma causa que não lhe inspira fé.

Nessa altura, aliás, já encontrara algumas compensações noutro campo que não o do serviço militar. Atraído desde cedo para a literatura, autor de poesias e dramas, em 1820 já o víamos a frequentar os salões onde se reuniam os românticos da primeira hora. Amigo íntimo de Victor Hugo, colabora ativamente no *Conservateur Littéraire* e na *Muse Française*. Após um volume de versos, lançou, em 1826, *Cinq-Mars*, romance histórico bem acolhido pelo público. Dentro em pouco, estará envolvido na refrega romântica; em 1829, a *première* da sua tradução do *Otelo*, de Shakespeare, provocará tempestuosos protestos dos conservadores, preludiando a "batalha de *Ernani*". A liderança de Hugo ainda não estava geralmente reconhecida; por algum tempo, muitos consideraram Vigny como o chefe da nova escola literária.

Mas esse período de intensa atividade será de curta duração. Ao drama *A Marechala de Ancre* e ao "provérbio" *Quite pelo Medo*, representados por boas companhias de Paris, seguir-se-ão dois volumes de novelas, semelhantes quanto à estrutura e à tese: *Stello* (1832) e *Servidão e Grandeza Militares* (1835). O ano da publicação deste é também o do maior êxito de Vigny, o triunfo alcançado por sua peça *Chatterton* (extraída de um dos episódios de *Stello*), só comparável ao do *Cid*, de Corneille, dois séculos antes; mas é, paradoxalmente, o do seu emudecimento. O próximo título da bibliografia vigniana já é um livro de versos póstumo, *Os Destinos* (1864).

Assim como a muitos de seus colegas do Exército, a atividade literária de Vigny passara despercebida, a grande maioria dos escritores e do público não fazia ideia dos bastidores daquela existência aparentemente feliz. Dissuadido pela mãe adorada de desposar uma moça de origem burguesa, mas de espírito nobre, Delphine Gay (a futura esposa de Emile de Girardin e autora de *A Bengala do Sr. de Balzac*), o Conde Alfred de Vigny casara em 1825 com Miss Lydia Bunbury, da alta aristocracia inglesa, bonita e rica, e que se revelou, no matrimônio, de espírito simplório. O passar dos anos não somente a privou dos encantos da mocidade, mas castigou-a com graves enfermidades e a deixou doente pelo resto da vida, tirando ao marido todas as esperanças de um lar feliz. Já acabrunhado pela paralisia da mãe, a quem assistiu com amoroso zelo nos últimos anos da vida, Vigny teve de desempenhar papel semelhante junto à mulher, que o precederia, na morte, de poucos meses apenas. A longa doença da esposa foi uma das causas que o levaram a preferir às agitações de Paris a calma da província.

(Acrescente-se que a propalada riqueza da mulher não passava de outra miragem. Lord Bunbury, um excêntrico que se locupletara nas colônias, teve ainda, após o casamento da filha, vários filhos, e nunca demonstrou o menor interesse pelo genro poeta. Depois da sua morte, foi este obrigado a intentar um longo e fastidioso processo, sem conseguir da fabulosa herança mais do que algumas migalhas.)

Outro sofrimento íntimo fizera com que os meios teatrais, testemunhas da sua glória, se lhe tornassem odiosos. Com o malogro da sua vida conjugal, o vazio do coração inspirou-lhe paixão violenta por Marie Dorval, atriz de renome, que interpretou os papéis principais de várias peças suas, atingindo o auge de sua arte em *Chatterton*. Mulher instável, sensual e cabotina, a comediante deu-lhe uma curta felicidade misturada de muitos desgostos, até que suas infidelidades forçaram o escritor a um rompimento definitivo.

Sua eleição para a Academia foi o exemplo típico dessas vitórias aparentes que a sorte lhe prodigalizou, desses êxitos envenenados pelas circunstâncias que os acompanham: precedida de cinco derrotas, teve um epílogo constrangedor no irônico discurso de recepção do Conde Molé.

Duas candidaturas às eleições legislativas de 1848 e 1849, aceitas com ingenuidade e sem qualquer apoio partidário, trouxeram as previsíveis derrotas.

Em 1861, afinal, a tantas provações veio acrescentar-se a mais cruel: um câncer que lhe devorou as carnes por dois anos, familiarizando-o, após as penas do espírito, com as do corpo, até que a morte o libertou em 1863.

Eis a metade de vida que por parte do destino coube a Alfred de Vigny: foi esta que o seu caráter soube metamorfosear em fonte de conforto e beleza, num alto exemplo de transubstanciação.

Contrariamente a muitos românticos que, em sua ostensiva admiração do passado, chegavam a exigir títulos nobiliárquicos que não possuíam, Vigny compenetrou-se bem cedo da supremacia da aristocracia espiritual sobre a do sangue. Quando, num trecho do Diário, divide a humanidade em nobres e ignóbeis, essa distinção já não se inspira em qualquer critério de heráldica. Poucos meses antes de morrer, em *O Espírito Puro*, espécie de testamento poético, compraz-se ainda em passar revista à série de seus antepassados nobres, mas anônimos, exclamando:

> *C'est en vain que d'eux tous le sang m'a fait descendre,*
> *Si j'écris leur histoire, ils descendront de moi.*

A verdadeira nobreza do homem, aos olhos do poeta, consiste na ideia. Nem poderia ter outra atitude aquele para quem a ilusão equivalia à realidade e que atravessou a vida a sonhar. Como outrora a Platão, as ideias apareciam-lhe, a bem dizer, encarnadas, tangíveis; ele as apalpava, as possuía. Enquanto os demais poetas da época acreditavam, quase todos, na força encantatória das palavras, ele as encarava com desconfiança, por sentir quão imperfeita e toscamente elas conseguiam exprimir os conceitos. Nenhum outro romântico poderia ter escrito este verso:

Seul le silence est grand; tout le reste est faiblesse,

e ainda menos este:

Gémir, pleurer, prier est également lâche.

Daí terem se tornado — segundo supõe Maurice Paléologue — cada vez mais raras as suas tentativas de aprisionar em versos a ideia. Ainda assim, é a ele que se devem algumas das fórmulas mais felizes, mais cheias de magia, já encontradas por qualquer poeta.

A experiência e a meditação tinham levado Vigny a uma conclusão sombria: "A verdade sobre a vida é o desespero" — anotava no Diário, para si. Os temas da sua poesia são, precisamente, as variantes do desespero: a solidão inseparavelmente ligada à grandeza ("Moisés"), a fragilidade da beleza da carne, a insensibilidade da Natureza ante os sofrimentos dos homens ("A Casa do Pastor"), a incompreensão do próprio Deus em face da agonia de suas criaturas ("O Monte das Oliveiras"), o estoicismo do sábio à vista do seu próprio fim ("A Morte do Lobo"). Mas esses grandes e eternos assuntos são tratados por ele sem os gritos, o alarido, os esgares dos seus confrades românticos; embora tivesse haurido o ceticismo em vivências bem concretas, soube exprimi-lo sempre sob as formas gerais do símbolo. Nunca se debruça sobre as próprias mágoas, mas, esquecido da sua individualidade, confunde-as com os grandes problemas da espécie e, onde outros poetas da escola exibiriam sofrimentos atrozes, ele parece consolar os seus semelhantes, identificando-se com as frustrações de todo homem.

Por mais recente e forte que seja o sentimento inspirador, em Vigny a expressão nasce logo revestida da forma do mito. Veja-se "A Cólera de Sansão", esse terrível libelo contra a animalidade da mulher, provocado pela traição de Marie Dorval (mas que tampouco teve intuito de vingança, e que só veria a luz transcorridos muitos anos, após a morte de ambos).

À primeira vista, essa poesia, cheia de abstrações e símbolos, pode oferecer impressão brumosa, distante e vaga; mas quem a estuda mais de perto acaba arrebatado pela sua patética e profunda sinceridade, pela fremente inquietação do poeta, que procura avivar as próprias feridas para, através delas, chegar ao âmago do sofrimento humano, e o embeleza e minora pela compaixão da sua solidariedade.

A história literária guarda o nome de Vigny, sobretudo, como fundador da poesia filosófica na França. Mas, se não tivesse escrito seus versos, *Servidão e Grandeza Militares* ainda lhe asseguraria lugar de honra.

Como tantos outros poetas da sua geração — Musset, Hugo, Gautier... —, Vigny também enfrentou o romance. Seu primeiro trabalho nesse gênero foi *Cinq-Mars*, romance histórico fortemente influenciado por Walter Scott, cujos livros gozavam então na França de popularidade enorme. O sucesso da obra estava assegurado de antemão: os olhares do público, cujo interesse os românticos, entediados do presente inglório, atraíram para o passado, esperavam avidamente uma narrativa como as do romancista escocês, mas com paisagens e heróis franceses. Mas, enquanto o autor de *Ivanhoé*, reconstruindo os tempos idos com minuciosidade de antiquário, punha no primeiro plano de suas obras personagens históricas insignificantes e reservava às grandes figuras papéis acessórios, Vigny, menos preocupado com a multiplicidade de pormenores, não hesitou em fazer seus protagonistas Richelieu, o rei Luís XIII e alguns contemporâneos ilustres dos dois. Não contente em atribuir-lhes conversações inventadas e motivos supostos, torcia a seu talante fatos dos mais firmemente estabelecidos e datas incontestáveis. Pretendia assim alcançar a veracidade psicológica, mas a procura da verossimilhança não o impediu de recorrer aos truques mais surrados do "romance negro" e do melodrama; o que buscava era, em realidade, ilustração para uma tese preconcebida, e não muito convincente: a de que o Cardeal Richelieu, enfraquecendo a nobreza e reforçando o poder real, traíra a França. Mesmo assim, o romance satisfazia aos leitores viciados por leituras semelhantes e que nem sequer tinham a qualidade principal do livro de Vigny: a pureza do estilo, a beleza pitoresca de algumas cenas e quadros. Passada a moda do romance histórico, as falhas da obra vieram à tona, e aos poucos ela se vai transformando, como as suas congêneres, em leitura para adolescentes.

O segundo "romance" é *Stello*, na verdade um conjunto de três narrativas independentes emolduradas num diálogo entre Stello e o Doutor Negro, destinadas a mostrar que em todos os lugares e em todos os tempos o poeta genial é perseguido e desprezado. Capítulos da biografia de três líricos infelizes, Gilbert, Chatterton e André Chénier, deveriam mostrar que sob todas as formas de governo essas criaturas excepcionais são de antemão condenadas. As contradições da tese e dos exemplos patenteiam-se à primeira vista. Poder-se-ia objetar, por exemplo, que o destino de Chénier, vítima do Terror, era idêntico ao de milhares de burgueses e aristocratas, comerciantes e técnicos, que nunca escreveram um verso, nem demonstraram a menor centelha de gênio. E, ainda quando os quadros apresentados fossem típicos, podia-se duvidar dos benefícios da solução sugerida, uma intervenção direta da autoridade a favor dos poetas: o que estes ganhassem em segurança material, perderiam em liberdade e independência. Mas a imagem do gênio mártir, do poeta pária fazia parte do misticismo romântico e adaptava-se à imagem de anjo maldito tão perfeitamente exemplificada na pessoa de Byron (e que tantos estragos faria em várias gerações de literatos, até neste longínquo Brasil). Só assim se explica o bom êxito dessa composição bastante artificial em seu conjunto, apesar de belezas de pormenor, e o de *Chatterton*, peça extraída de um de seus episódios. A quem não se colocasse dentro da atmosfera romântica o estrondoso êxito desse dramalhão sentimental, maldialogado, sem ação nem caracteres, poderia parecer inexplicável. (É verdade que para ele contribuíra muito a arte apaixonada de Marie Dorval e a curiosidade pública em torno da sua ligação com o poeta.)

O conhecimento da estrutura e da ideia central de *Stello* permite compreender melhor as características de *Servidão e Grandeza Militares*, tão pouco romance como aquele, igualmente composto de três narrativas independentes e cuja reunião num volume se explica por uma tese comum, da qual deveriam fornecer as provas. Certa vez o próprio autor qualificou esta sua obra de "ideia em três atos". Examinemos, pois, o conteúdo dessa ideia.

Toda a experiência militar de Vigny, como vimos, reduzia-se às atividades de um oficial em tempo de paz. Devorado por uma febre de ação que, em virtude das circunstâncias, não encontrava alimento, viu-se desiludido em seus sonhos e ambições. A tarefa de manutenção da ordem interna, que normalmente cabe à tropa nos períodos de paz, satisfazia-o tanto menos quanto vira mais de uma vez um governo reacionário e impopular opor as baionetas dos soldados aos anseios de liberdade e de progresso do povo. Por outro lado, o seu forte individualismo sofria extraordinariamente com a obediência passiva, base de toda a hierarquia militar. Afinal, visceralmente infenso à guerra, não podia admitir fosse esta o principal objetivo de uma instituição que aprendera a estimar, a despeito dos insucessos da própria carreira.

Neste livro, que, segundo anotação do próprio poeta em seu diário, forma, com *Cinq-Mars* e *Stello*, um canto de "uma espécie de poesia épica sobre a desilusão", Vigny empreende uma apologia e uma reabilitação do Exército. Ninguém mais que o soldado sofre com o papel de gendarme que lhes impõem os governos modernos. O bom soldado detesta a guerra e não encontra prazer no derramamento do sangue; vítima da obediência passiva, pratica atos de heroísmo constantes, vencendo os ditames da própria consciência, e, desse ponto de vista, é um mártir da sociedade, tal qual esse outro pária moderno que é o poeta. Entre esses heróis da abnegação característica do soldado, aponta Vigny três indivíduos muito diferentes, mas de exemplos igualmente significativos, e que encontram a força sobre-humana necessária à prática de tal virtude numa concepção quase transcendental do dever, a que esse ateu místico chama "religião da honra".

À espera do desaparecimento das guerras (pois, com todo o seu pessimismo em relação ao destino individual, o escritor compartia do otimismo dos seus contemporâneos no referente ao progresso da humanidade), evocava saudoso a época em que ainda não havia exércitos permanentes e o Exército se identificava com a nação. Enquanto condena a organização militar moderna, exalta a sobrevivência, no Exército, das qualidades que distinguiam a nobreza de outrora.

Mais de uma vez, a crítica assinalou inconsequências neste complexo de pensamentos. Benedetto Croce nega consistência ao contraste entre deveres militares e deveres humanos, "um dos muitos casos, ocorrentes na vida, de dificuldades e lutas íntimas para enfrentar, vencer e aplacar; e, se não temos a força de dominá-las, ou se a vitória nos deixa feridos para sempre e exaustos, quer dizer que somos pouco apropriados à profissão militar, como o era Vigny. A esse respeito, aliás, teve ele noções pouco sólidas, e julgava o Exército um paradoxo, 'uma espécie de nação dentro da nação', como se a mesma coisa não se pudesse repetir em relação a qualquer outro ramo de atividade, a indústria ou o comércio, a arte ou a Igreja". Tais ideias, Croce as qualifica tão ingênuas como a crença de que a filosofia, os entendimentos internacionais e os progressos da técnica porão fim próximo a todas as guerras; mas afirma que, a despeito da fraqueza de suas teorias, o livro é forte, por ser construído com o sofrimento e as decepções reais de um grande artista. Outro crítico italiano, Vittorio Lugli, que admite a vagueza e o caráter discutível das diretrizes da obra, encontra um nobre e apaixonado fervor no amor do Conde de Vigny a uma corporação, única a conservar as virtudes da antiga aristocracia. Os autores anônimos do *Dictionnaire des Oeuvres*, Laffont-Bompiani, veem no livro "sobretudo a obra de um poeta que exprime por imagens a sua alma profunda. Temperamento sensível e fechado, impróprio à vida social, Vigny, neste escrito, considerado como uma de suas maiores obras, retira-se menos para filosofar do que para reencontrar a convivência de seus companheiros de armas".

Aos soldados de profissão, que por vezes estigmatizam *Servidão e Grandeza Militares* como um incitamento ao pacifismo, declara Fernand Baldensperger que os fatos provam o contrário, e que o livro, "nos exércitos de disciplina antes consentida que imposta, mostrou-se apto a aguçar o senso de honra sem aumentar as exigências do instinto guerreiro". Esse modo de ver é confirmado pelo prefaciador de uma recente tradução alemã do volume. E. Grassi, o qual, lembrando que o original acompanhou muitos soldados franceses da última guerra, para os quais era uma espécie de *Imitação de Cristo* leiga, aponta à desvairada mocidade alemã o magistral retrato de Napoleão traçado por Vigny como digna resposta do indivíduo à deificação dos tiranos. Sem forçosamente adotar as ideias do nosso autor, militares e civis hão de ler-lhe ainda hoje as páginas com profunda emoção: primeiro, pelo muito que há nelas de confissão sincera, de autoexame impiedoso; depois, pela verdade intrínseca de cada uma de suas histórias. As três, embora nenhuma delas seja a reprodução precisa de um fato, são construídas com elementos autênticos: se não aconteceram, poderiam ter acontecido. Tudo quanto nelas está escrito na primeira pessoa é rigorosamente exato; e são fundamentalmente conforme a verdade a inútil crueldade do terrorismo revolucionário, os quadros idílicos da vida de guarnição sob a monarquia antiga, os combates de rua dos três dias de julho de 1830, evocados nos três episódios. O impressionante diálogo entre Napoleão e o Papa, página justamente famosa, não se deu na data mencionada pelo poeta, nem, provavelmente, nos termos em que é reconstituído; mas corresponde admiravelmente a tudo quanto sabemos do caráter de Bonaparte, de seus planos e de suas ambições. Da mesma forma, é de notável veracidade o processo íntimo pelo qual o Capitão Bengala-de-Junco se transforma de obcecado adepto do imperador em seu juiz rigoroso e imparcial. A própria diversidade dos três episódios e o que a justaposição deles tem de inesperado são um elemento de interesse, e aos leitores de outra época e de outro país ajudam a compreender o sentido e a atmosfera de três momentos históricos.

Tem razão François Germain ao afirmar que *Servidão e Grandeza Militares* é mais que um livro sobre o soldado: "possuidor da arte de sugerir um horizonte imenso por trás das realidades imediatas", nele Vigny focaliza os problemas íntimos de todo homem capaz de sentir, raciocinar e sofrer, quando posto em face das consequências da própria ação.

1960

Balzaquiana

BALZAC E NÓS

O reaparecimento de *A Comédia Humana* de Balzac em tradução brasileira, trinta anos depois da primeira publicação, é acontecimento cultural que merece comentários.

Seus romances tinham sido publicados isoladamente, alguns mais de uma vez, em Portugal e no Brasil, durante o século decorrido depois de sua morte, mas até 1945 nunca se cogitou de publicar *A Comédia Humana* como um todo. Foi quando a editora Globo, de Porto Alegre, se propôs essa tarefa, realizando-a em dez anos, com a colaboração de uma ótima equipe de tradutores. Os resultados foram 17 volumes in-oitavo, hoje completamente esgotados, apesar de diversas reimpressões. A grande procura dessa publicação volumosa, decorrido um século da morte de seu autor e num país tão longínquo, já seria um fato notável em si; ainda mais curioso é, porém, que no ano passado três editores me tenham procurado para me convidar a orientar a reedição de que a Globo abrira mão. Foi a editora Artenova, que teve a ideia primeiro, que acabou por obter a autorização.[36]

---

[36] Infelizmente, essa reedição, empreendida pela editora Artenova, não passou dos dois primeiros volumes, *Eugenia Grandet* e *A Mulher de Trinta Anos*. Mas a nova editora Globo a está finalmente realizando, tendo começado, em julho de 1989, a relançar os dezessete volumes.

Há nesses fatos uma demonstração evidente da vitalidade da obra de Balzac. *A Comédia Humana* continua atual. Balzac, morto há 126 anos, ainda nos atrai e nos fala ao espírito e ao coração.

Talvez não me engane em apontar, como primeiro fator de interesse, a simples aparência material daquela fileira imponente de volumes. (Como disse alguém, ao avistá-los exclamamo-nos espantados: Quantos! E ao terminar-lhe a leitura, suspiramos: Quão poucos!) Espanta-nos o tamanho dessa obra gigantesca, composta de 88 romances e novelas e um prefácio que seria quase o dobro se o autor não tivesse morrido com apenas 51 anos, no auge da sua força criadora. Em nossos dias, desde que a História a que assistimos nos brinda diariamente, graças à cumplicidade dos meios de comunicação e divulgação, com uma realidade espantosa diante da qual toda ficção empalidece, o interesse pela literatura tem sofrido declínio manifesto. Para que uma obra literária consiga interessar-nos, ela tem de vencer a nossa resistência por circunstâncias muito especiais. Uma dessas, no caso em foco, é o esforço gigantesco do autor em tentar fixar pela pena a imagem de toda uma época, em fazer, declaradamente, "concorrência ao Registro Civil". De mais a mais, conquista-nos uma obra a que o autor deu o melhor de si, toda a sua vida, todas as suas experiências, alegrias e decepções, revoltas e esperanças. Não é por outra coisa que as obras de um Proust, um Joyce, um Kafka, um Musil nos subjugam. Sente-se nessas sumas que o autor acreditava na literatura a ponto de preferi-la até à própria vida.

Daí talvez esse frêmito indefinível e inconfundível dos livros de Balzac, a que não se resiste. Eles ainda respiram o cansaço, o suor e a febre das noites transformadas em dias, o milagre continuamente repetido do espírito sobre a matéria. E provocam o nosso pasmo ante a realização de um sonho quimérico, que permitiu a um homem só condensar em si a vida de toda uma sociedade.

Além de uma imagem alucinatória da época, surge dessa fileira de volumes outra imagem extraordinária, a de um dos indivíduos mais excepcionais que já apareceram e que se chamava Honoré de Balzac.

Os especialistas modernos da história da literatura querem-na uma ciência que só leve em consideração as obras em si, abstraindo totalmente da biografia dos autores. Mas entreolham-se perplexos quando confrontados com o caso de Balzac. Ainda hoje, essa biografia fora do comum faz irrupção nas teses universitárias mais sistemáticas e menos subjetivas.

Lembremos-lhe as principais etapas em poucas palavras. A infância sem amor do rapazinho a quem sua família encerra durante oito anos num internato, sem o chamar junto a si nem sequer nas férias. A adolescência e a juventude atormentadas, consumidas em procura inútil, em fracassos e insucessos. Mau aluno no colégio, escrevente de tabelião relapso, jornalista famélico, faz-tudo de editoras obscuras, autor de romances de cordel publicados sob pseudônimo, impressor falido — este era o saldo dos primeiros trinta anos do escritor, sem um único êxito que merecesse registro. Depois, o arremate: a maturidade iluminada por uma glória fulminante, mas que não põe fim à luta incessante com os credores, a crítica e o destino, e de que o romance de amor com a Condessa Hanska é apenas um sintoma. Amor trágico esse que, depois de dezessete anos de contato quase exclusivamente epistolar, acabou em casamento — poucas semanas antes da morte do escritor. Mesmo quem nada sabe a respeito da vida de Balzac sente atrás daqueles volumes a presença quase carnal do homem que se impôs à tarefa monumental de encerrar nalguns milhares de folhas de papel o espetáculo gigantesco de toda uma humanidade a sofrer, lutar, viver e morrer.

Nada se assemelha melhor a um romance de Balzac do que a vida de Balzac. Na vertigem de sua criação, ele mesmo se tornou uma de suas personagens. Vários títulos de *A Comédia Humana* — especialmente *A Pele de Onagro*, *A Procura do Absoluto*, *A Obra-Prima Desconhecida* — poderiam servir de símbolo à sua atribulada existência.

Essa vida e essa obra formam um conjunto inseparável, o que é tanto mais notável porque a unidade da obra não se deve ao acaso; ela resulta de uma decisão meditada.

Lá por volta de 1833, teve Balzac a ideia de juntar todos os seus romances e contos numa obra só, sendo que de um para outro reapareceriam as mesmas personagens. Elas não são nem dez nem cem, mas de dois a três mil tipos, em que ele condensava toda uma geração de homens. Mal concebida a ideia, pôs-se a executá-la retroativamente, isto é, foi rever suas obras já publicadas até essa data, e mudou os nomes e as características de centenas de figurantes. Assim, conseguiu realizar a unidade intrínseca do conjunto, sem que ele tenha nada de mecânico e de artificial. Os romances e as novelas existem como obras soltas e, ao mesmo tempo, fazem parte de um todo. A personagem que é protagonista num romance passa a ser mero comparsa noutro; aqui homem maduro, lá é encontrado ainda moço; aqui o conhecemos como namorado, ali como amigo, lá como pai de família; ora o vemos agir através de um romance inteiro, ora apenas ouvimos uma ou outra alusão a seus feitos — tal como na vida, dizia Balzac. Nenhum romance é acabado de vez; sentimos que os sobreviventes continuarão em sua órbita, os mortos transmitirão parte de suas paixões e aspirações a seus descendentes. Por outro lado, nenhum romance começa na primeira página; os protagonistas vêm carregados de sua vida pregressa, que já conhecemos ou ainda havemos de conhecer. Apesar de alguns críticos da época — entre eles Sainte-Beuve — terem condenado o sistema, ele se mostrou prodigiosamente operante. Um romance de Balzac não é como o de qualquer outro escritor; lendo-o, adquirimos o ingresso para uma série de livros, todo um mundo de ficção. O mecanismo do que se convencionou chamar de retorno das personagens já foi objeto de acurados estudos universitários. É extraordinário o número de expedientes por que Balzac põe o sistema a serviço da plausibilidade de suas histórias. Um dos mais notáveis é misturar as suas criaturas a pessoas reais, personalidades conhecidas que acotovelam as imaginárias comunicando-lhes algo da sua vitalidade.

Foi, em todo caso, o maior plano já concebido por um romancista. Só lhe faltava um título condigno. Encontrado este — *A Comédia Humana*, nome ambicioso que não tem medo de provocar a comparação com Dante — Balzac via diante de si uma obra imensa, comparável a uma catedral, com todo o plano já pronto; tê-lo-ia executado completamente se a morte não lhe arrebatasse a pena da mão.

O ponto de vista adotado por Balzac é o do romancista onisciente que sabe tudo a respeito de suas personagens, conhece-lhes as intenções e os pensamentos. Mas ele nos deixa entrever que há segmentos em suas biografias que ele próprio desconhece. A um leitor que o interrogou sobre os antecedentes de determinada personagem, respondeu que só a conheceu depois de ele aparecer em tal cidade. No meio de uma companhia de amigos, pôs-se a cismar sobre quem seria o marido escolhido para Eugênia Grandet. Segundo a afirmação de alguns biógrafos, em seu leito de morte invocou Bianchon, o médico criado por sua imaginação. O próprio feiticeiro acabou acreditando na ilusão que criara.

Sabemos que Balzac é considerado fundador do romance realista, mas rotular os seus romances de realistas é empobrecê-los. O que lhe fez atribuir tal epíteto foram sobretudo as famosas descrições, que o apressado leitor de nossos dias prefere pular ou ler em diagonal. Entretanto fazem parte essencial do romance, pois para o nosso autor o homem em parte é produto do seu ambiente — assim como o molusco da concha, e vice-versa.

Há entre todas essas descrições algumas torrenciais, apaixonadas, líricas, feitas para nos atordoar e embriagar. Citarei três delas, todas constantes de *A Pele de Onagro*. Nesse livro Balzac ainda vacilava entre o romance realista e social de um lado e a narrativa fantástico-mística do outro. O maior livro em que esta última tendência se faz notar é precisamente este, em que a paciente pesquisa tem demonstrado a presença de muitos *leitmotive* do ciclo inteiro. Nesta célula-máter de toda *A Comédia Humana*, Balzac faz passar o seu herói por três cenários inesquecíveis: uma casa de jogo, uma loja de antiquários, um banquete de intelectuais que degenera em orgia. Eles criam a atmosfera de sonho e pesadelo em que principia a fantástica história de Rafael de Valentin. Lembram-se dela? Rafael, chegado a penúria total, arrisca o seu último luís no jogo, perde-o e encaminha-se para o Sena, a fim de se afogar. Mas passa por uma loja de antiquário e concede-se uma visita àquele cafarnaú. É onde ganha de presente a misteriosa pele de onagro que lhe permite a realização de todos os seus desejos, mas se encolhe com cada desejo realizado. Daí em diante, vêmo-lo consumir-se pelo medo de usar a pele e com ela a vida. Com este romance, em que tudo é símbolo, Balzac criou um dos poucos mitos da humanidade moderna.

Para compreendermos o alcance das inovações de Balzac, criador do romance moderno em todas as suas variantes, lembremo-nos do que era o romance antes dele. A personagem era simples joguete do acaso envolvido numa sucessão de peripécias (por exemplo, nos romances picarescos) ou o teatro de paixões fortes, analisadas exaustivamente (por exemplo, nos romances de Rousseau ou de Richardson). Nunca, porém, ela aparecia integrada na sociedade, ligada a outros destinos por dezenas de interesses. Um romance de Balzac é um romance social cujo protagonista é um ser múltiplo, definível por suas relações sociais. Uma figura como o Primo Pons há de ilustrar esta afirmação. Ele é um colecionador apaixonado de antiguidades, com todas as deformações dessa mania. É também o parente pobre de uns ricaços, tornados cruéis pela ambição e a sede de riquezas; mas Pons suporta as humilhações constantes que eles lhe infligem porque tem outro vício terrível, a gula, que vai satisfazer na casa deles. E eis um quarto aspecto dele, igualmente importante: é perfeito como amigo e protege com toda a dedicação possível o seu colega Schmücke, ainda mais indefeso do que ele. É impossível encontrar antes de Balzac e difícil encontrar depois dele uma personagem tão múltipla, tão determinada por sua origem, sua situação social, suas paixões e suas manias.

Mas em que interessa-nos a vida de um velho músico imaginário da Paris do começo do século passado, suas manias e sua morte? Interessam demais porque Balzac sabe fazer-nos participar da vida de suas personagens como ninguém: os episódios da vida cotidiana que ele introduz nos seus romances ganham proporções extraordinárias. Acabamos acreditando que a falência da perfumaria de César Birotteau é, no momento, o produto mais transcendental da humanidade, ou que a sórdida pensão Vauquer (em *O Pai Goriot*), desde o momento em que o romancista a focalizou, transformou-se no centro do mundo. E ele coloca essa gente dentro de uma Paris terrível, atraente e devoradora, semelhante a um campo de batalha onde só os mais fortes sobrevivem. Qualquer vida, iluminada por Balzac, enche-se de significação.

Em nenhum momento se pode confundir a sua obra com literatura de evasão, feita para fazer-nos esquecer o mundo, para divertir-nos no sentido etimológico da palavra. De maneira alguma ele queria alienar os leitores, para usarmos uma expressão ao gosto do dia; julgava preencher uma missão e chamava a si mesmo historiador de costumes, doutor em Ciências Sociais. Ocorreu-lhe lamentar que os escritores da Antiguidade não tivessem pensado em descrever documentadamente a vida diária de seus contemporâneos; quis fazer com que o leitor futuro, interessado em saber como viviam os homens da sua época, encontrasse um registro fidedigno de seus costumes, passatempos, atividades profissionais e os cenários em que estas se desenvolviam. E realmente, ao lermos Balzac, surpreendemo-nos de verificar como a vida de seus contemporâneos, que ignoravam a eletricidade, o telefone, o rádio, a televisão, o avião, em grande parte o trem, a máquina de escrever, os raios X, a caneta-tinteiro e até as torneiras, podia estar cheia e complexa, tanto quanto a nossa. Basta um pequeno esforço para nos familiarizarmos com seus relatórios — às vezes lentos e um pouco enfadonhos — para tomarmos um prodigioso interesse na mobília, no vestuário, nos objetos de uso diário, na moral, nas crenças, nas finanças e nas doenças da primeira metade do século XIX.

Já disse em que cenário prodigiosamente excitante Balzac colocou boa parte de seus enredos: em Paris, então centro do mundo civilizado. A Paris de Balzac é um mundo patético, onde mistérios e segredos nos espiam na casinha mais singela, entre pessoas aparentemente simplórias, como nos palácios da alta aristocracia. Através da série de seus dramas, ensina-nos o escritor a ver a luta surda que se desenrola nos bastidores da sociedade, luta encarniçada em que reinam as leis da selva e os fracos sucumbem fatalmente aos mais fortes.

Às imagens febris e movimentadas de Paris, opõem-se cenas da província, reproduzidas em cores menos fortes, mas, contrariamente à tradição, nada idílicas. Nas cidadezinhas reina uma monotonia abafadora, um regime corrosivo de diz-que-diz-quês. Ali os talentos se apagam em completo marasmo intelectual quando não conseguem em tempo levantar voo para Paris. A atração da capital, as lutas de jovens provincianos ambiciosos que a ela se atiram para triunfar ou aniquilar-se, os esforços sobre-humanos de jovens talentosos para romper as barreiras do nascimento e do dinheiro, os espantos e as decepções dos noviços diante das experiências que lhes reserva a metrópole, eis os temas eternos de outro grupo de obras, hoje ainda tão vivos como na época de Balzac.

Com ele, em suma, fazemos um completo aprendizado da vida, descobrindo os conflitos ocultos no seio das famílias, a fragilidade dos amigos e as suas traições, o êxito dos bajuladores e dos hipócritas, a preterição dos bons, a insensibilidade dos ricos, o ódio e a inveja dos pobres, as rivalidades mesquinhas e a inércia irritante das repartições, as vinganças terríveis de sensibilidades feridas. Vemos em ação as mil formas do amor (um dos seus grandes temas), assumindo às vezes feições romanticamente angelicais, porém mais frequentemente agindo como paixão devastadora que transtorna as existências de suas vítimas. Aprendemos a conhecer os caminhos tortuosos da lei, os labirintos da chicana, o mundo tenebroso do crime, os arcanos da prostituição, os meandros da política, as manobras escusas da alta finança. Pela primeira vez são-nos mostrados o poder da imprensa e o uso perigoso que dela se pode fazer; o esmagamento do pequeno industrial pelos grandes; a importância da publicidade no comércio; as ligações da polícia com os *bas-fonds* do crime. Não é nenhuma visão otimista, mas por isso mesmo ajuda-nos a enfrentar o mundo em que vivemos, pois suas principais características em nada mudaram no decorrer do último século. Dir-se-ia que Balzac aceitou enfrentar deliberadamente todas as experiências para facilitar-nos a orientação no labirinto confuso da sociedade.

A História, que tantas vezes se repete, forma como que o fundo de toda *A Comédia Humana*, mas em alguns romances aflora com particular vigor. Em *O Coronel Chabert*, vemos a volta de um sobrevivente das guerras napoleônicas, dado como morto e cujo lugar já está ocupado, e lembramo-nos de tantos casos semelhantes acontecidos recentemente a egressos dos campos de concentração. Em *Um Caso Tenebroso*, é-nos contado com todos os pormenores o sequestro de um senador do Império, e verificamos com surpresa que esse tipo de chantagem política não constitui o triste privilégio dos nossos dias. Nos *Chouans ou A Bretanha em 1799*, mostram-nos a guerra doméstica entre republicanos e monarquistas, que nada deve em horror às atrocidades da Guerra Civil Espanhola. Nos salões da Restauração, renasce o antigo esplendor da Corte, mas respira-se um ar de podridão e pressentem-se os ventos de revoluções chocadas pela exibição de um luxo desenfreado. Em *Os Camponeses*, vemos os trabalhadores da terra, pela primeira vez na literatura, tomarem consciência de que constituem uma classe social. Nesse livro, Engels, segundo sua carta a Marx, aprendeu mais acerca da propriedade rural e seus problemas do que em todos os tratados dos sociólogos.

Contrariamente ao romance anterior, o de Balzac mostra a influência sobre a vida das personagens de um fator tão importante como o dinheiro. Pela primeira vez, as personagens de um romance gastam dinheiro, vivem de trabalho ou de rendas, têm problemas financeiros, pedem concordata ou abrem falência, encomendam orçamentos para construírem a sua casa, enriquecem por vias lícitas e ilícitas, empobrecem por sua própria culpa ou por obra de terceiros, deixam-se corromper vendendo-se ou arruínam-se por não querer partilhar. Tudo tem o seu preço e as antigas divisões por classes tornam-se cada vez mais flexíveis ante a penetração do dinheiro.

Há também as doenças. Antigamente, nos romances, só se morria de amor ou pelo punhal de um sicário. Em Balzac, se morre de doenças congênitas ou adquiridas, cada qual diagnosticada, analisada e tratada. Ao mesmo tempo, a fisiologia entra em cheio na ficção. Balzac tinha a sua teoria sobre a correspondência entre os traços físicos e os morais, adotando a respeito as teses de alguns cientistas, tais como Lavater e Gall. Por mais que se possa criticar nas teses, desde então abandonadas pela ciência, a aplicação consequente dos seus princípios reforça a unidade conseguida pelo retorno das personagens.

Os fenômenos mais comentados de nossos dias foram entrevistos ou pressentidos por Balzac. Segundo alguns, foi ele que inventou a mulher moderna com seus anseios de liberdade. Em todo caso, foi quem, no romance, individualizou a mulher, até então pálida figura convencional. Adivinhou a psicologia de tipos tão diferentes como a mãe de família e a cortesã. Foi o primeiro a anotar na literatura as sensações da gravidez. Prorrogou para as mulheres a idade do amor quando criou, aliás numa de suas obras secundárias, o tipo da mulher de trinta anos, apaixonada e ávida de viver.

A vantagem de uma edição integral de *A Comédia Humana* está em permitir o redescobrimento de obras menos conhecidas, que o brilho dos grandes romances representativos faz esquecer injustamente. Mesmo que todos se lembrem de *Eugênia Grandet* ou do *Pai Goriot*, quantos conhecerão essa joia que é *O Cura de Tours*, em que dois padres disputam o quarto e a mobília de um terceiro que acaba de morrer, ou essa pequena obra-prima que é *Uma Estreia na Vida*, onde as mesmas personagens se reencontram a muitos anos de distância numa diligência da mesma linha, ostentando todos os sinais de terrível usura da vida? Que dizer desse primor que é *Os Comediantes sem o Saberem*, em que um boêmio explica Paris ao visitante provinciano e o faz aproveitar em sua visita de alguns dias todas as delícias da capital? Quantas novelas haverá tão densas e movimentadas, como *A Mulher Abandonada*, em que uma mulher traída pelo amante não lhe aceita o retorno arrependido e com sua recusa lhe causa a morte. Como não lembrar *A Missa do*

Ateu, em que o discípulo de um grande professor de medicina incréu o vê mandar celebrar missas anualmente em sufrágio da alma de um benfeitor por saber como o morto, católico praticante, gostaria dessa demonstração de gratidão? É difícil resistir à tentação de resumir duas dúzias de obras das menos conhecidas que têm todas alto valor e oferecem motivos diferentes para a admiração.

Certos romances de Balzac tinham para o público francês da época um significado suplementar que fatalmente escapa ao leitor moderno. São os chamados romances *à clé*, como, por exemplo, *Ilusões Perdidas*, em cuja segunda parte o escritor dá uma imagem movimentada dos meios literários de Paris. Os contemporâneos facilmente reconheciam, sob os nomes forjados, personagens destacadas da vida literária. Entretanto, esses retratos de cabotinos, arrivistas e cavadores são tão verdadeiros e tão universais que mesmo a falta de chaves em nada diminui o valor da obra. (O mesmo se pode dizer de *Beatriz*, em que Balzac transpõe os amores de Georges Sand, de Franz Liszt e outros astros do horizonte artístico.) O crítico que sob pseudônimos ou anonimamente escreve três artigos sobre o mesmo livro, um para exaltá-lo, outro para desancá-lo, o terceiro para conciliar as duas opiniões, tem reaparecido desde então sob novas variantes. Os financistas que entretêm bailarinas da ópera, os tabeliões que fogem com o dinheiro dos clientes, os comerciantes que, aturdidos pelo êxito, se entregam a especulações fatais fora de seu ramo, tampouco desapareceram da circulação. Notícias periódicas dos jornais sobre a Máfia evocam de perto as sociedades secretas tão do gosto de Balzac, como o

Bando dos Dez Mil e a Sociedade dos Treze. A literatura policial encontra seu antepassado na novela *Ferragus*. Os temas tão "quentes" hoje de parapsicologia e fenômenos ocultos também têm seu lugar em *A Comédia Humana*. Em *Ursula Mirouet*, Balzac faz intervir pela primeira vez fenômenos espirituais, antes mesmo que o nome do espiritismo tenha sido inventado. O assunto do homossexualismo, se não é tratado abertamente, é diversas vezes motivo e explicação de atrações e paixões, assim em *O Pai Goriot* e *A Menina de Olhos de Ouro*. Numa centena de terrenos, Balzac foi pioneiro.

O estilo do nosso autor não é considerado como modelar pela crítica francesa, e é preciso reconhecer que ele não obedece aos cânones que erguem como ideal a frase leve, elegante e bem balanceada. As inúmeras modificações através das quais seus livros chegavam — por uma infinidade de provas tipográficas — à forma definitiva geralmente não eram correções de caráter estético, e sim acréscimos para melhor precisar ou desenvolver uma afirmação. Mas veja-se a arte com que Balzac faz cada personagem falar a sua língua, sempre em perfeita concordância com a sua situação social.

Evidentemente o nosso autor escrevia não para cunhar frases, mas para dizer coisas e lançar ideias. É incrível o número de sentenças e máximas que se podem tirar de seus livros; seus pensamentos seletos enchem uma antologia em cinco volumes. Muitas vezes citamos Balzac sem sabê-lo. Tais apotegmas mostram-no mais interessado em fenômenos gerais do que em casos individuais. A respeito da vocação do escritor, ele tinha uma concepção alta e grave, e condenava sem remissão um livro cuja única pretensão consistisse em fazer-nos passar agradavelmente algumas horas.

Houve críticos que pronunciaram julgamentos severos sobre Balzac em nome do bom gosto. Baseados nas falas de algumas personagens que ele quis apresentar como tolas, seus críticos acusaram-no, sem razão, de não ter espírito. Entretanto ele possuía um senso de humor muito operante e uma ironia sutil que frequentemente escapam ao leitor apressado.

Deixemos de lado as acusações de imoralidade. Não há grande escritor que as não tenha recebido por parte de subliteratos, embuçados e denunciantes.

A estrutura do romance balzaquiano é quase esquemáti-ca. Uma longa exposição dos antecedentes das personagens e a descrição pormenorizada dos lugares são seguidas de um desenlace quase fulminante. É possível que causas mera-mente exteriores tenham contribuído para esse resultado. Os romances saíam primeiro nos folhetins dos jornais e os diretores às vezes exigiam o fim de histórias que se arrasta-vam excessivamente. Mas ela é, ainda mais, consequência de uma concepção pessimista do mundo, em que as ações mais desinteressadas e mais nobres frequentemente desencadeiam cataclismos imprevisíveis e fatais.

Havia alguma dificuldade em conciliar essa cosmovisão com um catolicismo oficialmente exibido. Balzac saía-se da contradição afirmando que o mundo era tão cheio de perversidade e maldade que era impossível não haver outro, melhor. Mas continuava descrevendo com evidente pre-dileção os seus monstros, Vautrin, Hulot, Filipe Brideau,

Madame Marneffe — que espetava gostosamente em sua coleção como espécimes particularmente interessantes.

O romance criado por Balzac em que o escritor onisciente se esforça por criar personagens plausíveis e verossímeis reinou durante mais de cem anos na literatura europeia. Só recentemente novas correntes tentaram substituir esse tipo de composição por outro em que não há mais personagens e o autor se reduz a uma consciência pensante, muitas vezes indefinida. Parece, porém, que o público começa a cansar-se do *nouveau roman* e de suas diversas variantes. O romance de tipo balzaquiano está recuperando o seu lugar.

No momento de evocarmos o criador de um gênero tão prestigioso, caberá homenagear os seus tradutores brasileiros, vivos ou mortos, que tornaram possível aos brasileiros de hoje o acesso a esse monumento das letras, oferecendo-lhe traduções modelares. Coordenar e anotar as suas excelentes versões foi um prazer de que lhes guardarei gratidão para sempre. São eles, por ordem alfabética dos últimos sobrenomes: Carlos Drummond de Andrade, Brito Broca, Valdemar Cavalcanti, Lia Corrêa Dutra, João Henrique Chaves Lopes, Wilson Lousada, Vidal de Oliveira, Ernesto Pelanda, Mário Quintana, Elza Lima Ribeiro, Mário D. Ferreira Santos, Dorval Serrano, Gomes da Silveira.

1976

A *CORRESPONDÊNCIA* DE BALZAC

A nova edição da *Correspondência* de Balzac,[37] cujo quinto e último volume acaba de sair, deve ter custado a seu organizador, Roger Pierrot, muitos anos de trabalho, e testemunha de um conhecimento da vida e da obra do escritor só explicável por uma longa convivência aliada a uma dedicação total. Em suas 4.616 páginas compactas, contém aproximadamente 2.900 itens, dos quais 1.548 cartas de Balzac; entre essas, nada menos de 570 inéditas. Convém ainda observar que estão excluídas dos cinco volumes as cartas do romancista à Condessa Hanska — sua futura esposa —, que igualam, se não superam, em extensão, todo o resto da correspondência, e das quais o próprio Roger Pierrot está publicando uma nova edição completa[38] para alegria dos balzaquistas.

A competência e a consciência postas a serviço desta edição tornam-na modelar e exigiriam a sua análise, ainda que a correspondência abrangida não fosse de um dos

---

[37] Hade Balzac. *Correspondance. Textes réunis, classés et annotés par Roger Pierrot. Tomes I à V.* Paris: Editions Garnier, 1960-1969.

[38] H. de Balzac. *Lettres à Mme Hanska. Première édition intégrale établie sur les autographes de Balzac. Textes réunis, classés et annotés par Roger Pierrot. Tome I.* Paris: Editions du Delta.

maiores escritores do século XIX, que não somente refletiu a sua época, mas ajudou a moldá-la.

Não é a primeira vez, evidentemente, que se reproduzem as cartas de Balzac. Em vida, o autor de *A Comédia Humana* tudo fez para criar em seu redor uma atmosfera de mistério, excitando por todos os meios a curiosidade dos leitores, recorrendo para isto a diversos recursos de publicidade, muitos inéditos e alguns até certo ponto censuráveis. Pouco tempo depois de sua morte, começaram a surgir nos jornais e nas revistas espécimes da sua volumosa correspondência. A publicação anunciada desde 1851, de um grupo de cartas de amor, em *La Mode*, suscitou protestos da viúva e uma questão judiciária, decidida por um veredito salomônico: as cartas escritas por Balzac pertenciam aos destinatários, mas a sua publicação só podia ser feita mediante a autorização dos herdeiros.

Esses próprios herdeiros não hesitariam, porém, em reproduzir com fins interessados os documentos de uma vida privada cujo segredo pareciam tão ciosos de manter. A irmã de Balzac, Madame Surville, estofou de cartas o volumezinho em que oferecia ao público uma das primeiras biografias do seu ilustre irmão. A viúva, ex-Condessa Hanska, compôs com outras um livro inteiro para aumentar o número de volumes da "edição definitiva". Ambas julgavam-se com direito de operar cortes nas missivas, supressões defensáveis em certos casos em que elas mesmas apareciam sob cores pouco favoráveis, ou outras pessoas, ainda vivas, eram objeto de críticas severas, mas, já que entravam com a mão na massa, punham-se também a castigar o estilo e a praticar toda espécie de alterações inadmissíveis.

A publicação fidedigna de partes da correspondência só pôde ter início depois da morte dos parentes diretamente interessados. Cartas isoladas foram dadas à luz em diversos ensaios do Visconde Spoelberch de Lovenjoul, o primeiro grande balzaquista, a quem se deve a conservação dos papéis do escritor. Gabriel Hanotaux e Georges Vicaire, em *La Jeunesse de Balzac* (1921), reproduziram a troca de correspondência com a Dilecta, aliás Madame de Berny, a primeira amante de Honoré, cuja identidade tinham desvendado.

As *Lettres à l'Etrangère* livres da censura da destinatária, a viúva de Balzac, falecida por sua vez em 1882, começaram a ser editadas em 1899. Esta publicação, que se estendeu por quatro volumes compactos (o último dos quais saído em 1950), ainda assim não chegou ao fim; embora procurasse evitar as falhas das publicações anteriores, não foi estabelecida, pelo menos nos dois volumes iniciais, com as garantias de autenticidade desejáveis.

Marcel Bouteron, conservador da coleção de Spoelberch de Lovenjoul e digno sucessor do visconde em manter vivo o culto de Balzac, foi quem, em 1935, editou, com o devido cuidado, outra correspondência importantíssima, a do escritor com Madame Zulma Carraud (sem falar de outros grupos menores de cartas, como, por exemplo, as trocadas com a Marquesa de Castries, publicadas em 1928).

Em 1950, o professor norte-americano W. S. Hastings reproduziu a coletânea retificada e ampliada das cartas à família. A edição de 1953, cuidada por Albert Béguin e Jean A. Ducourneau, da *Obra* de Balzac, reservou um volume à *Correspondência*.

A reprodução de todo esse material, escrupulosamente colecionado, constitui apenas o início da tarefa a que Roger Pierrot se abalançou. Prosseguiu-a extraindo dos vastos arquivos da coleção Spoelberch de Lovenjoul todas as demais cartas de Balzac que escaparam à atenção de seus predecessores ou a que estes não atribuíram importância. Para evitar o que toda seleção desse tipo tinha de arbitrário, Pierrot reproduz sem exceção *todas* as cartas de Balzac; além das da coleção, as que o Visconde e seus sucessores não conseguiram incorporar a seus arquivos. Para tal fim foram vasculhadas inúmeras bibliotecas francesas, além de várias americanas, inglesas, italianas e russas, compulsadas numerosas memórias, autobiografias e biografias de contemporâneos. A pesquisa, porém, não se limitou aí.

À medida que a fama de Balzac crescia, mesmo os bilhetes mais insignificantes traçados por sua mão ganhavam, além do valor de estimação, um valor comercial, muitos deles passando a mercadorias de cotação regular no mercado internacional de manuscritos. Muitas vezes, ainda que com a referência completa da fonte, o organizador da edição em exame tem que limitar-se a citar trechos de carta reproduzidos a título de isca em catálogos de leilão. Mesmo nestes casos, podemos estar certos de que tudo fez para reencontrar o texto completo. Em certo trecho, cita pesquisas feitas na Martinica para descobrir as cartas que Balzac poderia ter escrito a um ex-colega da mocidade, Vautor Desroseaux. Noutras ocasiões, dá a notícia mais exata possível de missivas de ou a Balzac, extraviadas: da carta de agradecimentos de Stendhal a Balzac, depois do elogio consagrador à *Cartuxa de Parma*, ou as 62 cartas de Balzac a Philarète Charles, que a herdeira deste ainda possuía em 1875 e que desde então desapareceram. (O que nos leva a concluir que, apesar do cuidado inexcedível com que foi feita a presente edição, ainda poderão surgir documentos por enquanto indescobríveis. Nos dez anos passados entre a publicação do primeiro ao quinto volume, o próprio Pierrot despistou nada menos de setenta cartas, que depois acrescentou num suplemento final fora da ordem cronológica.)

Assinala também, com visível pesar, as cartas de Balzac de cuja destruição temos notícia fidedigna: as dirigidas à Madame de Berny (de que se conservaram pelo menos os rascunhos) ou as destinadas a Latouche, seu mestre, amigo e por fim inimigo.

Considerando a correspondência como um diálogo escrito, o erudito organizador publica juntamente às cartas de Balzac as de seus correspondentes que as motivaram ou que as contestam. Com um trabalho incansável, tentou e em quase todos os casos conseguiu estabelecer a identidade desses correspondentes e lhes resume os dados biográficos, sem os quais muitas vezes trechos das cartas permaneceriam obscuros. (Mais de uma vez acompanhamos a vida destes personagens além da data da morte de Balzac, descobrindo nela episódios estranhos que parecem sair da pena do romancista, como o drama familiar da Condessa Ida Bocarmé ou a morte trágica de Madame Marbouty, a *bas bleu* que acompanhou o escritor em sua viagem à Itália.) As alusões contidas nas cartas a outras personagens e acontecimentos contemporâneos são, por outro lado, esclarecidas em notas preciosas, nas quais frequentemente encontramos a reprodução de artigos de jornal, ou outros documentos referidos ou ainda cartas de terceiros que permitem uma compreensão mais perfeita.

Criteriosamente, o organizador da edição renunciou a divulgar toda a correspondência passiva conservada até hoje, da qual fazem parte as cartas de centenas de leitoras; contentou-se em reproduzir uma ou outra a título de amostra. Eliminou também as cartas comerciais endereçadas ao Balzac impressor.

Em compensação, além das cartas, inclui a *Correspondência* grande número de contratos concluídos entre o escritor e seus editores, assim como alguns outros escritos de inegável importância biográfica, como, por exemplo, as "notas sobre negócios meus", relação interminável das tarefas assinadas por Balzac à mãe septuagenária quando ela estava em véspera de partir para a Rússia.

Segundo a própria confissão do Sr. Pierrot, uma das maiores dificuldades encontradas consistiu na datação das cartas ou bilhetes sem data ou de data incompleta, tarefa executada por meio de um exame acurado do conteúdo, da letra, do papel, da tinta etc. As missivas datáveis apenas aproximadamente foram colocadas após as do respectivo ano; as que nem aproximadamente podem ser datadas foram colocadas em apêndice. Retificando mais de uma data atribuída a certas peças pelos editores anteriores, o organizador faz questão de comunicar-nos os motivos de suas conjeturas.

Além de um índice das cartas identificadas pela sobrescrita e postas em ordem cronológica, outros índices facilitam extraordinariamente a consulta, multiplicando a utilidade da obra: um, dos títulos dos livros e das personagens de Balzac citados nas cartas; outro, dos nomes de pessoas, títulos de jornais, revistas e coletâneas, personagens literárias e mitológicas que ocorrem nas cartas e nas notas; outro, dos correspondentes de Balzac, com notas biográficas e relação das cartas escritas por eles ou para eles; e, finalmente, um quadro de concordâncias com as edições anteriores. Não se esqueçam tampouco as úteis cronologias antepostas a cada grupo de cartas provenientes do mesmo ano, onde se lembram os acontecimentos principais da biografia durante o respectivo período.

Eis as características dessa edição exemplar, que satisfaz as exigências modernas mais rigorosas. A sua análise não nos parece inútil num momento em que a valorização da literatura brasileira pelo interesse universitário torna mais que provável a organização de volumes de correspondência semelhantes.

Qual é, afinal, a importância intrínseca desta vasta coleção de documentos, cuja inclusão nas obras de Balzac seria contestável? Tudo o que o escritor quis dizer de significativo, toda a sua mensagem está, com efeito, incluída em seus romances, novelas, contos, ensaios e peças; suas cartas, contrariamente às de um Voltaire, destinam-se a indivíduos, e não a um público, e, com pouquíssimas exceções, tratam de assuntos particulares.

O motivo alegado pelo erudito conservador-chefe da Biblioteca Nacional para justificar todo o esforço despendido na enorme tarefa é o fato de "a correspondência de Balzac constituir um complemento indispensável para o conhecimento do universo de *A Comédia Humana*". Afirmação esta que nenhum leitor de Balzac poderá contestar depois de percorrer os cinco alentados volumes. Por mim, posso bem aquilatar a importância do empreendimento ao verificar o sem-número de informações úteis que as cartas e os comentários que as acompanham me teriam fornecido em resposta a tantos problemas sem solução com que me defrontei ao organizar há 25 anos a edição brasileira desse poderoso conjunto de ficção, único na história da literatura mundial.

Não obstante a aversão de certos críticos modernos — representantes da tendência estruturalista — aos métodos biográficos e históricos, o interesse do público e dos próprios estudiosos pela personalidade dos grandes artistas criadores parece não ter diminuído. E ainda que os pormenores de biografia em nada nos ajudassem a compreender a obra — o que resta a provar —, eles aclarariam o segredo de uma individualidade excepcional, assunto, afinal de contas, também digno de estudo.

Do ponto de vista da história das obras, a correspondência reflete fielmente a metamorfose fulminante de Balzac, depois de longo período de hibernação, de subliterato medíocre e algo inescrupuloso em escritor genial, enaltecido pela dignidade que lhe dava a consciência do próprio valor. Do período das obras inconfessáveis, publicadas anonimamente, ficaram-lhe a lembrança das humilhações e a vontade de impor condições aos que o obrigaram a longas esperas à porta das editoras e das redações; e com uma espécie de rancor maldissimulado vemo-lo fazer a lição aos seus editores, acirrar a competição dos jornais pelos seus artigos, redigir contratos complicados eriçados de ressalvas (os dois anos de prática em cartório serviram-lhe muito para isto), que só seriam cumpridos quando ele quisesse, e que dariam ensejo a infindáveis contestações nas quais ele mergulharia com prazer indisfarçado. Que alegria para o antigo pária das letras determinar — ajudado por suas reminiscências de tipógrafo falido — a paginação de suas colaborações nas revistas, o tipo e o corpo da composição, o preço que valeria cada linha de sua lavra, o direito que se reservava de aproveitar noutras publicações a obra uma vez vendida! Nesta guerra solitária contra as fortalezas do livro e da imprensa, quanto estímulo para o lutador, movido sem dúvida pelo interesse, mas representante de toda uma classe malpreparada para a época da luta comercializada. Num momento em que um Schopenhauer ainda manifestava desprezo soberano pelos escritores que vendiam por dinheiro os frutos da sua pena, Balzac é dos primeiros a compreender que a época da literatura aristocrática e do mecenato acabara e que o romancista havia de estudar as leis da oferta e da procura para negociar a própria produção nas melhores condições possíveis.

Dentro desta perspectiva, valorizam-se os constantes esforços do nosso escritor pela criação de uma sociedade de autores de que foi presidente, assim como pela defesa dos direitos autorais. As suas incessantes reclamações em relação à *contrefaçon* belga (edições clandestinas de obras francesas na Bélgica, possibilitadas pela falta de um convênio entre os dois países) contribuíram, sem dúvida, para preparar o advento de convenção de Berna e de outras regulamentações internacionais do problema. Assim, pois, uma das imagens que se guarda dessa leitura é a de Balzac escritor profissional militante.

As centenas de cartas aos editores e aos diretores de jornal fazem menção de um conjunto impressionante de títulos referentes a obras terminadas, em elaboração, ou apenas planejadas, mas que nunca chegaram a ser escritas (ainda que negociadas e vendidas). O mesmo título às vezes designa obras diferentes; a mesma obra muda várias vezes de título; o fim de um livro é publicado anos antes do começo. A inserção das obras soltas no vasto conjunto de *A Comédia Humana*, mal compreendida pela maioria dos contemporâneos, torna ainda mais inextricável esse cipoal, no qual Roger Pierrot movimenta-se perfeitamente à vontade, facultando-nos, graças à clareza de suas notas e a disposição prática de seus índices, acompanharmos o caminho de qualquer obra do escritor desde a ideia inicial até o volume impresso e as suas reedições.

A quantidade das obras mencionadas na *Correspondência* é de estarrecer, sobretudo, quando se lhes conhece a qualidade. De 1830 a 1840, decênio extremamente fecundo, Balzac deslumbra os contemporâneos lançando três ou quatro grandes romances anualmente, ao mesmo tempo que prodigaliza as reedições (sempre reelaboradas a duras penas através de uma sucessão de provas que não acabam mais), mantendo colaboração de alto nível em todas as revistas e jornais literários, a não ser que ele próprio faça sozinho uma revista da primeira à última página, conquistando o público francês e estrangeiro, impondo silêncio às restrições e às antipatias. Tudo isto no meio de agitadíssima vida social, de aparecimentos em público, de recepções e viagens, de campanhas e polêmicas, de modo a suscitar a impressão de um prodigioso fenômeno da natureza, uma força criadora em perpétuo movimento.

Atraídas pelo surgir da sua glória, não tardam as adesões dos confrades mais ilustres. As cartas de Hugo, Nodier, George Sand, Berlioz, David, Heine, Liszt, Humboldt, Gautier mostram que os colegas de ofício foram mais clarividentes do que a crítica oficial e souberam, sem as mesquinhezas de um Sainte-Beuve, um Janin ou um Planche, levar a Balzac os estímulos de que nem o gênio mais seguro pode prescindir. Nas relações com seus pares, o Balzac chicaneiro e brigão revela seu lado de sujeito bom e cordial, de companheiro brincalhão, de espírito superior.

Certo número de cartas, escolhidas entre centenas e milhares de manifestações de admiradores (e sobretudo de admiradoras), dão ideia perfeita do impacto que a obra do romancista exerceu sobre o público. As que mais interessam são aquelas em que os protestos de admiração e as homenagens entusiásticas vêm acompanhados de alguma crítica, de reparos sobre este ou aquele pormenor, dado concreto, data ou informação. Como demonstram os esclarecimentos de Roger Pierrot, Balzac levava em conta todas essas observações, agradecendo-as, discutindo-as quando preciso, aproveitando-as na maioria dos casos em suas reedições, dando nisto prova convincente de humildade e de honestidade intelectual.

Causa espécie, entre os correspondentes, o grande número de nomes aristocráticos. Era a maior fraqueza daquele homem forte corar da sua origem e julgar que realçava o brilho do nome pelo esplendor dos salões que frequentava. As dedicatórias de tantas obras suas, ofertadas a duques, príncipes e viscondes, tiveram finalmente o efeito inesperado de salvar do esquecimento muitas dessas pálidas silhuetas de salão cuja mão o homenzinho gordo, de cabeleira desgrenhada, dentes ruins e maneiras plebeias apertava com emoção.

Um aspecto curioso da personalidade de Balzac, e que de certa maneira prova a sua ingenuidade, era a fé no trabalho de equipe e na colaboração. Sofrendo de uma pletora de ideias e sentindo que o tempo não dava para explorá-las todas, ei-lo em busca permanente de colaboradores que de um assunto apenas esboçado tirariam obras-primas do valor do *Pai Goriot* ou de *Ilusões Perdidas*, ficando para o chefe da firma literária, ele Balzac, apenas o trabalho do polimento final. Desde a irmã Laure até a Condessa Hanska, desde Jules Sandeau ao Conde Ferdinand de Grammont, multiplicou as tentativas infrutíferas para transferir a outros parte de seu imenso labor. Daí as numerosas cartas trocadas com seus muitos candidatos a colaborador e secretário, pequeno exército de satélites que servia apenas para confirmar a intransferibilidade do seu talento.

Outras cartas, muitas, referem-se à complicada situação financeira material do escritor, sempre em transes, sempre à beira do abismo, mesmo quando uma renda deveras extraordinária parecia pô-lo para sempre ao abrigo da necessidade. Mas um temperamento sequioso de luxo e de superfluidades, a mania das grandezas, uma imaginação hipertrofiada e apetites de *parvenu* anulavam todo esforço de planejamento razoável, todo começo de economia. As dívidas acumuladas no início da vida nas tentativas malogradas de editor e impressor (documentadas amplamente no volume inicial da *Correspondência*), antes que a causa real, eram um pretexto cômodo da dissipação que engolia os honorários às vezes fabulosos do escritor, as economias da família, as dos amigos, e mais de uma vez, as das amigas. Não que Balzac não fosse dotado de um senso real dos negócios (especialistas demonstraram a rentabilidade efetiva das especulações que ele próprio empreendia ou que atribuía às personagens dos romances), mas suas intuições comerciais eram neutralizadas por uma imaginativa delirante. Daí a sua estranha falta de escrúpulos e certa insensibilidade moral quanto à utilização do dinheiro alheio, agravadas pela sua crescente paixão de antiquário e colecionador.

As cartas valem também como um autorretrato de notável fidelidade, quando se sabe separar os trechos inseridos com vistas a algum fim determinado das confissões sinceras em que Honoré se desnudava para olhos amigos. Impressionantes, por exemplo, estas linhas escritas à Duquesa de

Abrantes num momento em que Balzac, autor anônimo de obras de cordel, fracassado em suas tentativas de literatura séria, é o único a crer em seu gênio (sem contar a fiel Madame de Berny, a quem a sua paixão, paradoxalmente, tornara clarividente): "Posso assegurar-lhe, minha Senhora, que, se tenho uma qualidade, é, creio, a que verá me recusarem com mais frequência, a que todos que julgam me conhecer me denegam, a energia."

Para citar alguns episódios importantes da biografia que são esclarecidos pela *Correspondência*, lembremos a sequência dos insucessos de Balzac no teatro; os pormenores de suas viagens na França e no estrangeiro, especialmente na Rússia; os obstáculos opostos pelas autoridades russas ao casamento da Condessa Hanska com um plumitivo francês; a lenda sobre uma irmã de Balzac que teria morrido como indigente num hospital; o segredo dos vários domicílios do escritor e de seus nomes falsos para fugir aos credores.

Como não podia deixar de ser, é pelas cartas que temos o maior número de informações sobre o *background* familiar de Balzac, ambiente fortemente intelectualizado, racionalista e de pouca ternura, no qual as relações às vezes tempestuosas de Madame B. F. Balzac com o seu filho mais velho ocupam o primeiro plano. Decerto a mãe do escritor, talvez por secura natural, talvez por amor excessivo ao filho caçula (adulterino, ao que parece), privara-o de carinho na infância e pecara por não lhe reconhecer o gênio bastante cedo; mas pagaria caríssimo esse crime pela velhice praticamente desamparada em que o ilustre filho, desvairado pela mania de colecionador e incapaz de refrear a paixão do fasto, a deixaria, transformando-a em governante indigente do próprio palácio, prodigando-lhe ordens de cumprimento impossível e censurando-a por falhas imaginárias. A *Correspondência* delineia também a silhueta da irmã Laure, companheira fiel da mocidade e confidente dos primeiros sonhos de glória, em seguida mediadora entre a mãe e o filho, e, no fim da vida de Balzac, envolvida no rancor que lhe inspirariam, à espera do casamento nababesco com a viúva do Conde Hanski, as suas origens plebeias. Por momentos, aparece também o irmão caçula, Henry *"le trop aimé"*, a ovelha negra da família, provável inspirador de várias criaturas da galeria balzaquiana.

A aridez do ambiente familiar explica em parte o papel preponderante das amizades femininas na existência de Balzac, amplamente testemunhado pela *Correspondência*. As cartas de amor ardentes da Dilecta, aliás Madame de Berny, primeira amante ideal, musa e egéria, e também primeira comandatária do escritor; os bilhetes da Duquesa de Abrantes, introdutora no mundo literário de Paris, amante e confrade; o duelo epistolar com a Marquesa, depois Duquesa de Castries, que reunia condições para satisfazer a um tempo a sede de amor e o esnobismo do romancista, mas preferiu mantê-lo a distância respeitosa; a troca de confidências platônicas com a misteriosa Louise; os raros documentos escritos da longa e apaixonada ligação com a Condessa Guidoboni Visconti; as cartas trocadas com Hélène de Valette, outra amante e financiadora; o longo e ininterrupto intercâmbio, ao qual nem a paixão avassaladora pela

Estrangeira pôde pôr fim, com a amiga espiritual e "consciência literária" Zulma Carraud; os vestígios da *toquade* pela Condessa Maffei, da *passade* com a Sra. de Marbouty... podem ser considerados e lidos como outras tantas fases do laborioso aprendizado da psicologia feminina, de que Balzac seria um dos grandes entendidos em literatura.

Mas sua paixão principal a mais demorada, a mais romanesca e a mais fatal, a que o prendeu à Condessa Hanska — primeiro correspondente misteriosa, depois amante clandestina, em seguida noiva por longos anos e, após o matrimônio concluído no meio de tantas vicissitudes, enfermeira por poucos meses trágicos —, esta só figura na coletânea com a sua primeira carta, a imensa correspondência que ela recebeu de Balzac estando reservada, como já dissemos, a outra obra, dirigida também pelo Sr. Pierrot e em vias de publicação. O organizador deixou influenciar-se pela tradição que durante meio século separara as cartas à Estrangeira de todas as demais. Entretanto, argumentos válidos poderiam ter aconselhado a reunião de todo o acervo epistolar numa obra só. As cartas a Mme Hanska tomavam importância crescente na vida de Balzac: sobretudo depois da morte do Conde Hanski, de simples trocas de juras de amor e de novidades transformavam-se em volumosos diários com prejuízo de todas as demais atividades, inclusive a literatura, assim como a correspondência com terceiros. Tal como está, em seus cinco volumes iniciais, a *Correspondência*, desfalcada das cartas à Condessa, fica desequilibrada: espelho de toda a vida do escritor nos volumes iniciais, espécie de jornal indireto, reduz-se aos poucos a um registro algo monótono de participações em acontecimentos da vida social, contratos de edição e instruções a tipografias.

Por sua vez, o epistolário unilateral conhecido como *Cartas à Estrangeira* (as cartas dela foram queimadas por Balzac depois que as resgatara de uma governante desleal), se lido sem quaisquer complementos e corretivos, pode dar imagem bastante irreal da vida do missivista, isto é, aquela mesma que Balzac desejava inculcar à longínqua correspondente de quem esperava a solução milagrosa de todos os seus problemas. Nesses documentos de estratégia casamenteira, o escritor se apresenta como eremita exclusivamente dedicado à labuta, alheio a todas as seduções da vida parisiense, cego para os encantos das damas da alta sociedade; entretanto, os bilhetes que, na *Correspondência*, trazem as mesmas datas, mostram-no frequentador assíduo dos salões, a tecer às vezes várias intrigas amorosas ao mesmo tempo. As explicações sempre recomeçadas para a Condessa sobre a liquidação próxima das dívidas e uma época de completa prosperidade — era preciso comovê-la e fazer-lhe sentir a urgência do casamento, sem assustá-la pelo quadro demasiadamente exato de um lar à beira da falência — contrastam com os pedidos de adiantamento e de empréstimos, os contratos inexequíveis aceitos para resolver apertos momentâneos.

No período final, a mania das compras suntuosas "para o palacete da Condessa", aliada à tentativa de apresentá-las como investimentos vantajosos, e o tom de adoração quase mística que acabou por enganar ao próprio epistológrafo sobre os motivos de seus planos de enlace formam um contraste patético com o tom seco das instruções à mãe e as reprimendas constantes a esta última e à irmã, e confirmam o quadro patológico pintado pelos biógrafos daquele que em seus últimos anos se transmudara em sua própria personagem, um dos monômanos monstruosos de *A Comédia Humana*. Somente a junção das duas correspondências permite entrever toda a profundeza trágica do conflito que roía as entranhas de Balzac, o qual, na iminência de se tornar "o primo do Sol e o genro da Lua", esquece as limitações da própria saúde, definitivamente comprometida, e a menos de seis meses da morte se ilude a ponto de escrever à fiel Zulma Carraud: "Esta união é, creio eu, a recompensa que Deus me reservava em troca de tantas adversidades, tantos anos de trabalho, de dificuldades enfrentadas e superadas. Não tive nem mocidade feliz, nem primavera florida; terei o verão mais brilhante, o mais doce de todos os outonos."

A essas ressalvas o organizador da *Correspondência* poderá responder que, de qualquer maneira, os leitores desta e das *Cartas à Estrangeira* não serão, em sua maioria, leitores comuns, e sim fãs de Balzac, balzaquistas, balzacófilos e balzacólogos, que já conhecem de sobra a vida de seu ídolo para saberem colocar cada carta dentro do respectivo contexto biográfico e cronológico. Fosse como fosse, não o censuraremos por ter escolhido uma de duas soluções igualmente defensáveis, respeitando-lhe a decisão talvez inspirada também em motivos de técnica editorial.

A correspondência de Balzac é importantíssima para a literatura sem ser uma coletânea de textos literários. Flaubert — ele próprio autor de centenas de cartas, na realidade ensaios disfarçados — achava-a irritante em seu egocentrismo, com aquela eterna contabilidade das dívidas a pagar, das noites não dormidas e dos volumes publicados e a publicar. Mas nisto mesmo consiste a sua espontaneidade, a sua sinceridade, numa palavra o seu caráter de confissão não disfarçada. *"A Correspondência* de Balzac" — observa com razão Roger Pierrot — "é essencialmente um documento sobre um homem que trabalha, mas como esse homem que trabalha era um dos maiores romancistas de todos os tempos, por isso mesmo adquire um valor inestimável"

1969

B/B/B OU
BALZAC PRETEXTO E TEXTO

Um dos livros de maior repercussão publicados ultimamente sobre uma parcela desse gigantesco ciclo épico, que é *A Comédia Humana* de Balzac, é *S/Z*,[39] de Roland Barthes. Mas pode-se falar, no caso, de crítica balzaquiana? Sem dúvida o volume contém um vasto comentário à margem de *Sarrasine*, obra menor incluída em *A Comédia Humana*. Mas são glosas tão dispersivas, com tantas aberturas para o exame de aspectos gerais do fato literário, tantas inovações metodológicas, conclusões tão pessoais e mais de uma vez tão arbitrárias que é preferível classificar o trabalho entre os tratados de teoria literária.

Sarrasine, depois de uma primeira publicação em revista, saiu três vezes seguidas em *Contos e Romances Filosóficos* (1831, 1832 e 1833), depois entrou em *Cenas da Vida Parisiense* (1835) e permaneceu definitivamente nesse grupo, uma das partes da *Comédia Humana* a partir de 1842, em vez de ser integrado noutra parte que, naquela altura, já trazia o título de *Estudos Filosóficos*.

---

[39] Roland Barthes. *S/Z, Essai*, Collection "Tel Quel". Paris: Editions du Seuil, 1970.

Devido a vários de seus elementos constituintes — a atmosfera fantástica; o mistério da criação artística, como um dos motivos; a época, anterior ao século XIX; a presença de uma personalidade patológica — a novela estaria com bem mais propriedade neste último grupo ao lado de narrativas como *Gambara*, *Massimila Doni* e *A Obra-Prima Desconhecida*. É possível que a sua transferência para as *Cenas da Vida Parisiense* fosse devida a simples razões comerciais (o autor precisou completar um dos quatro volumes da coletânea), ou então à importância que Balzac pôde ter atribuído à "moldura", uma segunda história que ligava à vida da Paris contemporânea a trágica aventura de Sarrasine.

Um escultor genial

Este é um escultor genial, vencedor de um prêmio que lhe permite ir estudar em Roma. Mas pouco tempo depois de sua chegada à Cidade Eterna é vitimado por incidente fatal: apaixona-se por Zambinella, vedeta festejada do canto lírico, em quem admira a encarnação da beleza perfeita, sem perceber que se trata de um castrado. O ambiente de artistas que rodeia o eunuco aproveita-se do engano do artista francês para divertir-se à sua custa e deixa que ele rapte Zambinella. Porém o Cardeal Cicognara, protetor do cantor (ou da cantora), leva o rival a sério e manda liquidá-lo por seus capangas.

Essa história romântica (baseada, ao que parece, num capítulo das memórias do Casanova) é ligada de maneira bastante plausível ao mundo dos salões parisienses. Num luxuoso sarau da família Lanty, a que comparece toda Paris, entrevê-se um ancião misterioso, espécie de múmia rodeada do carinho de todos os Lanty. O relato do narrador à Marquesa de Rochefide revela-nos ser aquela criatura estranha nada menos que Zambinella, causa da morte de Sarrasine e origem da riqueza fabulosa dos anfitriões. O narrador espera, em troca da narrativa, os favores da marquesa, esta, porém, retira-se horrorizada; e assim o seu apaixonado ter-lhe-á revelado de graça aquele segredo assustador.

Os dois episódios parecem perfeitamente soldados. Há, porém, um elemento perturbador. Quem é o narrador? Não tem nome; é o *je* que conta. É de presumir, pois, que seja uma das duas a três mil personagens de *A Comédia Humana*, que portanto "existe" ao mesmo nível que a Marquesa de Rochefide (personagem também de outras novelas e romances). Mas a história de Sarrasine não é narrada por uma pessoa da sociedade, que só a poderia conhecer por fora, e sim por alguém onisciente, que sabe tudo o que só Sarrasine poderia saber, inclusive o diálogo deste e de Zambinella, que não teve testemunhas e foi cortado pela morte violenta do escultor. Esse alguém iniciado só poderia ser o romancista, que, porém, em todo o resto do ciclo, está num plano ontológico diverso do das personagens. A indefinibilidade do narrador incomoda o leitor, cuja perplexidade aumenta pelo fato de o caso do Sarrasine não ser contado diretamente a ele, e sim à marquesa; o que nos é servido pelo narrador é o diálogo entre este e a marquesa.

Uma presença obsessiva

Barthes não dá atenção a esse elemento de perplexidade, mas afirma que o núcleo da novela não é a história de Sarrasine, e sim a do narrador e da frustração deste. Apoiado num ensaio de Jean Reboult, *Sarrasine ou la Castration Personnifiée*, sustenta que os dois episódios são unidos pelo motivo da castração, e, com engenhosidade impressionante, procura demonstrar a presença obsessiva desse motivo. Depois de encarar por um instante uma estruturação da novela "em termos fálicos" (*sic*), rejeita a hipótese para admitir como campo simbólico a castração, que oporia de uma a outra extremidade da narrativa "o ativo e o passivo, isto é, o castrante e o castrado". O proairetismo (a sequência das ações) torna-se ele próprio "um instrumento castrador como outras tantas facas (as facas do assíndeto)" (*sic*). Outro instrumento castrador seria a letra Z, "foneticamente fustigante à maneira de um látego castigador" (*sic*), e o fato de ela *não aparecer* (o destaque é meu) no nome de Sarrasine, onde o esperaríamos, seria um terceiro. Essa hipótese deve ter pesado especialmente no espírito do comentarista que dela tirou o título do seu ensaio.

A roupagem do rei

Quem terá a coragem de dizer que o rei está vestido demasiadamente, em se tratando de Roland Barthes? Do mesmo Barthes cujas especulações sobre o fenômeno literário trazem resultados tão tentadores, mesmo dentro deste ensaio. Mostra com agudeza, por exemplo, que o realismo de Balzac, acumulador de reminiscências livrescas, copia não o real, mas uma cópia do real, e procura autenticar as fatias de vida reproduzidas buscando-lhes modelos já fixados pelas artes. Ou relaciona, com agudeza não menor, os "morfemas dilatórios", isto é, os recursos com que o narrador retarda a identificação de uma personagem: o ancião fantasmagórico.

O comentário de Barthes, segundo ele próprio, não visa a tornar o texto inteligível — inteligível ele já o era —, mas amontoa ideias que a respeito desse lhe sugere a sua própria cultura, "apoiando-se no que se está pensando em redor dele", para assim contribuir à análise estrutural da narrativa, à ciência do texto. Para isso dividiu o conto de 30 páginas em 561 *lexias* (unidades de leitura) delimitadas com arbitrariedade total. Dentro de cada uma delas, examina por que meios se suscita a expectativa, se atribui às palavras um valor conotativo, se lhes dá carga simbólica, se as insere num conjunto de referências culturais, se as utiliza para registro de ações. Em terminologia barthiana, isto equivale a detectar elementos de cinco "códigos" principais: o hermenêutico, o sêmico, o simbólico, o cultural e o proairético. Mas ao longo dos comentários encontramos ainda referências a outros códigos: gnômico, proverbial, sapiencial (os três não seriam a mesma coisa?), psicológico, artístico, cristão, psicanalítico, trivial, retórico, patético, das lágrimas, irônico, poético...

Uma orgia terminológica

Assim, pois, a atomização do texto dissecado é acompanhada de verdadeira orgia terminológica. Termos são pedidos emprestados à retórica antiga, à linguagem científica, ao grego antigo em geral, ou formados por analogia; ao lado de *sème, morphème* e *enthyème*, temos *termimème* e *hermeneutème; aphanisis, endoxa, érethisme, proairétisme* (com toda a sua família: *proairétique, proairétime, proairésis), idiolecte, asymbolie, sémiurgie; protatique, diégétique, phrastique, aléthique, lexéographique; hapax; thématiser, euphoriser.* Isto sem falar em palavras francesas de formação neológica, como *translater, désoriginer, connoter, prédiquer, modalisation, craintivité, empirie, indécidabilité, végétabilité, affinitaire, définitionnel,* de sentido conjeturável ou não, além de *in-différence, dé-peindre, im-pertinent* — sem falar de palavras comuns, mas empregadas em sentidos inéditos, como *lisible,* que deve ser entendido não simplesmente como "legível", mas como o oposto de *scriptible,* isto é, daquilo que ainda pode ser escrito hoje, depois de renovação da literatura (ou da crítica?). Toda essa opulência vocabular — que às vezes, como, por exemplo, na redação de sequências narrativas, um dos anexos do livro, parece paliar o óbvio — faz do estudo um *puzzle* excitante, mas não desviará a atenção do texto/pretexto?

Dito sobre Sarrasine todo o possível, o plausível e o associável, nada está ainda definitivo, pois o estudo pretende contribuir, precisamente, para a pluralização da crítica. E talvez, devido à atração da novidade (e também do escabroso do assunto), daqui em diante *Sarrasine* seja mais lido do que *O Pai Goriot* ou *O Primo Pons,* e Barthes mais do que Balzac.

Mas talvez, por enquanto, os balzaquistas prefiram estudos como *Balzac e O Mal do Século, Contribuição a uma Fisiologia do Mundo Moderno,*[40] de Pierre Barbéris, a tentativa mais nova de acompanhar a evolução intelectual de Balzac até a idade de 34 anos em duas mil páginas maciças, número não muito inferior ao das que o escritor escreveu até 1833.

O Prof. Barbéris, "leitor penetrado de Balzac", de quem leu não apenas toda a obra publicada, mas todos os inéditos, rascunhos e variantes, conhece também a fundo a literatura da época, não só a grande que se perpetuou, mas também a pequena, os *best-sellers* do momento, hoje esquecidos, os artigos das revistas e as notas dos jornais, e ainda toda a pesquisa histórica, sociológica e econômica relativa à época do romantismo. O seu ensaio define multiplamente o romantismo e "o mal do século" e tenta situar Balzac em face de um e de outro. De orientação marxista, adota a distinção operada por Lukács entre romantismo revolucionário e realismo crítico e, em suma, corrobora e ilustra o famoso trecho de uma carta de Engels a *Miss* Harkness: "Aprendi mais em Balzac do que em todos os livros dos historiadores, economistas e estatísticos profissionais da época tomados em conjunto." O leitor não marxista divergirá do autor em sua visão do mundo, mas reconhecerá a importância da obra, que está menos na novidade de suas teses do que na riqueza de seus resultados de detalhe e na inserção da obra balzaquiana no contexto da época romântica.

---

[40] *Balzac et le Mal du Siècle. Contribution à une Physiologie du Monde Moderne.* Vols. I-II. Bibliothèque des Idées. Pierre Barbéris. Paris: Gallimard, 1970.

A tese do milagre

Até agora, a crítica balzaquiana adotava quase unanimemente a tese do milagre: um *estouro* que se teria operado em Balzac, pouco antes do seu trigésimo ano, transformara o autor irresponsável e mercenário das obras da mocidade publicadas sob pseudônimo no historiador imparcial e perfeito de sua época. Embora aquelas *porcarias* literárias já tivessem sido estudadas mais de uma vez exaustivamente, ninguém se deu ainda ao trabalho de comparar-lhes os manuscritos à edição impressa, e esta a uma reedição publicada no auge da glória do autor (que reconheceu como suas, através de evasivas cautelosas, as obras de Horace de Saint-Aubin). Graças a esse cotejo, verifica-se que as obras pseudônimas, consideradas até agora como meras elucubrações mercantis, romances de cordel sem qualquer base fatual, traziam uma dose enorme da experiência vivida de Balzac, em particular de sua história familiar. Submetidas a uma autocensura compreensível quando da impressão, e a outra operação semelhante no momento da reimpressão, ainda assim revelam um escritor atento desde cedo aos dramas íntimos no seio das famílias, ao papel decisivo do dinheiro nas relações sociais, às modificações causadas pela série de revoluções a que assistiram a geração de Balzac e a anterior. Em vez de milagre, houve, pois, maturação íntima.

Destaca-se nítida das novas pesquisas a figura do pai de Balzac, até agora vista apenas como funcionário bajulador e grafômano esquisito. Pierre Barbéris leu todo o *fatras* impresso sob o nome de Bernard-François Balzac e encontrou nele muitas ideias racionais que reapareceriam nas obras do filho. Reexamina as relações tão discutidas de Balzac com a mãe, cuja personalidade reaparece em tantas mulheres dominadoras e esterilizadoras da *Comédia Humana*. Descobre nas obras da mocidade os germes de todas as ideias diretrizes das obras-primas da maturidade. Concilia o realismo e a religiosidade de Balzac (que se costumava explicar por uma cisão íntima). Mostra no romancista, cuja trajetória vai da esquerda para a direita, um observador sempre preocupado com os problemas reais da época, impossível de se enquadrar em qualquer partido e capaz de manter em seus livros a imparcialidade do juiz. O primeiro volume leva-nos até a publicação de *O Último Chouan*, primeira obra a ser acolhida na *Comédia Humana*: o segundo volume estende a investigação até 1833, consagrando amplas considerações a *Pele de Onagro*, a *Luís Lambert* e *Médico Rural*. Acrescentam-se dois outros livros, *O Mundo de Balzac*[41] e *Mitos Balzacianos*,[42] de recentíssima publicação, cada um dos mais mereceria um estudo à parte, e que fazem da investigação de Pierre Barbéris um documento sem precedentes, que doravante nenhum estudioso de Balzac pode ignorar.

1972

---

[41] Pierre Barbéris. *Le Monde de Balzac*. Paris: Arthaud, 1972.
[42] Pierre Barbéris. *Mythes Balzaciens*. Etudes Romantiques. Paris: Armand Colin, 1972.

CLAUDE TILLIER REDIVIVO

Quem não gosta de redescobrir para si algum livro esquecido, de ir buscar no desterro das prateleiras um autor degredado? Não me refiro aos ruidosos processos de revisão de onde escritores completamente ignorados pelos contemporâneos saem com auréola de profetas e de renovadores. Quanto mais injusta a omissão, tanto mais retumbante a reparação: à conspiração do silêncio que envolve a obra de um Stendhal ou de um Kafka enquanto vivos, o arrependimento dos pósteros faz suceder um culto vizinho da idolatria.

Talvez sejam piores as injustiças miúdas, os casos de literatos que, sem desaparecerem de vez, sobrevivem caladinhos num canto obscuro dos manuais, reduzidos à esmola de duas datas e de um epíteto parcimonioso.

Um desses mortos despretensiosos aparentemente satisfeitos com sua linha e meia de imortalidade é Claude Tillier. Sem querer impor-se pelo remorso, aguarda paciente que as escassas reedições de *Mon Oncle Benjamin* lhe tragam de lustro em lustro o seu punhado de leitores para depois compensá-los com a sua deleitosa companhia.

Há alguns anos, a leitura desse romance, que todos conhecem pelo título, mas ninguém leu, entusiasmou-me. Assinalei-o à atenção do editor e amigo Ênio Silveira, que o mandou traduzir pelo saudoso Osório Borba, responsá-vel pela versão excelente de várias obras francesas; e é essa tradução que vai ser divulgada agora na popular coleção dos livros de bolso.

Como tantas outras pessoas, passei frequentemente pelo volumezinho sem abri-lo, talvez porque o tomava, devido ao título, por um livro de crianças; a leitura fortuita de duas páginas dissipou o erro e abriu o apetite.

Desde então não esqueci o protagonista, médico de aldeia beberrão e filosofante, cujas aventuras são relatadas pelo sobrinho-neto. Aventuras algo ingênuas que não pas-sam de pileques, regabofes e patuscadas, ou de umas peças inocentes pregadas a amigos e inimigos. Esse tio Benjamim, porém, não guarda por muito tempo um ar de paspalhão naquele ambiente rústico de beócios: aos poucos se revela porta-voz do autor, cujas ideias de racionalista liberal pro-clama com muito bom senso sem pautar por elas, aliás, um comportamento não raro desarrazoado. Nem por isso deixa de safar-se dos piores apertos, e, seguro da nossa simpatia, vai humilhando credores, fanfarrões e tiranetes, à maneira de seus famosos antepassados Gargântua, Till Eulenspiegel e Pedro Malazarte, personagens simbólicas por meio das quais o povo gosta de se desforrar das truculências que lhe cabe suportar. É, pois, uma dessas "figuras de compensação" a quem tudo sai bem, por mais que se procurem meter em maus lençóis.

Tão divertidas são as vicissitudes do tio Benjamim, que só ao terminar a leitura da obra lhe percebemos as demais qualidades: ironia gostosa, crítica social percuciente, ora direita, ora velada, estilo genuíno, límpido, que evoca, a um tempo, Voltaire e Paul-Louis Courrier.

A novidade de Tillier, comparada a modelos tão difíceis de ser igualados, consiste na facilidade com que se entrega à fantasia, à improvisação, a divagações aparentemente caprichosas e desconexas. Acompanhemo-lo durante algumas linhas:

"Entretanto meu pai, o mais velho de seis irmãos, era o mais bonito e o menos mal-equipado, talvez porque meu tio Benjamim lhe passara as calças usadas, às quais, para transformá-las em calções para Gaspar, pouco se lhes devia mudar, e frequentemente não se mudava nada. Pela proteção do primo Guillaumot, sacristão, ele fora promovido à dignidade de coroinha e, digo-o com orgulho, era um dos melhores da diocese; se tivesse persistido na carreira que o primo lhe abrira, em vez do lindo tenente de bombeiros que é hoje, teria dado um belíssimo padre. Verdade é que, nesse caso, eu continuaria a dormir no nada, como diz esse bom Sr. de Lamartine, que chega às vezes a dormir ele próprio, mas o sono é coisa excelente, e, por outro lado, viver para ser redator de um jornal da província e antagonista da repartição de espírito público valerá mesmo a pena de viver?"

E assim por diante, num tagarelar sinuoso e sincopado, que nos bons ouvidos evocará um Laurence Sterne e, mais perto de casa, o nosso Machado de Assis.

Um saboroso espécime desse jeito labiríntico, desse proceder por solavancos contínuos, encontra-se no último capítulo — machadiano *avant la Lettre* —, em que o Dr. Minxit, sentindo-se morrer, convida os amigos para um banquete e encarrega Benjamim de pronunciar-lhe, por antecipação, o sermão fúnebre. Assistindo ao próprio necrológio, discute-lhe os exageros, apara-lhes as mentiras convencionais, corta-lhes o fraseado campanudo, até que o sermão proveniente dessa estranha colaboração do pranteado com o pranteador resulte num monumento de bom senso e de medida.

Fazem parte ainda da tradição sterniana os nomes próprios das personagens, comicamente expressivos, tais como Machecourt, Minxit, Du Pont Cassé, De Cambyse, Parlanta Fata, Bonteint, Dulciter, Castoreum.

Porém — e nisso Tillier difere da maioria de seus parentes espirituais — ele não se entrega por inteiro ao prazer de estilizar e sempre mantém o leitor em certo estado de tensão. Lendo Voltaire ou Sterne, nem por um instante sequer ficamos sob a ilusão da ficção; o que nos diverte são os chistes, as caretas e as contorções de quem conta; mas a página de Tillier comove-nos, e acabamos arrastados pelo ritmo da sua narrativa.

A obra do nosso autor é reduzida. Além do *Meu Tio Benjamim*, limita-se, praticamente, a outro romance humorístico, *Belle-Plante et Cornélius*, vida paralela de dois irmãos, um ignorante e espertalhão, outro desajeitado e idealista, e a alguns panfletos.

Quanto à sua biografia, cabe em reduzido espaço. Nascido em Clamecy em 1801, filho de serralheiro, passou a vida inteira na pobreza. Depois de funcionar como inspetor em colégios de Soissons e de Paris, serviu seis anos no exército, tomando parte, mau grado seu, na Expedição da Espanha.

Voltando à vida civil, estabeleceu-se na cidade natal, casou-se, teve quatro filhos, abriu uma escola e começou a mandar colaborações para um jornal da oposição — o que fez com que, boicotado, perdesse todos os alunos. Teve de transferir-se para Nevers, onde se tornou redator-chefe do mesmo jornal, continuando a doutrinação liberal e anticlerical até a morte, em 1843. A fraca saúde (morreu tísico), o espírito altivo e indisciplinado, a pobreza heroicamente suportada amarguram-lhe a vida, sem desanimá-lo. Esse precursor de Jérôme Coignard e do Sr. Bergeret era o primeiro a rir-se das próprias dificuldades:

"Nós outros, os Tillier, somos dessa madeira dura e nodosa de que são feitos os pobres. Meus avós eram pobres, meus pais eram pobres, eu mesmo sou pobre; não convém que meus filhos quebrem a tradição."

Os que tiveram a sorte de conhecer o escritor Osório Borba hão de achar comigo que Claude Tillier não teria escolhido outro tradutor.

1963

SÃO LENDAS AS *SETE LENDAS* DE GOTTFRIED KELLER?

Equilíbrio e serenidade: eis as noções que o nome de Gottfried Keller evoca ao leitor de hoje. Qualidades preponderantes, fruto de evolução longa e penosa, de um amadurecimento de dolorosa lentidão. Os obstáculos não eram os de fora, como é geralmente o caso; pelo contrário, o ambiente, em vez de hostil, mostrara-se-lhe simpático; todas as inibições eram íntimas, e por um triz não estrangularam o talento de Keller, arisco, esquivo, necessitado de contínuos estímulos.

Filho de um torneiro de Zurique, Gottfried, nascido em 1819, de família protestante, perdeu o pai quando tinha apenas cinco anos. Embora a morte do esposo não a tivesse deixado ao desamparo, a viúva, mulher enérgica e cordata, teve dificuldades em criar o filho, menino de temperamento estranho, que ora se encaramujava, ora se manifestava em rompantes. Na série de crises que ele haveria de atravessar — e que principiou com a sua expulsão da escola técnica, em 1834 —, ela teve de animá-lo e sustentá-lo constantemente; não fosse ela, o adolescente soçobraria em suas dúvidas antes de encontrar o caminho certo. À custa de sacrifícios, deixou-o seguir os seus pendores e tentar a pintura, primeiro pagando-lhe mestres na sua cidade natal e depois fazendo-o estudar em Munique. Daí Gottfried voltou em 1841, esfarrapado e abatido, descrente do próprio talento e mandando a pintura às favas. Passou vários anos na casa materna sem escolher outra carreira, a sonhar e a fazer anotações num diário, a alimentar uma paixão infeliz — a primeira de uma longa série de amores malogrados —, até que em 1846 a efervescência da vida política e a influência de leituras o levam a escrever e a publicar um volume de versos de espírito liberal.

Os poemas despertaram o interesse de alguns críticos e valeram ao poeta uma bolsa de estudos na Universidade de Heidelberg, que então contava entre seus professores Ludwig Feuerbach, discípulo de Hegel e autor de *A Substância do Cristianismo*, obra em que é negada a origem divina da religião e os dogmas são submetidos à impiedosa análise. Suas preleções tiveram para Keller um sentido libertador: o ateísmo positivista do mestre fez com que o Universo lhe parecesse "infinitamente mais belo e profundo, a vida, mais preciosa e íntima, a morte, mais séria". Sonha fazer-se dramaturgo para pregar o evangelho do materialismo e transfere-se para Berlim, a fim de estudar o teatro alemão.

A essa altura, a bolsa já tinha acabado, e os cinco anos de permanência em Berlim decorreram no meio de grandes privações. Mal sustentado pela renda de alguns artigos de revistas e pelos adiantamentos de seu futuro editor, Keller conseguiu, entretanto, terminar e publicar no fim desse período o primeiro volume de *Gente de Seldwyla*, novelas, e *Henrique, o Verde*, romance autobiográfico em quatro volumes. Outra volta a Zurique, à casa da velha mãe; outro período de hibernação. O escritor, a quem seu romance deu fama, pondo-o em contato com alguns dos representantes mais ilustres da literatura alemã — como Ferdinand Freiligrath, Theodor Storm, Paul Heyse — com quem se carteia, ainda está sem rumo certo na vida; mais que quadragenário, sem ofício nem benefício, e, o que é pior, a fonte da sua inspiração parece estagnada.

É quando alguns amigos, providencialmente, lhe obtêm o cargo de "primeiro-escrevente estadual", espécie de chanceler da República de Zurique; exercê-lo-ia de 1861 a 1875 com dedicação modelar, a ponto de deixar a literatura quase inteiramente de lado. (Em toda essa fase, apenas publicou o segundo volume de *Gente de Seldwyla* e ultimou as *Sete Lendas*, iniciadas e quase acabadas durante o período berlinense.)

O emprego estável deu-lhe finalmente a procurada segurança, ainda em tempo para que a mãe (que morreu em 1864) pudesse regozijar-se, alguns anos, com a prosperidade do filho. Aposentado, atirou-se com sofreguidão à atividade literária. Depois de publicar as *Novelas Zuriquenses*, retomou o seu romance autobiográfico, para alterar-lhe a forma e o desfecho. (Na primeira variante, escrita parcialmente na terceira pessoa, Henrique Lee suicidava-se por ter causado, com a sua inércia e irresolução, a morte da mãe; na segunda, toda ela escrita na primeira pessoa, sobrevive.) Reuniu também as suas poesias e escreveu a coletânea *O Epigrama*, em cujas novelas vinha meditando havia 25 anos.

Agora estava em pleno período criador, admirado e aplaudido, garantidas as condições materiais de existência. Apenas o tempo passara: chegaram os achaques da velhice, as doenças, a morte da irmã querida, com quem o solteirão vivia. Saiu ainda o primeiro volume do romance *Martin Salander*, crítica um tanto acerba das condições políticas e sociais da Suíça de sua época, no qual o velho escritor contemplava com amargura a decadência dos costumes de antigamente, embora sem perder a confiança no futuro da democracia e do seu país; mas não sobrou tempo para a segunda parte, nem Keller conseguiu dar forma aos projetos de drama que vinha alimentando desde a mocidade.

Esquivando-se às homenagens comemorativas do seu septuagésimo aniversário, o maior escritor da Suíça morreu pouco depois, em 1890.

Embora *Henrique, o Verde* seja considerado como um dos maiores romances da língua alemã, o que nos interessa aqui[43] são as novelas e os contos de Keller, que lhe valeram o apelido, num soneto de Paul Heyse, de "o Shakespeare da novela".

Como se viu no esboço autobiográfico, tais narrativas são reunidas em quatro coletâneas: *Gente de Seldwyla*, *Novelas Zuriquenses*, *O Epigrama* e *Sete Lendas*. Apesar de certo ar de família, as quatro coleções são bastante diferentes e abrangem muitas variantes do gênero.

---

[43] Esse trabalho foi publicado originariamente como prefácio da tradução de *Sete Lendas*, de autoria de Paulo Rónai e Aurélio Buarque de Holanda Ferreira. Rio de Janeiro: Civilização Brasileira, 1961.

Todas as novelas da primeira se referem aos habitantes de uma cidadezinha imaginária da Suíça, ensolarada, indolente e feliz, escondida entre altas montanhas, fora dos caminhos do mundo, e que nunca chegará a ser nada nem tem ambições maiores. Os moradores dessa venturosa cidade — nos quais o novelista quis encarnar as qualidades e os defeitos de seu povo — são todos pobres, envelhecem após uma vida frívola e agradável ou atiram-se à aventura, para só voltarem à sua terra esgotados e imprestáveis. É nessa cidade que se desenvolvem os casos dramáticos ou cômicos relatados pelo autor com discreta compaixão ou fina ironia; assim, a história de "Romeu e Julieta na Aldeia", dois namorados compelidos, pela oposição das famílias à sua união, a suicidarem-se juntos, após um dia feliz; ou a intitulada "O Traje Faz o Homem", em que, mercê de suas vestes elegantes, um alfaiatezinho é tomado por conde, banqueteado e festejado, e ainda por cima encontra a felicidade e a riqueza; ou, ainda, a deliciosa fantasia "Espelho, o Gatinho", história de um pacto entre o feiticeiro oficial de Seldwyla e um gato, e no fim da qual este leva a melhor.

Noutras novelas do volume, Keller entreteceu episódios da própria vida, retratando a si mesmo em "Pancrácio, o Amuado", o eterno descontente, que torna difícil a vida de todos os seus, parte para a África em busca de aventuras e volta ajuizado ao cabo de muitos anos, e à mãe em "A Sr.ª Regel Amraim", tipo da mãe de família suíça, ponderada e boa educadora.

Embora uma vez que outra venham a ser reeditadas isoladamente, as novelas dessa coletânea são ligadas pelo ambiente comum e por uma indefinível atmosfera poética, uma mistura de romantismo e realismo, e também de gravidade e gracejo, como não se encontram noutro autor.

As *Novelas Zuriquenses* constituem, por sua vez, outro grupo fechado, pois todas se ligam a episódios da história política e cultural da cidade de Keller. Para tornar-lhes maior a coesão, o autor colocou parte deles dentro de uma narrativa desenrolada na sua época. O protagonista dessa novela, filho de ricos burgueses, quer tornar-se um original a todo o transe; o padrinho, tipo do velho suíço ponderado, mostra-lhe, por meio de três histórias, o que é a verdadeira originalidade e como o desejo de se distinguir de qualquer maneira pode levar ao infortúnio. Talvez por efeito da intenção pedagógica (frequente nos patrícios de Pestalozzi), do excesso de pormenores locais, do caráter demasiadamente suíço, do ritmo arrastado da narração, essa obra atrai menos o leitor estrangeiro do que as outras, dando a impressão de que nela houve um rompimento do equilíbrio dos diversos ingredientes, em prejuízo da leveza e da graça.

Nas novelas do terceiro volume, *O Epigrama*, acentua-se ainda mais a intenção unificadora do escritor. À primeira vista, é-nos contada a história de um jovem cientista que, farto de estudar, se põe em busca de uma companheira. Assistimos às vicissitudes da procura, até que o jovem Reinhart encontra a linda e espirituosa Lúcia, de quem se aproxima sem o perceber e com quem se casa após algumas briguinhas de namorados que tentam pôr à prova um ao outro. A rusga entre os dois toma a forma original de uma troca de histórias sobre a melhor maneira de escolher esposa e as consequências fatais que podem provir de uma escolha errada. Pretende Reinhart demonstrar que o acaso é o melhor casamenteiro e que, havendo atração física entre os namorados, não importam as diferenças sociais, financeiras, intelectuais porventura existentes entre eles; Lúcia sustenta que só dão certo casamentos entre pessoas cujos antecedentes combinam, e que os moços namoricadores e inconstantes acabam encontrando quem os castigue. Mas, no decorrer das narrativas (contadas todas em estilo literário, como se os protagonistas, ao iniciá-las, se identificassem com o escritor), os dois narradores se perdem na riqueza de pormenores, comentários, descrições e análises, esquecem-se da tese que iam sustentar e, às vezes, chegam a provar exatamente o contrário do seu objetivo. Vê-se que as conclusões não passam de pretexto: o verdadeiro objetivo é contar pela alegria de contar.

Apesar da hibridez da obra, da diferença de tom entre a narrativa principal e as narrações intercaladas, da confusão de teses e antíteses, o escritor logrou realizar nesse livro da sua idade madura, mas que ainda conserva algo de frescura com que foi ideado na juventude, um conjunto encantador de variedade e harmonia, o que faz com que *O Epigrama* seja considerado geralmente o modelo moderno do gênero da novela enquadrada (*Rahmenerzählung*), tão frequente na literatura medieval europeia (Chaucer, Boccaccio) e nas literaturas orientais (*Mil e uma Noites, O Livro do Papagaio*).

Salvo uma das histórias (contada, aliás, por uma terceira personagem e que se prende por um fio tênue à narração principal), todas as demais são alheias à época e ao país dos protagonistas e situam-se nos ambientes e nos tempos mais diversos, como se o autor pretendesse mostrar, em respostas a algum desafio, que está à vontade em qualquer cenário. Entre os casos estranhos narrados com um luxo de profundas observações psicológicas e num crescendo empolgante, merecem lembrança especial os dois episódios reunidos no capítulo intitulado "Don Corrêa": os dois casamentos de D. Salvador Correia de Sá e Benevides, restaurador de Angola, governador das capitanias do Sul do Brasil, duas histórias ultrarromânticas (a segunda das quais se desenrola parcialmente no Rio de Janeiro do século XVII),[44] mas a que a serenidade do tom, o exotismo do colorido e a atmosfera histórica, alcançada mais por expedientes de magia verbal do que por inventários de antiquário, conferem inesquecível relevo.

Esse preâmbulo, aparentemente desnecessário, poderá ajudar o leitor de *Sete Lendas* não somente a situá-las dentro da obra do grande prosador, mas também a compreender certos aspectos do livro, especialmente a reunião, num mesmo volume, de narrações com alguns traços comuns

---

[44] Não é essa a única vez que o Brasil aparece na obra de Gottfried Keller. O protagonista do seu último livro vem aqui se refazer da ruína a que o levou a falência de um falso amigo; enriquece e volta à pátria ao cabo de sete anos. É pena que os acontecimentos desses sete anos não ocupem nem sete linhas no livro, em que encontramos Martim Salander no momento do seu regresso à terra natal.

— a mescla de estilos e tons, a presença de teses ou intuitos pedagógicos que o senso artístico do autor frequentemente relega a segundo plano ou voluntariamente enfraquece, a intervenção de reminiscências pessoais, a coordenação, na mesma história, de acontecimentos presentes e passados; numa palavra, um conglomerado de elementos heterogêneos que, não fosse o controle de uma arte requintada, abismaria a obra na subliteratura, entre milhares de livros heteróclitos de gosto duvidoso.

Por uma carta de Keller a Ferdinand Freiligrath, sabemos que as *Sete Lendas* deviam primitivamente fazer parte das *Novelas da Galateia*, concebidas pelo autor desde 1851 e que finalmente seriam publicadas trinta anos depois, com o título de *O Epigrama*. Como as demais narrativas desse volume, iam, pois, ser contadas pelos protagonistas para ilustração de suas respectivas teses. De várias daquelas peças ressalta que a natureza da mulher não deve ser violentada nem por interesses de classe, de casta e de família, nem tampouco em obediência às ousadas teorias do feminismo revolucionário; as lendas teriam acrescentado exemplos de vocação conjugal e maternal contrariada por preconceitos religiosos, ou que se afirma à revelia deles. Mas ao cabo de algum tempo o autor se convenceu de que essas lendas (uma das quais, "A Lendazinha da Dança", não tratava, aliás, de amor nem de casamento), hauridas todas na mesma fonte, possuíam características comuns bem nítidas que as distinguiam das demais histórias e lhes conferiam inegável unidade. Em boa hora, portanto, destacou-as das *Novelas da Galateia* e publicou-as separadamente, nove anos antes de virem estas a lume.[45]

A fonte comum a que nos referimos não foi, como se poderia imaginar, a *Legenda Áurea*, nem qualquer outra hagiografia da Idade Média, mas uma compilação relativamente moderna, as *Lendas*, de Ludwig Kosegarten, publicadas em 1804. "Encontrei, de fato, uma coleção de lendas de Kosegarten, contadas num estilo tolamente carola e simplório (duplamente ridículo num protestante da Alemanha do Norte), em prosa e em verso. Tomei sete ou oito peças do esquecido livreco, comecei-as com as palavras adocicadas e piedosas do pobre Kosegarten e transformei-as, depois, em histórias erótico-profanas em que a Virgem Maria passa a padroeira dos casadouros."

Não é a primeira nem a última vez que a leitura de um livro falho incita um escritor a refazê-lo. As imperfeições de *Volúpia*, de Sainte-Beuve, levaram Balzac a reescrever o romance, mantendo-lhe os dados essenciais: assim nasceu a obra-prima que é o *Lírio do Vale*. O conto de Pirandello "A Tragédia de uma Personagem" é um dos mais curiosos documentos da força com que uma personagem mal aproveitada por um autor vem a impor-se à imaginação de outro.

---

[45] O confronto das datas mostra que entre a primeira redação das *Sete Lendas* e o seu aparecimento em livro medeiam uns vinte anos. Durante esse tempo, o escritor retomava periodicamente o seu manuscrito "para aparar-lhe as unhas", isto é, para melhorá-lo e poli-lo. A primeira redação, que durante muito tempo se julgou perdida, veio a ser encontrada em 1918, e, editada, permite aos eruditos estudar, mediante cotejo com a edição definitiva, a evolução do estilo de Keller.

As linhas há pouco citadas fazem supor que as modificações a que o nosso autor ia submeter os textos de seu antecessor haviam de ser não só estéticas, mas também ideológicas. Explicá-las-ia o próprio Keller, mas de forma insuficientemente clara, no breve prefácio anteposto ao volume. Encontrou ele na parte do legendário recolhida por Kosegarten inúmeros motivos romanceáveis independentemente de seu conteúdo religioso. As lendas, conservadoras de ingênua mentalidade arcaica, continham um sem-número de dados pitorescos, dos quais os hagiógrafos (e, depois deles, o mesmo Kosegarten) utilizavam de preferência os que melhor serviam a seus fins encomiásticos: as particularidades da conversão, os milagres, o apostolado, o martírio. Keller interessou-se precisamente pelos aspectos que eles haviam negligenciado: os costumes da época, a vida íntima das personagens, os motivos de ordem sentimental que podem ter despertado as aspirações à santidade. Desse ponto de vista, é bem típico o tratamento dado à primeira lenda, em que a conversão de Aquilino e o martírio de Eugênia são relatados como que acessoriamente num paragrafozinho, com o provável intuito de não divergir completamente dos dados tradicionais da história. Dirige-se o interesse do autor, a olhos vistos, ao estudo da aberração que leva Eugênia a abandonar os atributos do seu sexo (tal qual as emancipadas do século XIX, a quem discretamente ironizaria Keller em *O Epigrama*), assim como do malentendido que surge entre dois amantes feitos um para o outro e os separa por longos anos.

Outro mal-entendido dessa espécie torna-se o elemento essencial de "A Cestinha de Flores de Doroteia", em que, no entanto, abundam motivos milagrosos e românticos bem mais pitorescos. Ao chegar à cena em que os dois namorados se desentendem por uma ninharia, cena de resultados fatais para ambos, o autor deve ter se lembrado de algum episódio semelhante da sua própria experiência sentimental e contou-o por miúdo, pintando a si mesmo sob os traços do arisco e desconfiado Teófilo.

Assim, o conhecimento da vida e das demais obras de Keller esclarece ora um, ora outro aspecto das *Sete Lendas*, e, especialmente, as modificações por ele introduzidas nas histórias legadas pela tradição. A leitura atenta das próprias lendas faz descobrir o que, nelas, deve ter atraído a imaginação do contista. Nas histórias de Eugênia, Doroteia e Vidal, sua curiosidade foi excitada pela estranha atmosfera da época do cristianismo incipiente, quando a nova religião ainda não passava de uma seita entre as demais, pela espécie de coexistência semipacífica de catolicismo e paganismo, provocadora de inúmeras situações equívocas, umas trágicas, outras apenas grotescas e divertidas. Quanto às três histórias que têm a Virgem como heroína, parecem haver impressionado Keller pelo ambiente de fé absoluta, cega e humilde da Idade Média: daí o tom singelo e ingênuo que adotou para relatá-las, cheio de simpatia, embora às vezes com uma ponta de malícia. Em "A Lendazinha da Dança", que não pertence a nenhum dos dois grupos, o adaptador pode ter sucumbido à graça pitoresca do assunto, encantando-se com a ideia — bem esquisita, aliás

— de associar à pequena musa da lenda as nove musas da mitologia antiga.[46]

Essa fusão é também reveladora da atitude do autor em face da matéria. Sem acreditar nas próprias lendas, Keller acreditava na ingênua sinceridade dos clérigos que as puseram por escrito pela primeira vez: daí haver tentado, ao adaptá-las, restabelecer-lhes o tom primitivo, sem excluir de todo as manifestações do próprio temperamento artístico, antes de mais nada certo bom humor jovial (presente em todas as lendas, menos a de Doroteia e Teófilo, dolorosamente autobiográfica), que se acusa quase imperceptivelmente em pequenas observações marginais, num adjetivo ou num advérbio escapados por aparente descuido. Não há nessa atitude nenhuma irreverência nem, menos ainda, intenção polêmica; apenas o esforço de contemplar de um ângulo insólito imagens normalmente contempladas de um único ponto de vista; e é por isso que tradições sagradas do catolicismo, relatadas por esse protestante liberal, não somente não ferem a suscetibilidade do leitor, mas encantam-no, seja qual for o credo a que pertença.

Não quer isso dizer que o conjunto de modificações miúdas, às vezes sem sentido claro, não corresponda a uma visão do mundo radicalmente diversa da do misticismo medieval, de onde as lendas haviam brotado. Diz o autor, no prefácio, ter virado o rosto de suas figuras para nova

---

[46] A ordem em que foram dispostas as sete lendas já deu lugar a muita discussão e a explicações variadas, algumas engenhosas, mas que pouco ou nada contribuem para a compreensão da índole excepcional do volume.

direção; desviou-o, é claro, do Céu para a Terra, fazendo-as viver a vida terrestre em sua plenitude, humanamente, sob o sorriso benévolo da Virgem Maria.

A esse respeito, a mais expressiva de todas as lendas é a de Beatriz, a freira que abandona o convento de que é sacristã para atirar-se à vida do século e, arrependida, volve ao claustro, ao cabo de muitos anos, sem que ninguém tenha dado pela sua falta, pois a Virgem do altar, assumindo as suas feições, lhe executara todo o seu serviço.

Essa lenda, de profunda beleza e poesia, tentou muitos escritores, antes e depois de Keller. No *Diálogo dos Milagres*, de Caesarius von Heisterbach; nos *Milagres da Santa Virgem*, de Gautier de Coicy; nas *Cantigas* de Afonso, o Sábio; no *Espelho da Verdadeira Penitência*, de Jacopo Passavanti, encontramos-lhe as variantes antigas mais famosas. Na versão primitiva, Beatriz fugia com o capelão do convento e, abandonada por este, tornava-se "pecadora pública". Tal como o flamengo Gijsbrecht, autor do poema *Beatriz*, Keller adotou variante menos escabrosa: nos seus vinte anos de vida no século, a freira fugida é esposa fiel e mãe zelosa, e, tornando ao convento, oferece à Virgem todas essas afeições terrenas. Na longa lista de readaptadores modernos — que compreende nomes tão ilustres como os de Lope de Vega, Nodier, Zorrilla, Maeterlinck e os irmãos Tharaud —, a lição do nosso autor ocupa lugar honroso.

Entre os assuntos da coletânea retomados ulteriormente por outros prosadores, convém assinalar a história do santo que se especializa em reaviar ao bom caminho mulheres de má vida. A muitos leitores a primeira parte da lenda de S. Vidal recordará *Taís*, de Anatole France, talvez a mais perfeita das obras modernas inspiradas no legendário. A comparação entre a impassibilidade franciana, transparente através da cintilação do estilo, e a bonomia algum tanto maliciosa de Keller, perceptível em seus comentários, revela neste uma arte menos requintada, porém mais repassada de ternura.

Noutro caso ainda, impõe-se a comparação entre esses dois escritores tão diferentes. A estranha oferenda que a pequena musa faz à Virgem — o prazer encontrado na dança — lembra as cambalhotas com que Maria é homenageada por um pobre jogral num dos contos mais conhecidos do autor de *Taís*.

A lenda de "Vidal, o Mal-aventurado Santo" agradou tanto a João Ribeiro — que aos seus méritos de agudo observador dos costumes e artista admirável da língua aliava o de divulgador da literatura alemã — que a traduziu e incluiu no livro *O Crepúsculo dos Deuses*. Em homenagem à memória do notável escritor brasileiro, resolvemos reunir a sua versão às do presente volume. Mais livre, em geral, do que as nossas, mas sempre fiel ao espírito do original e escrita com extraordinária graça, pode ser considerada um modelo da difícil arte de traduzir.[47]

---

[47] Outras versões de Gottfried Keller feitas no Brasil: *O Traje Faz o Homem* e *Romeu e Julieta na Aldeia*, por Germano G. Thómsen (São Paulo: Melhoramentos, 1952, Coleção Novelas do Mundo, n. 4), e "Espelho, o Gatinho", pelos tradutores do presente volume, em *Mar de Histórias,* vol. II (Rio de Janeiro: Nova Fronteira, 1980). Assinale-se também a tradução, saída há pouco em Portugal, de *A Pequena Lenda da Dança*, devida a Paulo Quintela, o ilustre exegeta e tradutor de Rilke.

Em suma, todos os cotejos, tanto com as fontes como com outras obras nelas inspiradas, confirmam a originalidade de Keller no belo livrinho ora posto ao alcance do leitor brasileiro. "Decerto, os assuntos de suas narrativas foram-lhe ministrados pela coletânea de Kosegarten" — escreve a seu respeito o Prof. Léon Mis, a quem se deve, além de excelente tradução francesa, um comentário tão erudito quanto lúcido das *Sete Lendas*. — "Porém modificou-lhes de todo a tendência, a ponto de fazê-los exprimir uma concepção de vida exatamente oposta à das lendas cristãs; introduziu neles, a pretexto de mostrar-lhes o parentesco com histórias pagãs mais antigas, elementos hostis a todo ascetismo, a todo desprezo dos bens e das alegrias terrestres, uma filosofia diretamente inspirada pela de Feuerbach; utilizou, e inseriu na trama da narrativa, experiências pessoais que dão aos acontecimentos contados um interesse novo e uma natureza toda especial; pelo seu humor, enfim, que, salvo uma ou duas faltas de gosto, nunca foi tão fino, tão delicado, tão espiritual. Fez dessas lendas, nascidas da imaginação coletiva e anônima do povo, obras de arte que trazem a marca pessoal de seu autor, fundamentalmente kellerianas, e que, embora ocupando um lugar à parte no conjunto da sua obra, a ele se ligam pela sua tendência fundamental e lhe completam harmoniosamente o majestoso edifício."

1961

A MORTE DE IVAN ILITCH,
E A NOSSA

Pela sua obra, pelas suas ideias, pela sua ação, Tolstoi agitou como ninguém a sua época e deixou um sulco profundo na história. Entre seus livros, *A Morte de Ivan Ilitch* é um dos mais importantes, embora de extensão reduzida. Para melhor compreender-lhe a significação, devemos encará-lo colocado dentro da vida e da obra do escritor.

Membro da mais alta aristocracia russa, o Conde Lev Nikoláevitch Tolstoi nasceu em 1828, na quinta familiar de Iássnaia-Poliana, perto de Tula. Tendo perdido os pais muito cedo, foi criado por tias. Em 1844, matriculou-se na Universidade de Kazan, onde não se distinguiu por especial aplicação: reprovado em mais de um exame, mudando de faculdade sem mudar de zelo, levou por vários anos a vida dos estudantes ricos no meio de jogos e farras, posto de vez em quando procurasse, por influência de suas leituras, impor-se um programa de trabalho e disciplina. Mas em 1847 acabou abandonando definitivamente os estudos, e daí em diante, até 1851, encontramo-lo ora na sua herdade, ora em Tula ou São Petersburgo, caçando, jogando cartas, bebendo, levando vida de sociedade, porém cada vez mais convencido da inanidade da sua existência e ansioso por vê-la tomar novo rumo.

Em 1851, principia a sua carreira de oficial, ao lado do irmão Nicolai, no exército do Cáucaso, onde, em contato com a natureza e com os soldados que comanda, se lhe afinam as tendências para a observação e a autoinspeção, e o isolamento o leva a escrever as suas primeiras obras: *História da Minha Infância* (1852) e *Adolescência* (1853), as quais, seguidas, alguns anos mais tarde, da parte final do ciclo, *Mocidade*, já revelam uma forte personalidade, estranhamente amadurecida. *Sebastopol*, narrativa antir-romântica do famoso assédio, a que ele mesmo assistiu entre os defensores da fortaleza, e *Os Cossacos*, elaborado com as suas reminiscências do Cáucaso, classificaram-no definitivamente entre os grandes escritores do país. Des-gostoso com a profissão das armas, em virtude das suas experiências de guerra, demitiu-se do exército em 1856. Várias viagens pelo Ocidente, conquanto não o fizessem preferir a França ou a Alemanha à sua pátria, abriram-lhe os olhos para a realidade na Rússia, onde naquela altura se procedia à libertação dos servos.

Por volta de 1860, instala-se definitivamente em Iássnaia-Poliana, onde passaria meio século. Antes de suas viagens, já principiara a interessar-se pela vida dos camponeses. Aproveitou a permanência no Ocidente para estudar os métodos de ensino e, de volta à sua propriedade, nela criou escola rural. Dedicou-se de corpo e alma à educação dos seus mujiques, chegando a escrever livros de leitura para o uso deles. Em 1862, casa-se com Sofia Andreievna Bers, a companheira e colaboradora dedicada, que lhe dará quinze filhos. De 1864 a 1869, trabalha em *Guerra e*

Paz, monumental romance escrito em apoio de uma tese histórico-filosófica (a nenhuma influência do indivíduo nos acontecimentos da história), mas no qual a força da inspiração se sobrepõe ao intuito didático. Nessa poderosa reconstrução da Rússia do começo do século, temos ao mesmo tempo a epopeia napoleônica narrada com vigor nunca igualado, mas vista pelo avesso. A visão nova de um dos maiores acontecimentos da história universal, a multidão de destinos humanos cruzando-se, a aguda análise das paixões, a descrição minuciosa de um mundo estranho, rude e misterioso, a beleza arquitetônica da construção e a inteira naturalidade da narração conquistaram, depois dos leitores e dos críticos russos, o público europeu. O segundo grande romance do autor, *Ana Karênina* (1873-1877), não decepcionou a expectativa geral: sem a monumentalidade da obra precedente e sem aquela serenidade épica, o escritor ainda oferece aqui, contudo, um vasto afresco da vida da sociedade nacional da sua época, com, em primeiro plano, um drama de adultério magistralmente dissecado.

Havia, em ambos os grandes livros da maturidade, protagonistas incessantemente preocupados com o sentido da existência, atormentados por um vazio íntimo que desesperadamente procuravam encher: eram, precisamente, as personagens em quem o romancista mais pusera de si mesmo. Desde *Ana Karênina*, tais inquietações pareciam estender-se das criaturas ao criador, até encontrarem expressão direta em *A Minha Confissão* (redigida em 1879 e publicada em 1882), onde, numa impiedosa autocrítica, Tolstoi condena todo o seu passado, sem poupar a sua atividade literária.

Seguem-se os panfletos *Crítica da Teologia Ortodoxa* e *Minha Religião*, com violentos ataques à Igreja Ortodoxa, e *Que Devemos Fazer?*, em que se denunciam os efeitos deletérios da civilização, a insensibilidade dos ricos, a culpabilidade dos governos em manterem o sistema da propriedade. A este opõe Tolstoi sua própria doutrina, espécie de comunismo místico aliado à teoria da não resistência ao mal, e à fé no amor, e de repercussão enorme na época e efeitos os mais variados. Enquanto seu apostolado o põe em conflito com a esposa e os filhos, tornando-o um solitário no meio dos seus, Iássnaia-Poliana atrai centenas de tolstoianos, adeptos nem sempre bem compenetrados dos ideais do seu guia. Os livros deste revestem caráter cada vez menos literário e mais polêmico; as obras inspiradas por um instinto artístico insopitável, mais forte que as teorias do apóstolo, permanecem inéditas em razão de escrúpulos éticos. Só formam exceção os *Contos para o Povo*, de tom patriarcal, e o drama *O Poder das Trevas*, salvos da condenação do autor pela evidente intenção moralizadora, assim como *A Morte de Ivan Ilitch* (1886).[48] Juiz cada vez mais intransigente dos costumes, Tolstoi, depois de condenar o amor adulterino, chega, em *A Sonata a Kreutzer*, a meio caminho entre obra de arte e diatribe, a exprobar, mesmo dentro do casamento, o contato sexual que não visa a reprodução. Numa etapa seguinte, em *Que É a Arte?*, seu fervor leva-o a rejeitar toda arte desinteressada e a renegar os ídolos da sua juventude,

---

[48] Esse trabalho foi escrito para servir de prefácio a uma tradução da obra em questão.

entre eles Shakespeare e Beethoven. Enquanto isso, exerce uma ação pública de extrema amplitude, fazendo-se o paladino dos injustiçados e dos perseguidos dentro e fora do seu país. Os olhos da Europa inteira estão fixados em Iássnaia-Poliana, de onde muitos aguardam a luz de uma nova mensagem. O último romance publicado em vida do autor, *Ressurreição* (1899), em que pela derradeira vez refulge o brilho do gênio, é de caráter nitidamente messiânico e vale ao escritor a excomunhão pelo Santo Sínodo. O protagonista desse livro é um aristocrata que, na contingência de julgar, como membro do júri, uma prostituta acusada de ter morto um de seus fregueses, nela reconhece a criadinha a quem seduzira anos antes; não podendo salvá-la, oferece-se, sob a ação do remorso, a desposá-la e acompanha-a à Sibéria, para onde a degredam.

Os últimos anos do escritor passam-se em dolorosa luta com a família e consigo mesmo, pois a oposição que julga existir entre suas ideias e sua vida não lhe dá descanso e fá-lo conceber o plano de romper todas as ligações com o ambiente, abandonar a família, renunciar a todos os seus bens e retirar-se a um mosteiro. Após dramáticas hesitações, foge efetivamente de casa em 28 de outubro de 1910, recolhe-se a um convento, de onde sai para outro, e morre na estaçãozinha ferroviária de Astapovo em 20 de novembro de 1910.

Em sua biografia de Tolstoi, Romain Rolland — que se correspondia com o romancista durante a fase final da existência deste — conclui que a grandeza do biografado reside menos em suas teorias (expressão de um vago misticismo social que nunca chegou a constituir um sistema coerente) do que na sinceridade de seus esforços para atingir a justiça, na constante união da vida e da arte em suas obras.

"Um profeta é um utopista" — escreve ele. — "Desde sua vida terrestre participa da vida eterna. Que essa aparição nos tenha sido concedida, que víssemos entre nós o último dos profetas, que o maior dos nossos artistas tivesse esta auréola na fronte — esse fato, parece-me, é mais original e de importância maior para o mundo que uma religião a mais ou uma nova filosofia."

Da novela não há uma definição universalmente aceita, que a diferencie do conto, por um lado, e do romance, por outro. Mas talvez se possa afirmar que entre o conto e a novela a diferença é sobretudo quantitativa; enquanto entre esta e o romance é principalmente estrutural. Há na novela uma unidade substancial, a convergência da atenção sobre uma única sequência de eventos, a predominância de um problema central, ao passo que o romance se caracteriza por uma multiplicidade de planos, uma mistura de elementos heterogêneos, uma dispersão do interesse. *A Morte de Ivan Ilitch* pode ser considerado o protótipo da novela: o enredo identifica-se com o assunto, que é o tema central por excelência de toda literatura, e impede qualquer desvio do interesse. Talvez um exame das maiores novelas de todas as nações viesse a mostrar que, de uma ou de outra maneira, elas se cristalizaram todas em redor de um núcleo análogo — mas, de todas, a narrativa de Tolstoi nos parece a mais perfeita e a mais vigorosa, talvez por ter como argumento a morte sem rodeios nem disfarces, a transformação gradual de um homem vivo como todos nós em cadáver.

Como vimos, *A Morte de Ivan Ilitch*, embora composta depois de *A Minha Confissão*, não ficou inédita em vida do autor, o que faz supor que este a considerava portadora de alguma mensagem, de algum ensinamento importante. É provável que desejasse ajudar os leitores gravando-lhes na alma a imagem inesquecível de uma agonia, a sempre terem presente ao espírito a lembrança da morte. (Um ano depois de publicada a novela, Tolstoi, atacado de grave enfermidade, que julgava incurável, escreveria à Condessa Alexandrina Tolstoi, sua tia, que "nenhum homem que tem a infância atrás de si deveria esquecer-se da morte por um só minuto, tanto mais quanto a sua espera constante não só não envenena a vida, mas lhe empresta firmeza e claridade".) Uma lição especial parece contida nos últimos instantes de Ivan Ilitch, quando os sentimentos de ódio e rancor desaparecem de repente da alma do moribundo para cederem lugar à compreensão dos sofrimentos dos vivos e a uma profunda compaixão. Essa modificação radical do ser íntimo de Ivan Ilitch, sobrevinda segundos antes do seu falecimento, dilui a dor e apaga a morte.

Essa lição, porém, não é óbvia. Tão forte é a sensação do espanto evocada e transmitida pelo autor que esquecemos tratar-se do caso de um homem que expia as mentiras de uma vida vazia (como o aponta num comentário Lev Tolstoi Filho) e ficamos com a impressão de que todo morrer é horrível e a única realidade do nosso mundo é a morte. As palavras finais são bastante ambíguas para autorizar tal interpretação. O drama resulta em catarse, mas não resolve medos e dúvidas.

Entre as glosas dos exegetas desorientados, atenção especial cabe à de Merejkovski, feita ainda em vida do autor: "Se hoje temos da morte um medo vergonhoso, como nunca a humanidade o sentira, se diante dela ficamos tomados de um arrepio gelado que nos atravessa o corpo e a alma e nos coalha o sangue nas veias, (...) tudo isso devemo-lo em grande parte a Tolstoi."

O crítico atribui a constante preocupação do romancista com a morte a uma cisão em sua alma, alma que teria nascido pagã. A natureza inconsciente de Tolstoi era mais profunda que a natureza consciente, e durante a primeira metade da vida do escritor dominou-a; depois, a consciência sobrepujou o inconsciente, e "Tolstoi decidiu odiar e perder a própria alma para salvá-la". Mas, ao saírem-lhe das mãos, apesar de todos os esforços da inteligência, suas obras deixam ainda transparecer o paganismo inato.

Em todo caso, a história é das que marcam o leitor e nunca mais lhe fogem da memória. Para se embeber de tamanha força dramática, cumpria que ela estivesse ligada a alguma experiência decisiva do próprio narrador. Ora, o estudo da vida de Tolstoi revela-nos o papel impressionante que a ideia da morte desempenha ao longo de toda a evolução daquele espírito. Pela primeira vez, ela se apoderou dele ante o ataúde do irmão, em 1860, o qual, ao sentir-se morrer, "perguntou num murmúrio: — Que é isso? Ele sentira a própria passagem para o nada". Anos após, sobreveio a memorável "noite de Arzamas", quando, pousando num quarto de hotel e presa de insônia, o escritor, então no apogeu da glória, da saúde e do talento, teve de repente a intuição da inutilidade de todas as suas afeições, ambições e atividades. Tudo aquilo perdera a importância: só existia a morte, que, a cada minuto, adiantava dentro dele a sua obra destruidora. Uma terceira crise, mais forte que as outras, foi aquela que o levou a escrever *A Minha Confissão* e a renegar toda a sua vida anterior; por essa época, o pensamento de que um dia cessaria de existir tirava, a seus olhos, todo o sentido à vida, de modo que passou meses beirando o suicídio.

Depoimentos de parentes e amigos confirmam as confidências do romancista: a morte era para ele uma obsessão. Segundo relata seu filho Elias, Tolstoi fazia questão de conhecer as menores particularidades do passamento de seus amigos, dando a impressão de ter à morte um verdadeiro culto, uma espécie de amor. Outro filho, Lev, ratifica o testemunho do irmão, embora dando outra explicação daquela ideia fixa: "Embora durante 35 anos não deixasse de falar um só dia na morte, meu pai não a desejava, a temia, e fazia tudo para adiá-la." Gorki informa que, diante dele e de Tchekhov, Tolstoi afirmou certa vez que, "depois que um homem aprende a pensar, pensa sempre na própria morte, pouco importa em que esteja pensando. Todos os filósofos fizeram assim. E que verdade pode haver, uma vez que existe a morte?"

Naturalmente, a obsessão do homem havia de refletir-se na obra. Para só falarmos em livros anteriores à nossa novela

— desde *História da Minha Infância*, em que uma criancinha contempla aterrada a mãe morta, através de *Sebastopol*, com suas alucinantes cenas de agonia no campo de batalha, e do conto *Três Mortes*, até o demorado esvair-se do Príncipe André em *Guerra e Paz* e o fim pungente de Levin em *Ana Karênina*, Tolstoi aproveita todas as oportunidades para descrever pormenorizadamente o trespasse de seus heróis, tornando-se, assim, de certo modo, um especialista da morte na literatura. Halpérine, tradutor para o francês de *A Morte de Ivan Ilitch*, ficou tão impressionado com o predomínio desse assunto nas obras do escritor que juntou à novela cinco cenas de agonia extraídas de outros livros seus e publicou, sob o título *A Morte*, essa antologia sem precedentes na história literária.

Não é, pois, de estranhar a palpitação inconfundível das confissões mais íntimas que se percebe por trás dessas páginas na aparência tão impassíveis. A não ser isso, como poderíamos ficar empolgados com a saúde de Ivan Ilitch? Com efeito, que interesse pode despertar esse frio e pedante burocrata, essa personagem sem personalidade, de uma vida banal, inteiramente presa a conveniências sociais, e cuja doença e morte são também as mais vulgares possíveis? Sim, mas há no fundo desse enredo quase inexistente algo que concerne ao autor como a nós todos, algo contingente e universal.

A contar do momento em que a morte o designa como um dos seus, Ivan Ilitch, sem embargo de seu caráter gregário, passa a ser excluído tacitamente da comunhão dos vivos e acaba emparedado na solidão mais terrível. Esse homem que na vida nada teve realmente seu, nem as suas afeições, nem os seus hábitos, nem sequer as suas palavras, adquire de chofre algo que é só dele, não obstante todos os seus esforços para fazer os outros participarem da sua agonia. Basta ele ser marcado pelo sinal do próximo fim, e já a conspiração do silêncio se lhe adensa em redor; a consciência coletiva recusa-se a admitir, em seu caso, um acidente universal, e encara-o, hipocritamente, como um acaso exótico e de todo inverossímil.

Nunca se teve coragem de mostrar com objetividade tão inexorável a cínica hostilidade, a repulsiva maçonaria dos vivos para com os mortos. Eis por que, a despeito da forte cor local, o óbito do desinteressante magistrado transcende a Rússia do século XIX e transforma-se num drama patético de todos os meios e de todas as épocas.

Imanente e, no entanto, inseparável do momento e do ambiente, a novela contém um quadro terrivelmente cruel da vida da alta burguesia russa. Submetido ao lento desgaste da agonia, Ivan Ilitch passa involuntariamente revista a toda a sua vida anterior, e, como o nosso Brás Cubas, embora por um artifício menos grotesco, procede a uma revisão de todos os valores de seu passado. Desse processo se utiliza o escritor para aplicar impiedosa crítica a toda uma forma de viver, a uma série de práticas sociais que visam unicamente as aparências e não satisfazem as nossas íntimas necessidades de amor e comunhão.

Abandonado pela família e pelos amigos, o doente já não está preso à humanidade senão por um único elo: o seu ignorante e humilde criado Guerassim. Somente este consegue, graças à sua atitude natural em face da vida e da morte, trazer algum alívio ao moribundo. Essa figura, segundo depoimento de Liesskol, ter-se-ia originado numa famosa frase de Dostoiévski, o qual, arguido por uma dama sobre aquilo em que o homem russo era superior ao ocidental, mandou-a perguntá-lo ao seu "mujique de cozinha": este havia de ensinar-lhe a arte de viver e a de morrer. Guerassim enquadra-se na série de comparsas modestos, tão frequentes na literatura russa, que dão aos intelectuais mais requintados lições de resignação diante do destino. Um deles é o pobre mujique Platon Karataief, cujo encontro modifica, em *Guerra e Paz*, toda a filosofia do Príncipe Andrei; outro, mas esse na vida real, o cavouqueiro Sutaief, cuja doutrinação tanto influiu na conversão do próprio Tolstoi.

Seria difícil precisar em que medida o estilo contribui para a impressão poderosa da novela, tanto mais que em Tolstoi o estilo não se vê, não se percebe, de tão natural, de tão subordinado à ideia com que nasceu. A frase do nosso escritor é desadornada, "coloquial", sem requintes verbais. Ele chega a multiplicar propositadamente as conjunções subordinativas e os pronomes relativos, e não hesita em repetir muitas vezes as palavras mais banais da conversação para conseguir inteira naturalidade. É um estilo acessível aos leitores mais simples e que entretanto exprime com exatidão e relevo os matizes mais finos, dando forma perfeita às sensações mais fugidias e nebulosas.

Em seu tão discutido panfleto *Que É a Arte?*, Tolstoi, tirando as últimas consequências de seus princípios messiânicos, afirmaria que a arte só podia ser religiosa (dando ao adjetivo uma interpretação peculiar). Sem podermos aceitar definição tão pessoal, aproveitaríamos a aproximação entre os mundos da ficção e da fé para observar que a arte, em suas culminâncias, pode suscitar emoções não menos intensas que a emoção religiosa, como poderão verificar os leitores de *A Morte de Ivan Ilitch*.

1958

GRAZIA DELEDDA,
A VOZ DA SARDENHA

Façanha digna de nota essa que acaba de realizar Mario de Murtas, prefaciando, traduzindo e ilustrando, para a Coleção dos Prêmios Nobel de Literatura, *Caniços ao Vento*, romance de Grazia Deledda e que vem revelar, aliás com bastante atraso, a poderosa escritora italiana ao público nacional.

Descobrindo para nós a romancista da Sardenha, esse grande artista proteiforme que é de Murtas, estabelecido entre nós há muitos anos, mas ainda insuficientemente apreciado, revela novos aspectos dele próprio. Mesmo os que já o conheciam como pintor e não se surpreenderão com o colorido mágico de suas ilustrações gostarão de ver com que fidelidade admirável ele soube transladar para o nosso idioma essa epopeia em prosa e com quanto espírito e sensibilidade compôs a respeito da autora um retrato escrito cheio de valiosas informações inéditas. Conterrâneo da romancista, convivera há muitos anos com aquela mulher artista e solitária, a quem agora ressuscita a nossos olhos nessa tríplice aproximação da versão, do comentário e do quadro. De agora em diante, as cores, violentas e patéticas, de Murtas serão inseparáveis, na mente do leitor brasileiro, das frágeis figuras de Grazia Deledda, sacudidas pela paixão e destroçadas pelo destino.

A ocasião é boa para dizermos algumas palavras da obra literária que, através de uma de suas partes mais preciosas, vem de se incorporar a nosso patrimônio cultural e da personalidade singular de sua criadora.

Filha de uma família abastada de pequenos proprietários, Grazia Deledda nasceu em 1871, em Nuoro, cidadezinha da Sardenha, de que seu pai — repentista em dialeto nas horas vagas — durante algum tempo foi prefeito e ali permaneceu até os 25 anos. Esse fato explica muitas das limitações, e também das qualidades, da sua arte personalíssima.

A Sardenha, que mal acaba de ser descoberta pelo turismo, era naquela época uma terra inteiramente à margem da civilização — atrasada, arcaica, quase pré-histórica, sem indústria, comércio, estradas e meios de transporte, com abundância de costumes patriarcais, trajes pitorescos, tradições medievais, preconceitos e superstições de toda espécie: um mundo eminentemente poético à espera do seu revelador, que afinal apareceu na pessoa de Grazia Deledda, à altura da tarefa graças não somente a seus maravilhosos dotes épicos, mas também à sua plena identificação com o ambiente.

Nos estudos, a escritora não passou da escola primária, mas procurou suprir as grandes falhas da sua instrução com leituras desordenadas e febris. Enlevada pela leitura de *Os Mártires*, de Chateaubriand, desde mocinha resolveu tornar-se uma grande escritora. Com dezessete anos, teve um conto seu publicado num jornal do continente, e desde então nunca mais parou. Seus volumes sucediam-se à razão de um ou dois por ano, conquistando rápido um público de elite. A crítica, porém, mostrou-se reticente em face dessa arte, "que estava fora de qualquer verdadeira tradição literária". Nem sequer o Prêmio Nobel, concedido em 1927, conseguiu desarmar a oposição dos recenseadores classicizantes e eruditos em presença "dessa mulher sem retórica, dessa escritora sem literatura". Assinalando, anos após, que as leituras preferidas da romancista eram a Bíblia e Homero, Manzoni e Verga, e os romancistas russos, acrescenta Emílio Cecchi: "A leitura de suas obras deve quase em tudo prescindir de referências culturais e de confrontos estilísticos, que ficariam meramente exteriores e forçados."

Casando-se em 1900, Grazia Deledda passou a viver em Roma; mas ainda por longos anos continuaram suas histórias a ter como cenário a ilha natal, de que nos dá uma imagem substancialmente fiel, embora poeticamente transfigurada. Dividindo seu tempo entre a obra literária e as atividades caseiras, permaneceria uma provinciana até o fim da vida, em 1936, alheia aos movimentos intelectuais, aos salões e às igrejinhas. Suas personagens de mais relevo são as que teve sob os olhos durante as três primeiras décadas da vida; fidalgos decaídos, servos fiéis, camponeses miseráveis, feirantes, pastores, cantadores, cegos, curas de aldeia, feiticeiros, usurários, mulheres sofredoras e dedicadas — humanidade muito parecida com a dos romances do Nordeste brasileiro —, pobres almas perseguidas pela má sorte ou transtornadas pela paixão, resignadamente submissas ao destino no cumprimento de alguma promessa ou na expiação de algum crime.

A desolada e agreste paisagem da Sardenha, descrita em páginas inesquecíveis, reflete-se nas personagens de seus contos, reunidos em muitos volumes: "Narrativas Sardas", "Almas Honestas", "As Tentações", "Claro-Escuro", "O Menino Escondido", "A Flauta no Bosque". Personagens simples e ingênuas, dilaceradas por anseios contraditórios, roídas de temores e remorsos, ou episódios tragicômicos de brigas, intrigas e vinganças de aldeia. As histórias lembram por vezes os contos sicilianos de Verga — com a diferença de que os protagonistas de Grazia Deledda são mais vacilantes, menos impulsivos, envoltos numa atmosfera de indefinível encantamento que muito impressionou, entre outros, D. H. Lawrence, seu tradutor para o inglês. Observe-se ainda que o regionalismo da autora reside mais nas paisagens e nos temperamentos do que na linguagem (por ser o dialeto sardo excessivamente diverso do italiano literário para admitir valorização artística).

O gênero em que o talento de Grazia Deledda se desenvolve à larga é o romance. Talvez o mais perfeito de todos seja o que agora sai em português, *Caniços ao Vento*, história do criado Efix, que, tendo morto numa rixa o patrão prepotente, impõe a si mesmo como penitência devotar a vida às filhas deste, só morrendo depois de haver restaurado o esplendor do solar decaído. Há quem prefira *A Mãe*, em que a humilde heroína, depois de ter feito do filho, à custa de imensos sacrifícios, um sacerdote venerado, salva-o do pecado da carne ao preço da própria vida. Lembre-se também *Cinza*, romance da penosa ascensão de um bastardo que parte em busca da mãe prostituta que o abandonou, atormentado pelo desejo de responsabilizá-la por seus sofrimentos e, do mesmo passo, animado da intenção de a redimir. Quando o filho a encontra, a infeliz suicida-se para não lhe estorvar a carreira. Três dramas igualmente patéticos, realçados pela esplêndida pintura da velha Sardenha e de sua sociedade sem classes, limitada e acabrunhada, em que mendigos e fidalgos, burgueses e vagabundos, ricos e pobres convivem no mesmo plano. Conscientes de suas fraquezas e falhas, entregam-se-lhes docilmente, com fatalismo total, por sentirem-se como que arrastados por um fio, o antigo destino da tragédia grega.

1965

KAREN BLIXEN
E/OU ISAK DINESEN,
OU O DESESPERO MÁGICO

O Embaixador da Dinamarca no Brasil, Sr. Janus A. W. Paludan, prestou serviço às letras do seu país como às do Brasil com a notável conferência que, em 26 de agosto, pronunciou na seção brasileira do PEN Clube (revitalizada pelo dinâmico presidente Marcos Almir Madeira) sobre a sua ilustre compatriota Karen Blixen, escritora ainda insuficientemente conhecida entre nós. Mergulhado nos escritos dessa grande e estranha mulher com o intuito de selecionar um de seus contos para traduzi-lo, pude, graças a essa palestra, elucidar certos aspectos da biografia e da obra e fazer ideia da imagem da contista na visão de seus patrícios.

Enquanto, nos períodos angustiantes da seca, esperava pelas abençoadas chuvas tropicais, ou quando aguardava o fim dos aguaceiros, a Baronesa Karen Blixen-Finecke, nascida Dinesen, dinamarquesa casada com sueco, matava o tempo escrevendo histórias que, publicadas em 1934, com o título de *Contos Góticos*, a tornariam famosa. Era filha de um escritor e jornalista de vida aventurosa, autor de livros sobre caçadas na América, e cujo suicídio, quando tinha apenas dez anos, a marcara profundamente. Tinha chegado à África em 1913, com o marido, para explorar uma fazenda de café. Divorciada pouco tempo depois, continuou a dirigir a fazenda, a estudar, educar e curar os seus empregados, a caçar e, sobretudo, a amar apaixonadamente a África. Deixou-a depois de ter perdido o homem a quem amava num acidente de avião, e a fortuna na crise do café.

Após divulgar seus contos, escreveu na Europa *Adeus à África* (1937), relato colorido, amoroso e exato dos dezessete anos passados no continente negro e que, na opinião de Hemingway, merecia o Prêmio Nobel. Nesse livro singular, prefere a descrição à explicação, convencida de que os indígenas conheciam bem melhor os seus senhores brancos do que estes a eles. Não é sem intenção que conta como um jovem empregado sueco da fazenda, tímido e atrapalhado, que lhe ensinou os nomes dos números em suaíli, afirmara não haver naquele idioma palavra para o número nove, nem para os seus compostos. Essa afirmação a levou a arquitetar as teorias mais audaciosas sobre a estrutura mental dos negros — até o dia em que descobriu que o pudico professor simplesmente lhe escondera a palavra indígena por ter som igual ao de um palavrão em sueco.[49]

Quanto a *Sete Contos Góticos*, seguidos de *Contos de Invernos* (1942), *Últimos Contos* (1957) e *Anedotas do Destino* (1958), à primeira vista parecem ter mais de um século. Com efeito, a autora mostra desprezo total pelas formas modernas da novelística. Sem o menor constrangimento, adota

---

[49] Tania Blixen, *Afrika, dunkel lockende Well*. Tradução de Rudolf von Scholtz. Hamburgo: Rowohlt, 1955, p. 174.

processos tão antigos como o próprio gênero, reunindo um grupo de pessoas numa hospedaria ou num sótão, onde, para se divertirem enquanto aguardam condução ou o fim de uma intempérie, narram casos acontecidos a elas ou a seus conhecidos. Doutra maneira não procederiam Chaucer e Boccaccio. Outro processo seu, já usado amiúde por mestre Bandello, consiste em misturar às narrativas alusões a personagens reais para assegurar a adesão inicial do leitor. A heroína de uma das narrativas é a sobrinha do poeta von Platen, conhecido na história pelo seu homossexualismo, e que na casa do tio, onde as mulheres são desprezadas por definição, sofre as piores humilhações; outra personagem conta haver assistido a um acesso de loucura do poeta Vincenzo Monti, megalômano genial; uma terceira guarda pela vida afora a lembrança de um encontro fortuito com o velho Goethe em Weimar.

Mais um filão antigo em que se abebera Karen Blixen: o oriental. Como nas *Mil e uma Noites*, as suas histórias imbricam-se, entremeiam-se umas às outras. A segunda começa antes do fim da primeira e termina após o princípio da terceira, sem falar nas historietas, anedotas e apólogos intercalados nas falas das próprias personagens. Citemos um deles, contado pela Condessa Malin Natog-Dag em "O Maremoto de Norderney":

"Quando, há vinte anos, eu me encontrava em Viena, havia lá um belo rapaz que fazia furor dançando de olhos vendados na corda bamba. Dançava maravilhosamente, sem que nisso pudesse haver fraude, pois era um dos espectadores que lhe atava aos olhos a venda. O seu número fazia sensação, e ele foi convidado a dançar perante a corte imperial. Como se falasse em clarividência, o Prof. Helmholtz, célebre físico, estava presente. No meio da exibição, ele se ergueu e gritou, grandemente excitado: 'Majestades, este número é uma fraude!' — 'Impossível — contestou o médico da corte —, fui eu mesmo que pus a venda nos olhos do rapaz.' — 'Trata-se de simples engodo, e nada mais — insistiu o professor, tremendo de raiva. — O rapaz é cego de nascença!'"

Pois, se existe truque nas narrativas da Blixen, é da mesma natureza, inventado não para autenticar a narrativa, mas para torná-la ainda mais extraordinária — para depois forçar o leitor, apesar disso, a se identificar sem reservas com as personagens: esquisitões, amáveis, lunáticos, lúcidos, quando não loucos varridos ou fantasmas, sim, fantasmas de inexplicável força vital.

Tão espantosa é essa vitalidade que chegamos quase a admitir a tese, atribuída a Vincenzo Monti (em "As Estradas em Redor de Pisa"), segundo a qual Deus só teria criado a humanidade para esta produzir poetas a fim de que estes, por sua vez, criassem personagens, as únicas pessoas de verdade. "É para eles que Deus criou o Céu e o Inferno. Ou então o senhor imagina que ele aguentaria passar a eternidade toda com a minha sogra ou o imperador da Áustria? Os homens são a argila do Todo-poderoso, a sua matéria-prima, e nós, os artistas, suas ferramentas, sua espátula e seu cinzel. E quando ele, afinal, termina a estátua como queria, em mármore ou em bronze, despedaça-nos todos e nos varre."

Preso nas malhas de uma arte mágica que se finge objetiva e natural, o leitor acaba admitindo que a modista de Luzerna que desencadeia um motim, a linda prostituta romana que a todos cativa com a sua serena alegria e a viúva carola de um general espanhol legitimista retirada em Saumur sejam avatares da divina cantora Pellegrina Leoni, a quem um desastre privou da voz; que um acaso reúna em uma estalagem três homens, cada um dos quais é apaixonado por uma daquelas encarnações; que a misteriosa mulher se suicide quando lhe procuram desvendar a identidade; e que esta, finalmente, seja revelada pelo seu velho protetor, um judeu milionário que a acompanhou com desinteressada ternura através de todas aquelas existências, resignando-se ao papel de mera sombra ("Os Sonhadores"). O mesmo leitor aceitará sem pestanejar que o Cardeal von Sehested, heroico e abnegado salvador das vítimas de um cataclismo, não seja ele mesmo, e sim o seu criado e assassino, que, depois de havê-lo morto, revestiu as suas vestes sacerdotais para assumir-lhe o martírio; e que, ainda por cima, o desempenho perfeito desse papel difícil fosse devido ao fato de o criado, aliás bastardo de Filipe Igualdade, ter sido ator na mocidade ("O Maremoto de Norderney").

Depois disso, já não nos espantaremos ao saber que Karen Blixen escreveu seus contos ora em dinamarquês, ora em inglês. Ela própria traduziu-os de um desses idiomas para o outro. As suas obras escritas em inglês ou traduzidas para esse idioma trazem o nome de Isak Dinesen; que em seus livros vertidos para o alemão aparece como Tania Blixen; que, afora este, usou outros pseudônimos, como, por exemplo, o de Pierre Andrezel para assinar o romance *Vingadores Angelicais*, além do de Osceola em suas obras da mocidade.[50] O fenômeno lembra o caso de Fernando Pessoa, cujos heterônimos correspondiam, cada um, a outra personalidade poética.

Informa-nos o embaixador Paludan de que, não obstante o seu bilinguismo, a contista sentia-se realmente à vontade era em dinamarquês, língua que dominava "com uma mistura de amor e de autoridade". Mas, na medida em que o estilo abrange um elemento expressivo separável do idioma e inerente ao âmago da personalidade, mesmo no inglês da contista, e, até, através das traduções de suas obras para o francês e o alemão, percebe-se um raro poder sugestivo e uma grande e escultórica plasticidade.

Excessivamente cerebrais, e elaboradíssimas, as histórias, cuja ação geralmente se desenrola na primeira metade do século XIX, permitem entrever vasta erudição esotérica e amplo conhecimento da literatura mundial, especialmente de E. T. Hoffmann e outros românticos alemães, assim como de Edgar Allan Poe. Um exame mais profundo haveria de detectar nelas vestígios da psicanálise e um parentesco íntimo com alguns ficcionistas contemporâneos, tão diferentes como Selma Lagerlöf e Kafka. Embora a própria Karen Blixen afirmasse que as suas narrativas não tinham sentido simbólico,[51] a aparente clareza de seus enredos encobre abismos. "A causa da ação de um conto de Karen

---

[50] S. K. Oberbeck. "Gothic Lady". *Newsweek*, 27 nov. 1967.
[51] Eugen Walter. "Tania Blixen in Rom". In: *Die Monat,* n. 227, ago. 1962.

Blixen é frequentemente impenetrável ou, quando não o é, admite várias interpretações."[52]

Como para as velhas senhoritas Coninck (em "A Noite de Elsenor"), para ela "as realidades da vida não têm interesse; só contam as possibilidades"; ou, como afirma um de seus comentadores, "não há limites entre o mundo real e o fantástico; não há sequer o mundo fantástico; basta ver este mundo com outros olhos e persuadindo-se de que tudo é possível".[53] Mantendo-se oculta por trás dos bastidores, a escritora manifesta-se através de suas personagens estrambóticas, em geral aristocratas de alta linhagem e muita sofisticação (como a velha Condessa Carlota em "As Estradas em Redor de Pisa", que, com a idade, compreendeu que "estar morto é mais *comme il faut* do que estar vivo"), ou aventureiros algo desequilibrados, tratados com ironia e ternura. Pela boca deles exprime um desespero fundo e resignado ("que é o homem, pensando melhor, senão uma máquina perfeitamente regulada e de extrema complexidade que, com arte infinita, transforma em urina o vinho vermelho de Xira?"), que frisa o sacrilégio ("O Senhor permitiu-se um disfarce muito audacioso ao fazer-se carne e vir residir entre os homens."), a descrença na cognoscibilidade da verdade ("Nunca ninguém sabe nada daquilo que merece ser sabido.") e uma atitude que só não pode ser qualificada de ateísmo por causa da constante preocupação

---

[52] P. M. Mitchell. *A History of Danish Litterature*. Copenhagen: Gyldendal, 1957, p. 276.

[53] Prefácio a *Sept Contes Gothiques*. Tradução de Mlle Gleizal. Paris: Librairie Stock, 1955.

da autora com a decepção de Deus em face da sua criação ("A diferença essencial entre Deus e os homens é que Deus não pode suportar a duração. Logo que criou uma estação ou uma hora do dia, deseja outra coisa e aniquila aquela.").

Em suma, a serenidade formal esconde uma inquietação profunda; as situações absurdas em que as personagens se envolvem são como que uma paródia do absurdo-mor que é toda a existência; e é o coração da autora que sentimos palpitar nas veias de suas criaturas quando, ávidas de sair da própria pele, sonham viver outras vidas ("Se cada um na Terra fosse mais que uma pessoa única, todos, sim, todos os homens teriam o coração mais leve.").

Retirada em sua propriedade perto de Copenhague, Karen Blixen passou os últimos anos da vida rodeada da veneração dos moços, como uma espécie de instituição nacional, temida e admirada — diz ainda o embaixador. Extinguiu-se em 1962. Cinco anos depois, morria no Rio de Janeiro outro escritor cuja obra, apesar de muitas diferenças essenciais, se aparenta à sua pelo halo mágico e pela ambiguidade substancial — João Guimarães Rosa.

1970

A CRIADORA DE PAVÕES

"O Profeta ganhava três dólares por noite pelos seus serviços e pelo uso do seu automóvel. Chamava-se Solace Layfield; tinha consunção, mulher e seis filhos, e ser profeta bastava-lhe como trabalho."

O trecho é uma amostra do *humour* de Flannery O'Connor, autora do sul dos EUA, a mais máscula das escritoras norte-americanas e a mais amarga dos humoristas desse país. Nascida e criada na Geórgia, onde morreu com apenas 39 anos de idade, em 1964, essa companheira que ganhei numa temporada na Flórida não teve ainda, salvo engano, o seu nome impresso no Brasil. Seus conterrâneos, entretanto, reconheceram-lhe a importância ainda em vida a partir de *Wise Blood*, seu primeiro romance (1952). Depois que o seu livro de novelas *A Good Man is Hard to Find* (1953) lhe valeu uma das bolsas para escritores, a moça, que vivia em seu estado natal a criar pavões, pôde entregar-se, sem preocupações materiais, a outro gênero de criação. Ainda conseguiu escrever um romance, *The Violent Bear It Away* (1960), e outro volume de novelas, este já póstumo, *Everything That Rises Must Converge*.

Não conheço este último livro, mas bastam os três primeiros para fazer sentir a paixão desesperada com que essa autora atormentada quis desencarregar-se da sua incumbência: a de pintar um quadro dessa terra sombria, fanática, atrasada, dilacerada por hereditários conflitos irracionais, que era, a seus olhos, a sua Geórgia natal. Quadro fiel de uma visão distorcida, pois haverá um mundo tão cheio de heróis histéricos e tarados, às voltas com fantasmas e remorsos, virados para o além e totalmente deslocados dentro da realidade? Ridículos e desajeitados, os protagonistas evoluem no meio de pessoas "normais", quer dizer hipócritas, brutais e grosseiras, que por trás da couraça de uma moral feita de *slogans* vazios agem com o cinismo mais deslavado, enquanto aqueles maníacos perpetram suas loucuras em obediência a inspirações obscuras e confusas.

Pode ser rotulado de humorista um autor de semelhantes retinas? Só na medida em que apresenta as situações mais absurdas com absoluta naturalidade, dando aparências de lógica aos atos mais desvairados. O Hazel Motes, personagem de seu primeiro livro, *Wise Blood*, é um pregador fanático empenhado em fundar a Igreja sem Cristo, baseado na convicção de que não houve redenção, e portanto não há crime. Por isso procura o mal para se imergir nele, fornica e mata, sem encontrar o alívio esperado; entretanto, os atos de contrição que pratica simultaneamente por impulso atávico enchem-lhe a vida de conteúdo. Em seu redor gravitam outros anormais: o profeta que se aluga a jornal, o pregador vigarista que se faz passar por cego, o cleptomaníaco em busca de um amigo, a menina precoce e viciada, a alugadora de quartos que vive meditando golpes contra os seus inquilinos; todos solitários inveterados e impedidos de qualquer comunicação com ele, mas que nem por isso deixam de impor rumos à sua existência desgrenhada. Assim é que, descoberta a impostura do pregador cego, ele acaba por cegar a si mesmo; no fim, em sua ânsia de expelir o Cristo do mundo, ele mesmo se torna Cristo. Por sua vez, embora repelindo as tentativas de aproximação dos outros, leva-os a façanhas esdrúxulas, prenhes de circunstâncias imprevisíveis: o cleptômano rouba uma múmia para dar-lhe o novo Cristo, de quem o sente necessitado; a alugadora de quartos, que o acolhera para despojá-lo de seu montepio, oferece-se para partilhar-lhe a vida absurda — momentos antes de ele expirar. Com efeito, todos os gestos de ternura que irrompem do fundo obscuro do ser e em que se manifesta o sobrenatural são esboçados tarde.

Nesse universo perturbado, em que o cômico não passa de um excesso do absurdo, tudo é símbolo. O guarda do Zoo, com ciúmes dos seus animais alojados e alimentados sem nada fazerem em troca, sente-se realizado no momento em que pode trocar as suas roupas humanas por uma pele de gorila.

A experiência pessoal da autora devia estar ligada ao proselitismo obcecado das seitas que pululam no Sul, senão não teria reescrito esse livro no seu segundo romance, *Os Violentos Levam Vantagem*. Pela segunda vez, representa um revoltado cuja rebeldia não passa de uma forma de busca: um menino de quatorze anos, criado pelo tio-avô iluminado, outro profeta insano, que o raptara do berço e o educara num misticismo confuso e no ódio da própria família. Mas com a morte do ancião, o rapazinho, arrebatado por um sopro libertador, rebela-se contra as últimas vontades dele, recusa-se a enterrá-lo e, incendiada a casa, foge junto ao irmão da mãe morta, um professor (a quem o profeta também tentara raptar outra vez, mas que conseguiu desvencilhar-se em tempo daquela loucura envolvente). Nenhum contato, porém, consegue estabelecer-se entre o fugitivo e o único membro normal da família: o menino, à sua revelia, passa a encarnar em si o morto mal-exorcizado e a sua mania batizadora. Em conclusão, ele batiza o filhinho mentalmente atrasado do professor afogando-o num lago. Só essa aliança de duas loucuras, a do morto e a do vivo, logra realizar o ato de caridade cristã de que o professor, paralisado pelo intelecto e pela cultura, se mostrara incapaz.

Como nos desenhos das seções de enigmística, somos convidados a descobrir uma figura qualquer de contornos confundidos com os meandros do quadro — o ladrão, um gato, uma ave; assim, todas as obras de Flannery O'Connor parecem feitas para levar o leitor a procurar o Deus cristão escondido nalgum cantinho de uma confusão labiríntica de traços. É esse Deus violento, espécie de artista primitivo que não se peja de utilizar qualquer barro, que opera também nas novelas de *Custa-se a Encontrar um Homem Bom*.

O espertalhão vagabundo que desposa uma surda-muda para fugir no carro dela prega convincentemente o amor do lar ao rapaz fugido de casa que lhe pediu carona ("A vida que você salva pode ser a sua."). A solteirona formada em filosofia, que, sem ilusões, oferece a sua virgindade a um jovem vendedor de Bíblias ambulante, é reduzida à humildade quando o falso namorado desaparece levando-lhe a perna mecânica ("Boa gente do campo."). São histórias de uma crueldade inexcedível, em que mutilados de corpo ou de espírito se mortificam e são mortificados.

Num mundo esclerosado por uma moral de rotina, toda exterior, a ternura, condenada de antemão, desabrocha nos momentos menos apropriados. A avó decrépita cujas insistências levam a família endomingada — a típica família de beócios produzida por uma sociedade massificada — a um passeio onde todos são chacinados sente-se invadida por uma onda de amor diante do chefe dos bandidos, o qual, com medo de perder a linha, mata-a à queima-roupa para cortar-lhe a loquacidade e evitar, assim, o contágio.

"— Teria sido uma ótima mulher — disse o Inadaptado — se tivesse alguém perto para dar-lhe um tiro em cada instante de sua vida.

— Esta é boa — disse Bobby Lee.

— Cala a boca, Bobby Lee — disse o Inadaptado. — Não tem verdadeira alegria na vida." ("Custa-se a encontrar um homem bom.")

O ápice dessa arte é atingido na história do "Deslocado de Guerra", o refugiado polonês cuja competência técnica e honestidade efetuam renovação radical numa das tradicionalmente decadentes fazendas sulistas, mas tamanha renovação incute medo não só no administrador, um "branco pobre", e nos lavradores pretos, como também na principal beneficiária das mudanças, a fazendeira. Ao saber que o polonês, para salvar uma parente retida num campo de concentração pelos nazistas, quer casá-la com um negro, ela sente todo o seu sistema de valores ameaçado e adere ao ódio que se desencadeara contra o polonês. Basta isso para o deslocado de guerra, encarnação moderna de Cristo, morrer num acidente provocado.

É nesse ponto que o trauma do *deep South* se enxerta no sofrimento geral e que a tragédia americana de Flannery O'Connor se alarga, confundindo-se com a tragédia europeia da nossa época. Ela, porém, teve de montar o seu inferno particular com peças da terra que tão profundamente amava e compreendia.

1969

Hungárica

KÁLMÁN MIKSZÁTH,
UM ROMANCISTA HÚNGARO

A obra de Kálmán Mikszáth (1847-1910), se é das mais fáceis de ler, é das mais difíceis de descrever. É quase impossível dar uma ideia dessa arte complicada que se finge de ingênua e sem recursos — sobretudo para um público estrangeiro que a desconhece completamente. A cozinheira de Mikszáth[54] achava que ela mesma podia ter escrito os livros do amo, por serem tão simples e naturais; a crítica de seu país considera-o o grande pintor consciente e consciencioso de uma época, de uma sociedade inteira.

Sem contestação, Mikszáth é o maior prosador húngaro. Escreveu seus livros nos últimos decênios do século passado e no primeiro deste, provavelmente a época mais feliz da história de sua pátria. Período de paz e prosperidade que culminou com os festejos da existência milenar da Hungria em 1896. O conflito tradicional entre a Áustria e a Hungria ia se atenuando; Buda e Peste, unidas havia pouco, transformavam-se numa das capitais mais belas, mais alegres da Europa; os progressos da indústria, o desenvolvimento do capitalismo, que só então se fizeram sentir naquela região,

---

[54] Pronúncia do nome do escritor: Cálman Mícsat.

traziam uma onda de prosperidade. Ninguém pensava na possibilidade de complicações internacionais, e até os problemas internos apareciam através do véu de uma compreensível euforia. Bem que havia a efervescência contínua entre as minorias — eslovacos, romenos, sérvios, croatas, procurando realizar a sua autonomia; a proletarização da população agrícola ocasionava um êxodo perpétuo para a capital e uma emigração cada vez mais intensa para além-mar; a grande indústria trouxe o problema operário. Mas quem levaria a sério dificuldades tão insignificantes num país que aguentara mil anos — e que mil anos!

Mikszáth é o romancista dessa era. Veio logo depois de Jókai, representante famoso do movimento romântico na Hungria, e é comparado a ele que pode ser mais bem caracterizado e compreendido. Jókai criara um universo patético, de fortes paixões e grandes aventuras que agitam criaturas extraordinárias, ou anjos ou demônios, envolvendo-as em lutas gigantescas, façanhas sobre-humanas. As peripécias fantásticas em que as lançava com imaginação indisciplinada exaltavam o público e exasperavam a crítica. Mesmo esta, porém, reconhecia em Jókai muito espírito e bom humor, grande capacidade de observação e vigoroso realismo que se revelavam nas paisagens, na pintura do ambiente e nos retratos das personagens acessórias.

Mikszáth, que faria a melhor biografia de Jókai,[55] era, de todos os pontos de vista, o oposto de seu biografado.

---

[55] *Maurício Jókai e a Sua Época.* Budapeste: Révai Testvérek. Dois volumes. As edições húngaras das obras de Mikszáth — cujos títulos preferi traduzir — não trazem data.

Este, tipo do gênio egocêntrico, vaidoso, alheio à realidade, tivera uma existência excepcional: fora líder da revolução de 1848, ardera em duas grandes paixões, convivera com o lendário poeta Petöfi. Mikszáth, a quem nada extraordinário acontecera em toda a vida — casou, teve filhos, foi funcionário público, cronista parlamentar, deputado sem atuação notável —, era um homem jovial por excelência, simples e afável, bom pai de família, grande conversador e observador malicioso. Parece ter se empenhado em continuar a obra de Jókai, mas de maneira bem estranha, salientando-lhe os aspectos negligenciados, transformando os comparsas do outro em protagonistas, fazendo primeiro plano do que no outro era apenas bastidor. Desaparecem os excessos da imaginação: Mikszáth não inventa, por assim dizer, nenhum enredo; nunca transpõe as fronteiras da Hungria, ou, melhor, do Norte da Hungria, onde nasceu; não somente não atribui dimensões sobre-humanas às suas personagens, como chega a ter pendor natural para diminuí-las a ponto de, em seus romances históricos, reduzir as personagens antigas ao tamanho das de hoje.

Nos livros de Jókai, o heroísmo é atitude frequente e natural; seus estudantes, comerciantes, mocinhas são potenciais heróis, tribunos, mártires. Nas mãos de Mikszáth, até um herói de epopeia, o Conde Zrinyi, espécie de Orlando húngaro, acaba por assumir feições engraçadas.

Que romance original, aliás, essa *Nova Zrinyiada*, em que o autor imagina a ressurreição, por volta de 1900, da guarnição de Szigetvár, morta quando defendia a fortaleza contra os turcos, no século XVI. Zrinyi e seus heróis procuram adaptar-se à vida moderna e suas instituições: a democracia parlamentar, a imprensa, o comércio, os bancos, a polícia, a estrada de ferro, os teatros. Os leitores da época devoravam esta sátira cheia de espírito, em que os ressuscitados são postos em confronto com as personalidades mais em evidência da vida pública de então e se envolvem numa série de conflitos, até que se verifica a inteira impossibilidade de uma adaptação. Para resolver o impasse, o autor inventa nova guerra, novo assédio e nova morte da guarnição.

A Nova Zrinyiada, em que o século XVI revive em pleno regime capitalista, tem um *pendant* na própria obra de Mikszáth, *O Assédio de Beszterce*, cujo protagonista, o Conde Pongrácz — personagem real —, sonha com a Idade Média e acaba recriando em torno de si o mundo feudal, sem ligações com a realidade. Suas extravagâncias culminam no assédio de uma cidade e levam-no a conflitos com as autoridades, até que desaparece tragicamente.

As personagens de Jókai sacodem a sua época, transformam o mundo ambiente; não é por acaso que um de seus romances se intitula *Eppur si muove*. Os de Mikszáth são todos vencidos. Ou são anacronismos vivos, ou combatem inutilmente contra sobrevivências do passado. O Conde Butler, em *Casamento Estranho*, gasta a vida em querer anular um matrimônio fraudulento e ilegal, mas que a Igreja, para não comprometer um de seus servidores, tem interesse em manter. Paulo Görgey, em *A Cidade Negra*, perece vítima do ódio artificialmente mantido e exasperado de uma cidade alemã. Maria Tóth, a linda moça de um comerciante rico, em *O Caso do Jovem Noszty com a Maria*

Tóth, é vilipendiada e perseguida por uma sociedade inteira que lhe cobiça a fortuna.

Este último romance, o maior de todos, patenteia completamente o caráter anacrônico da própria vida da nobreza húngara, a classe dirigente de então. Trata-se menos da aristocracia, que Mikszáth não conhecia bem, do que da pequena nobreza, a *gentry*, que havia mil anos tomava conta do país e chegara à época da decadência. Mais de uma vez o escritor revela a miséria dourada daquela gente orgulhosa e exausta, todos os seus vícios, vaidades e fraquezas. Quase todos arruinados, os fidalgos vivem das migalhas de uma glória passada, procurando manter um prestígio falso e um brilho sem fundamento. Numa novela,[56] o narrador conta o luxo inaudito de umas bodas para as quais é convidado. Um acaso lhe revela que todo aquele esplendor é de mero reflexo: os carros dos convivas, as librés dos criados, os talheres do hospedeiro, tudo é emprestado; o próprio castelo, último resto da grandeza antiga, serve de rodízio para uma dúzia de famílias em caso de núpcias. Ou vejam-se as eleições parlamentares e departamentais, contadas por Mikszáth com *verve* extraordinária,[57] em que todos os truques e todas as manhas intervêm para se eleger o genro do prefeito ou qualquer outro membro do clã. O jovem Noszty, esse rapaz encantador, adorado pelas mulheres, é um produto típico de decadência. Tendo falsificado uma letra de câmbio, deve resignar a patente de oficial; incapaz de regeneração e de

---

[56] *Os Cavalheiros*. Budapeste: Lampel R.
[57] *Uma Eleição na Hungria.*

qualquer trabalho útil, mete na cabeça restaurar por meio de um casamento rico a fortuna perdida no jogo e atira-se à caça de um dote, ajudado por todo o parentesco.

— "Tu és grão-senhor" — explica o velho Noszty ao genro, prefeito eleito graças ao auxílio da família — "mas o menino está em situação crítica. Deves considerar a força do parentesco da família conjunta, como um edifício que desafia os séculos com as muralhas, os bastiões, as torres ainda intactas, mas que tem também suas fendas por onde a chuva se infiltra nas salas. Esse edifício, é preciso reforçá-lo constantemente, tapando as gretas, consertando com vigas de ferro as paredes rachadas. No momento, Chico é uma das traves rachadas, é ele que deve ser amparado."[58]

O prefeito compreende perfeitamente a argumentação, e todos os recursos da administração departamental são mobilizados para ajudar Chico Noszty a seduzir uma herdeira rica e forçar-lhe os pais a casá-la com o jovem farrista.

A pintura acusa tanto maior melancolia quanto o romancista gostava daquela classe condenada (que era a sua) e não podia deixar de olhá-la com ternura. Doía-lhe prever, após um passado tão longo e, apesar de tudo, cheio de episódios grandiosos, um futuro tão precário, tão breve. E como a sociedade fidalga, à volta dele, se estonteava em festas, farras, caçadas e jogo, Mikszáth refugiava-se na arte e escrevia aqueles romances multicores, deliciosos, variados, através de cuja trama apareciam sempre os fios

---

[58] *O Caso do Jovem Noszty com a Maria Tóth*. Budapeste: Franklin Társulat, p. 198, vol. I.

negros de uma realidade que não se pode modificar, nem esconder. Os contemporâneos, bem menos perspicazes que o autor e fugindo, malgrado seu, a uma visão realista das coisas, preferiam colher apenas, daquela obra complexa, a impressão superficial de serenidade.

Mikszáth, aliás, nunca se arrogou a atitude de doutrinador, nem sequer de crítico social: suas sentenças mais severas, seus prognósticos mais pessimistas (do ponto de vista da classe dominante de então), põe-os de preferência na boca de suas personagens estrambóticas, desses esquisitões que enchem o mundo de seus livros. O leitor que resolva então se o autor fala em seu próprio nome ou apenas solta a língua à sua criatura.

O prefeito Kopereczky, mistura original de bobalhão e gênio, repreende brincando seu secretário Malinka, que lhe externa ingenuamente o desejo de ser rico e possuir propriedades como ele, Kopereczky:

"Não formule tais desejos, meu amigo. Considere-se feliz em não possuir nada. O país é dos que nada possuem, acredite-me! Não tente a Deus, Malinka! Não vê que agora tudo está dependendo das maiorias? O primeiro-ministro fala em maioria, o deputado que o sustenta fala em maioria; a existência de ambos está baseada na maioria. O próprio rei fala em maioria, pois é esta que lhe vota a conscrição, o orçamento militar, a Lista Civil. A maioria é quem manda, e nela Kopacska é um número, Eszterházy, outro. Nenhum dos dois vale mais de uma unidade. Apenas Kopacska tem a vantagem de não possuir nada, e se lhe ocorrer um dia entender-se com todos aqueles que também não possuem nada, verá que são eles a maioria. Tenho medo de que um dia eles percebam isto, e então serão eles que mandarão e o país será deles. Você é bastante leviano para desejar propriedades? Será que você é louco? Vamos, Malinka, meu amigo, não retribua com ingratidão os benefícios da Providência."[59]

Por mais nítida que seja a sua percepção da crise próxima, Mikszáth não faz questão de elaborar com os sintomas observados uma síndrome completa e de tirar deles a conclusão desenganada que se impõe. Dir-se-ia deseja evitar o que sucedeu a uma de suas personagens, o loquaz Doutor Pázmár, que, num irrefletido acesso de sinceridade, se lembra de explicar ao industrial Miguel Tóth que de nada vale o hospital de duzentos leitos filantropicamente mantido por ele, uma vez que suas fábricas estragam a saúde de trezentos operários; daria mais resultado fechar as fábricas e mandar a filantropia às favas. O industrial concorda com a argumentação e fecha suas fábricas, medida cuja primeira vítima é o próprio doutor, que perde seu emprego de médico fabril.[60] Mikszáth, por instinto, mostrava-se mais prudente, para não perder a sua plateia.

Nem devia perdê-la, pois era essencialmente um contador de anedotas, que precisa de constantes sinais de aprovação do auditório para poder prosseguir na sua narração.

Ainda hoje, a obra de Mikszáth produz essa impressão de coisa contada de viva voz: o leitor húngaro, ao lê-la, imagina ouvir-lhe a voz borracheirona, ver-lhe os gestos

---

[59] Ibidem, p. 86, vol. I.
[60] Ibidem, p. 86, vol. III.

expressivos, o piscar de olhos entendido. Como quem fala numa roda de amigos, ele deixa a frase inacabada, detémse, emenda-se, volta ao ponto de partida, segue as sugestões mais inesperadas da associação momentânea, discute consigo mesmo, dirige-se ao leitor. Em duas frases, capta a simpatia e a atenção, e elas a acompanham por toda parte, pelos caminhos mais tortuosos da fantasia.

"O Condado de Szepes" — assim começa um de seus romances — "tinha um subprefeito memorável na época de Thököly. Tempos maus aqueles, bem incertos. Quem imperava segunda-feira era o *labanc*, quem mandava quarta-feira era o *kuruc*.[61] Tinha-se de dançar no meio de ovos, mas a cada passo errado quebravam-se cabeças humanas. É verdade que estas custavam, então, menos que os ovos. Fosse como fosse, o poder é sempre o poder, e quem o detém é como o morfinômano que deseja cada vez doses maiores. Afinal de contas, o poder só é desagradável considerado de baixo para cima; de cima para baixo, tem sempre sido cômodo".[62]

Não é de admirar que o leitor se divirta com esse curioso diálogo de uma só voz, que aceite sem exame ou reflexão os deliciosos sofismas, os originais silogismos que ajudam o autor a passar de um assunto para outro, a apresentar uma nova personagem.

---

[61] Nomes que se davam, nas sangrentas guerras internas do fim do século XVII e do começo do século XVIII, aos dois partidos em luta: *labanc* (pron. *lábants*), aos soldados do imperador da Áustria e rei da Hungria e aos simpatizantes de uma união austro-húngara; *kuruc* (pron. *cúruts*), aos partidários de Thököly primeiramente, de Rákóczi depois, chefes de levantes de caráter nacional.

[62] *A Cidade Negra*. Budapeste: Franklin Társulat, p. 5, vol. I.

O memorável subprefeito a quem alude o trecho citado era um homem popular.

"Popularidade! Coisinha bem esquisita, essa. A única, no mundo, cuja aparência vale tanto quanto a presença real, e talvez até mais, pois o homem julgado popular pode alcançar lugar bem alto na hierarquia pública, mesmo que na verdade seja odiado; ao passo que, se é querido sem parecer que o é, não chegará a coisa alguma. As realidades são fortes blocos de granito, mas as ascensões mais rápidas se esteiam nas aparências."[63]

Deliciando-se com essa tagarelice em que uma palavra puxa outra e cada nome traz à baila um episódio, um caso, o leitor, ao mesmo tempo, está prestes a imaginar que o próprio autor é, como ele, simples vítima daquelas associações divertidas que o levam ninguém sabe aonde. Mikszáth distraía-se em alimentar essa impressão, naturalmente falsa, e aproveitava as ocasiões para proclamar que era escritor meramente instintivo, inconsciente dos seus recursos.

O exemplo mais característico dessa atitude temo-lo no conto "O Ferreiro e a Catarata", que Mikszáth escreveu em vez de prefácio para o volume de um jovem contista.[64] A personagem principal, o ferreiro de uma aldeia, homem completamente inculto e primário, torna-se um especialista em operações de catarata, chegando a realizar verdadeiros milagres. Sua fama alcança os meios científicos da capital

---

[63] Ibidem, p. 8, vol. I.

[64] Esse conto, com mais outro do autor ("A Mosca Verde e o Esquilo Amarelo"), saiu depois em tradução portuguesa em minha *Antologia do Conto Húngaro*. 3. ed. Rio de Janeiro: Artenova, 1975.

e um grande oculista vem pessoalmente examinar o fenômeno. Chegando, vê o ferreiro operar com um simples canivete o olho de um doente. Cheio de espanto diante do instrumento inadequado, da falta de higiene, da completa ignorância do empírico, o facultativo expõe-lhe longamente o mecanismo complexo do olho, a sensibilidade extraordinária do cristalino, os perigos a que tão grosseira intervenção expõe o paciente. O ferreiro escuta-o cada vez mais horrorizado e compreende a ousadia do ato que tantas vezes praticou; sente-se inibido para sempre e nem sequer pode mais operar o outro olho do mesmo doente.

Não é difícil entrever a lição que Mikszáth quis dar por meio da alegoria, maneira caracteristicamente oriental de responder: as regras da arte não podem ser formuladas nem transmitidas; o artista só "opera" direito enquanto não as conhece. Evidentemente, ele as conhecia e muito bem; mas nesse caso também — como no da popularidade, citado há pouco — mais vale a aparência do que a realidade. O contista pode ser um artista consciente, mas não deve parecê-lo.

Na realidade, esse narrador simples, que parecia contar casos sem muito refletir, sem embelezar ou arredondar, era um requintado artista que aproveitava sábia e calculadamente os elementos pitorescos que lhe oferecia ainda aquele crepúsculo da Hungria feudal e patriarcal. Arquivava na sua memória extraordinárias cenas, tipos, fatos curiosos, e soltava-os sempre no momento oportuno, com a maior naturalidade. Um ou outro episódio que parece desviar o interesse da ação principal vem na realidade interrompê-la para melhor preparar um efeito inesperado, imprimir ritmo mais rápido ao desfecho ou esclarecer por contraste um caráter ou uma situação.

A melhor prova da preocupação artística de Mikszáth é, talvez, o uso constante que faz das superstições e crendices populares. Indiferente em matéria de religião, ou, antes, cético de tendências liberais, como o comportava a época, é claro que não acreditava em fenômenos sobrenaturais. Mas descobrira-lhes a aproveitabilidade literária, e enche as suas narrativas de coincidências, de fatos curiosos e inexplicáveis, fazendo-os comentar por pessoas crédulas e assustadiças.

"O Dr. Medve era popular na região, apesar dos costumes cordiais do bom tempo antigo, em que o pessoal morria sozinho, cada um perguntava ao cuco quantos anos ia viver e o tratamento das doenças ficava a cargo das curandeiras, dos moleiros curiosos e dos amuletos. Quem levasse no pescoço, costurada num saco, uma lagartixa encontrada antes do Dia de São Jorge, ficava livre de gota e erisipela. O melhor remédio para a febre quartã era o paciente revolver-se sobre nove túmulos no cemitério (o mal saía tanto por causa da maceração do corpo quanto pelo susto). A Sra. Dókus, no seu jardim de Gálszécs, tinha uma erva que bastava introduzir no ouvido de qualquer homem ou bicho para expelir toda espécie de doença. A tísica era só curada com marroio. Quando esse remédio não dava resultado, havia outro, mais poderoso e infalível, embora de aquisição algo difícil: o doente colocava no travesseiro ou no colchão uma pitada das cinzas do famoso heiduque Paulo Arnold, que morreu mordido por vampiro, voltou a aparecer depois de morto e ele mesmo mordeu quatro pessoas, caso que provocou alarma em toda a Europa de 1732."[65]

Não se limita Mikszáth a espalhar em todas as suas obras essas informações pitorescas, tão gratas às pessoas interessadas na história dos costumes. Frequentemente escolhe como assunto uma lenda popular, qualquer das estranhas tradições locais da Hungria do Norte, particularmente rica em material poético. Na verdade, a lenda serve mais de ponto de partida que de assunto; a sua explicação, que o racionalismo de Mikszáth não podia dispensar, vem como que acessoriamente, e se o escritor lhe tira os ouropeis de que o fanatismo a envolvera, não destrói por inteiro a atmosfera de mistério e de penumbra.

"— Pobres lendas!" — diz uma de suas personagens. — "Se a gente soprasse numa delas, dissipando com o sopro o esmalte dourado, o perfume ritual, a fumaça de mistério, que realidadezinha mesquinha, despretensiosa, ficaria no fundo! — Então — respondeu-lhe a mulher — é melhor não soprar."[66]

Uma dessas lendas aproveitadas por Mikszáth é a do guarda-chuva vermelho que, numa pequena paróquia da Hungria Setentrional, opera curas milagrosas e acompanha os enterros para assegurar aos defuntos a paz eterna. Aberto, num dia de temporal, sobre a irmãzinha do padre, pela mão de um ancião desconhecido — São Pedro, sem dúvida —, salvara a vida da pequerrucha, e desde então passou a relíquia,

---

[65] *Casamento Estranho*. Budapeste: Franklin Társulat, p. 41, vol. 1.
[66] *O Guarda-chuva de São Pedro*. Budapeste: Lampel R., p. 224.

assegurando, com o decorrer dos anos, um razoável bem-estar ao pobre cura e à irmã, que já cresceu e é uma linda menina casadoura.

Aí está a lenda na qual Mikszáth descobre imediatamente o germe de um romance. É só procurar os antecedentes do guarda-chuva. Eles conduzem o romancista a uma cidadezinha (gostava muito das cidadezinhas), à casa de um esquisitão (gostava muito dos esquisitões). Inimizado com a família e amasiado com a própria governanta, o homem gosta apenas de um ser no mundo: o filho ilegítimo, a quem não ousa, porém, tornar seu herdeiro exclusivo por causa da provável reação dos parentes. Passa os últimos anos da vida a procurar um meio de deixar-lhe a fortuna de maneira inatacável. Vende quase todos os bens, deposita o dinheiro em bancos e converte-o num cheque único, que entregará ao filho antes de morrer. Mas a fatalidade quer que ele morra na ausência do filho, e nem este nem a mãe conseguem mais encontrar o cheque. Só anos depois ocorre ao filho, já advogado, que o papel devia estar escondido no objeto que o pai, ao morrer, segurava na mão: era um guarda-chuva vermelho.

Começa a investigação da história do estranho objeto. Os indícios conduzem até a pequena paróquia — foi lá que um velho adeleiro judeu, meio demente (o São Pedro da lenda), o abandonou na sua última peregrinação — e eis que o pesquisador vê o objeto precioso tido em peculiar estima por toda uma região, que o venera sem lhe atinar com o verdadeiro valor. Mas a relíquia está nas mãos do padre; para aproximar-se dela, o jovem advogado requesta a mão da irmã deste.

Assim, a história acabaria com a descoberta do tesouro — se os fiéis devotos não tivessem, anos antes, substituído o surrado cabo de madeira por um lindo cabo de prata. O cabo antigo foi queimado pela governanta do padre para fazer um chá contra resfriado. Assim, o desfecho é apenas um casamento entre dois jovens algo desiludidos, um pela perda da fortuna, outra por haver notado que o pedido de casamento tinha uma segunda intenção.

O que importa não é o casamento, nem sequer o guarda-chuva com cabo ou sem ele, mas sim a deliciosa viagem que fazemos com o autor à procura da relíquia e as divertidas relações que travamos no curso do caminho. Percorre-se um mundo original, desaparecido e esquecido, cujo encanto aumenta com a distância intransponível que o tempo interpõe entre ele e a nossa época estandardizada.

Como Mikszáth gosta de percorrer conosco as cidadezinhas! O que o atrai nelas, antes de tudo, é a sua variedade:

"Antigamente, não havia os clichês de hoje. Todas as cidades diferiam entre si. Era um prazer viajar de uma para outra. Quem conhecia muitas cidades, tinha a impressão de possuir grande número de parentes espalhados pelo mundo, cada qual tendo um lado simpático. Em Ujhely, compra-se bom vinho; em Tiszaujlak, ótima cera para bigodes; em Körmöc, rendas como a escuma; em Miskolc, pão fofo; em Rimaszombat, cabaça; em Gács, pano que nem couro; em Léva, couro que nem pano; em Esztergom, sela; em Szabadka, avental bordado; em Selmec, cachimbo; em Libetbánya, genebra. Agora a gente encontra tudo isso em qualquer lugar, no armazém da esquina; não é mais preciso ir procurar longe cada coisa. Mas também é verdade que não são da mesma qualidade nem proporcionam o mesmo prazer que dava colecioná-las no decorrer da viagem. Quanto a Kapos, era a cidade das peneiras e dos crivos. Uma peneira de Kapos, quando trazida de longe, valia um beijo de moça bonita; hoje vale oitenta *krajcár*. Não era, pois, aquele mundo tão ruim assim."[67]

Outro encanto das cidadezinhas, aos olhos desse apaixonado, é a sua uniformidade:

"Em certos aspectos, todas as cidadezinhas são iguais. Têm um famoso advogado, de quem se admira a astúcia; uma casa mais bonita, cujas paredes ressumam dignidade e majestade aos olhos dos transeuntes; umas mulheres fáceis, outras lindas e inacessíveis; um rico negociante, de quem se comenta a fortuna; um taful, de quem se imita o trajar e os modos, e que, se foi grande, sobrevive em certos gestos, na maneira de agitar a bengala, de cumprimentar as senhoras com o chapéu, e continua a influenciar gerações como um orador ou um ator: seus hábitos, seus ares, até seus trejeitos, se perpetuam. Toda cidadezinha, por menor que seja, inda que seja apenas Zsolna, é um mundo completo, onde há tudo para ocupar os cinco sentidos. Os acontecimentos, as tragédias, os conflitos são bem mesquinhos, mas nem por isso deixam de irritar os nervos."[68]

É nessas cidadezinhas que vinga a flora de esquisitões em que Mikszáth escolhe de preferência os seus comparsas: o fer-

---

[67] *Casamento Estranho.* p. 67-8, vol. II.
[68] *O Assédio de Beszterce.* Budapeste. Lampel R., p. 224-5.

324

reiro politiqueiro, cuja oficina substitui o clube e o jornal; o advogado maníaco de relógios, que vive acertando o seu cronômetro pelos dos outros; o *gourmet* de província, que oferece recompensa por cada receita de prato novo; o camponês genial, homem de mil ofícios e talentos, que perde seus dotes em fabricar mecanismos caseiros para seu senhor; o pai rico, que propõe adivinhações aos pretendentes da filha para experimentá-los; o velho negociante respeitado, que mantém, no meio da floresta, um verdadeiro harém; a governanta intrigante, que sabe tirar os segredos dos outros sem nada lhes perguntar, repetindo-lhes apenas, oportunamente, suas próprias palavras; a mulher tagarela, cuja palestra é alimentada pelas associações mais disparatadas:

"Meu Deus — disse a Sra. Tóth voltando para o seu grupo depois de acabada a conversa —, como esses aristocratas são diferentes! Como suas mulheres são delicadas! Até a voz delas é fofa como uma renda de Bruxelas. Só não compreendo por que lhe faltam [à interlocutora que acaba de deixar] os caninos de cima e por que não manda fazer dentes postiços em seu lugar. Em Paris, conheci uma Condessa Lambelle; a ela também faltavam precisamente esses dois dentes. Talvez seja da moda. Mas, desculpem, tenho de procurar a minha filha. — Pôs o lornhão com um gesto inspirado em reminiscências aristocráticas e olhou em redor, mas logo se virou para o grupo. — Mas não, não pode ser moda. A Condessa Lambelle perdeu os dentes foi de um coice da cavalgadura, e não é de supor que o cavalo conhecesse a moda... É verdade que, segundo o criado, era um cavalo muito alto. O conde deu um tiro no bicho...

Ainda hoje tenho vontade de chorar quando penso no coitado do cavalinho."[69]

Esses tipos enchem as páginas de Mikszáth e comunicam-lhes vitalidade extraordinária. Tudo, aliás, concorre para intensificar o caráter vivido. A própria maneira por que o escritor "familiariza" a história é um exemplo convincente desse raro poder. Ele faz intervir nas suas narrativas, de vez em quando, uma ou outra personagem histórica, conhecida por todos. Logo no início de *Casamento Estranho*, aparece Luís Kossuth, o futuro chefe da revolução de 1848, sob os traços de uma criança que surpreende seus companheiros pela habilidade com que apanha duas galinhas. Por outro lado, em *A Nova Zrinyiada*, como já lembramos, os heróis ressuscitados entram em contato com as personagens mais famosas da época, os políticos e deputados colegas do próprio Mikszáth, tais como elas aparecem no parlamento, no clube, nas colunas dos jornais.

O gênero de Mikszáth nunca é o romance histórico no sentido de Scott. Ele prefere o passado mais próximo, irmão do presente, cujas testemunhas ainda vivem em nosso meio e podem ser interrogadas. Mesmo quando volta mais para trás, preocupa-se menos em acumular pormenores materiais do que em reconstruir a mentalidade da época de que tantos vestígios sobrevivem nos costumes e na maneira de pensar do povo. Eis por que o seu único verdadeiro romance histórico, *A Cidade Negra*, cuja ação se desenvolve no início do século XVIII, se lê como qualquer de suas histórias modernas.

---

[69] *O Caso do Jovem Noszty com a Maria Tóth.* p. 18, vol. III.

O enredo desse livro é todo baseado em fatos históricos. O subprefeito húngaro do condado de Szepes fere gravemente, numa discussão fortuita, o burgomestre alemão de Löcse, uma das cidades alemãs que na Hungria de então gozavam autonomia completa. Os conselheiros municipais, testemunhas do acidente, em vez de cuidar da ferida, lembram-se do privilégio medieval da sua cidade que atribui "força aquisitiva" ao sangue do burgomestre de Löcse, e põem-se a carregar o corpo do agonizante pelas terras do condado adentro, espremendo-lhe todo o sangue para com ele marcar as novas terras anexadas à cidade. Em vez de enterrar o cadáver, mutilam-no, expondo-lhe publicamente o coração e uma das mãos para lembrar aos seus concidadãos a obrigação da vingança. Outras medidas são ordenadas com o mesmo intuito: todos devem vestir-se de preto, as distrações são proibidas. O mundo vai pelo seu caminho, passam anos, guerras e revoluções, e a Cidade Negra continua chocando a sua vingança e abate-se sobre a sua vítima quando esta menos o espera.

A fria crueldade dos dirigentes alemães, a grande impressionabilidade do povo, incapaz de resistir à propaganda, sua capacidade incrível de odiar e de se acovardar, sua predileção por governos tirânicos, raramente foram tão bem estudadas. A serenidade impassível do escritor não deixava perceber o profundo horror da história, num tempo em que os alemães se faziam passar por sensíveis e cordatos, amigos da ciência e da música. Assim como outros romances de Mikszáth só revelavam seu pleno sentido com o desmoronamento da Hungria histórica no fim da I Guerra Mundial, era precisa a segunda, com os infames horrores dos campos de concentração e os assassínios em massa, para conferir ao crime da Cidade Negra a devida perspectiva.

Assim o tempo vai gravando os traços de Mikszáth sob uma nova luz, fria e cruel: um Dickens em quem se descobre de repente algo de Kafka, um Daudet que esconde profundezas e amarguras russas. E, sob a nova luz, os contornos do contista patriarcal, do narrador delicioso de casos pitorescos, vão crescendo, crescendo.

1949

O SOLDADO MENTIROSO

De 1940 a 1945, a literatura da Hungria, assolada pela barbárie nazista, entrou num sono letárgico. Seus escritores, espalhados pelos campos de trabalho forçado ou submetidos a tribunais de exceção, refugiados nos porões da capital bombardeada ou confinados no gueto, estavam empenhados numa única tarefa: sobreviver. Para a grande maioria deles, sentar-se numa cadeira, a uma mesa com uma caneta na mão, tornara-se tarefa tão impossível como tentar paralisar as leis da gravitação. O documento literário característico dessa época são os fragmentos de poesia rabiscados em pedacinhos de papel que permitiram a identificação, entre centenas de fuzilados, do corpo do poeta Nicolau Radnóti. Seu monumento impresso, a *Antologia dos Escritores-Mártires da Hungria*, de Ladislau Bóka, nunca poderá ter uma edição definitiva e completa, pois cada leitor está em condições de lhe acrescentar um ou vários nomes hauridos nas próprias lembranças daqueles anos apocalípticos.

Quando, em 1945, o exército russo libertou a Hungria da ocupação alemã e da dominação dos colaboracionistas indígenas, meses passaram-se a recriar as condições mais elementares da existência, a remover escombros, a enterrar os mortos a recensear os vivos. Traumatizados pelo que lhes coube ver e sofrer, os poucos escritores sobreviventes atiraram-se freneticamente à tarefa de testemunhar. Ainda cambaleando sob o impacto do mundo que desabara sobre eles e embriagados ao mesmo tempo por uma atmosfera de liberdade desconhecida havia muito, apressaram-se a falar, a escrever, a depor, uns sentindo que os sofrimentos suportados pouco tempo lhes deixavam para viverem, outros prevendo que aquela época de dolorosa euforia não duraria muito tempo.

Com efeito, mal se passaram dois anos, e o Partido Comunista, emergindo de uma coalizão de forças antinazistas, já tinha tomado o poder, e dentro em pouco os escritores estavam arregimentados a serviço da dialética. Antes que se pudesse imprimir grande parte das obras escritas naquele breve período, a literatura viu-se submetida a diretrizes partidárias cada vez mais rigorosas.

O degelo que nos países do campo socialista sucedeu à morte de Stalin chegou atrasado à Hungria em virtude da malograda revolução de 1956. Mas entre as consequências mais imprevistas da derrota deste movimento encontra-se o aparecimento de tendências até certo ponto liberais no campo editorial.

A fuga de certo número de escritores para o estrangeiro e a condenação de outros levaram as editoras (como se sabe, todas pertencentes ao Estado) a desdobrarem-se em esforços para demonstrarem que a continuidade da literatura húngara não sofrera interrupção. Daí uma busca febril nos fundos das gavetas, de onde emergiram alguns dos livros escritos no curto intervalo entre os regimes nazista e comunista.

É o que explica, sem dúvida, a inesperada publicação desse romance de Alexandre Török, um dos maiores prosadores húngaros, que, embora permanecesse em seu país, onde continua a residir, nada publicou durante um decênio, nem teve reeditados seus livros anteriores.

Ignoro a repercussão do volume na crítica oficializada da Hungria; estou certo, porém, de que ele deve ter tido profundas repercussões na alma de seus leitores magiares, dentro e fora das fronteiras. Em *O Soldado Mentiroso*[70] (escrito em 1947 e publicado em 1957), o autor conseguiu colocar uma experiência recente, dolorosa e sangrenta, dentro da perspectiva eterna da arte.

Seria inexato chamar a esta obra romance; com bem mais exatidão a poderíamos qualificar de epopeia em prosa (que frequentemente se metamorfoseia em verso, sem que o leitor dê por isso), ampla, caudalosa, patética, de significação universal.

Lembremos que os meses que sucederam à libertação da Hungria desencadearam ali uma estranha migração. Dos viveiros das câmaras de gás e dos campos de concentração voltavam dezenas de milhares de deportados, salvos da morte pela chegada das tropas aliadas. Voltavam por todos os meios, a pé, em carroças, em conduções improvisadas, bicicletas, jipes, caminhões militares, trens para transporte de gado, amontoados, extenuados, famintos, verdadeiros fantasmas correndo a procurar a cidade, o lar, a família, de onde foram arrancados, e que muitas vezes não encontravam

---

[70] Török Sándor. *A hazug katona.* Budapeste: Magvetö, 1957.

mais. Nas ruas, cruzavam com outros espectros, os que sobreviveram no próprio lugar aos horrores dos bombardeios, do saque, dos assassínios e do assédio, e que, por sua vez, aguardavam a volta de seus entes queridos. Esse retorno trágico, esses encontros pungentes formam o enredo, ou melhor, a sequência dos episódios do livro.

O protagonista, um soldado entre milhares, volta com os outros dos confins da morte. Antes da guerra, era operário de uma fábrica de porcelana e vivia com a mãe viúva, e agora vemo-lo regressar em busca desse passado, mas regressar sem pressa, por pressentir que nada mais existe da fábrica, da casa, da mãe.

Por isso, demora-se propositadamente na viagem, associando-se ora a um, ora a outro vivo-morto, ouvindo pacientemente as histórias de cada um, assistindo aqui a um agonizante, enterrando ali um morto, dando uma ajudazinha a um sobrevivente para retransformar escombros em casa habitável, contemplando as últimas convulsões da guerra e a penosa parturição da paz, saturando-se da dor dos demais. Assim é que, no decorrer de sua peregrinação, encontra um cego, a quem acompanha por um trecho da longa caminhada.

"Juntos andaram um bocado, ora enfraquecidos, ora retomando alento.

— Tenho trabalhado no ramo da drogaria — contava o cego —, mas, infelizmente, nunca passei de empregado subalterno. Não sou formado. De mais a mais, cadê dinheiro para começar dentro do ramo algo de sério? Tenho algum talento para química; queria ser era químico. Os agentes e os reagentes, que coisa maravilhosa! Mexendo com eles, decerto chegaria a ser alguém, contanto que os pudesse tocar mais de perto. Mais de uma vez pareceu que ia poder continuar o estudo, mas sempre houve uma coisa no meio para atrapalhar. Por último, essa guerra. E agora estou aqui, cego.

— Pois é — disse o soldado com respeito —, a cegueira é de todos os males o pior. Comparada a ela, a falta de um pé ou de um braço não é quase nada. Não há mesmo nada pior.

— Isso mesmo, não há nada pior — concordou o cego com um aceno alegre da cabeça.

— Mas, por outro lado — o soldado acrescentou —, é uma coisa bonita. Bonita e vistosa. Quando, por exemplo, a gente quer dedicar-se à mendicância, não há como ser cego. É da cegueira que todos têm mais medo, daí todos gostarem do ceguinho.

— É isso mesmo — aprovou o ceguinho —, é a pura verdade. Em qualquer lugar somos os preferidos. Até na estação experimental, onde me extinguiram a vista, os médicos e o pessoal auxiliar e todo mundo nos preferiam a todos os demais. Nunca bateram em mim.

Parou e sorriu, a cabeça voltada para cima:

— Nunca. Entretanto, dei-lhes muito trabalho, sobretudo nos primeiros dias. Nesse tempo ainda enxergava um pouco e eles não faziam senão dar-me injeções. Eu berrava, deixava-me arrastar, atirava-me no chão, e chorava, e rezava, e rogava pragas. Tudo isso os punha nervosos, mas dominavam-se. Certa vez, logo no começo, cheguei a dar uma dentada no dedo do Sr. Major-médico, que trabalhava comigo. Pois ele me deu apenas uma palmadinha e disse sorrindo: 'Que é isso, sua ferazinha!' Foi o que ele me disse. Era um bonitão, forte que só ele, limpinho, cheiroso; mais tarde me deu chocolate, doces. E todos os demais que eles retiraram dos campos para cegarem eram tratados bem. Sei de uma comandante de campo que chegou a entregar-se a um cego. Todos gostam de ceguinho. É a pura verdade. Dos surdos eles têm até raiva — mas cego é outra coisa.

O soldado espantou-se com tudo aquilo. Depois, enquanto marchavam, pôs-se a fazer o elogio da cegueira, a examinar a questão da mendicância. Sem dúvida, haviam de reunir os cegos em asilos, de lhes ensinar a fabricação de cestas, outras coisas assim. Mas o cego respondeu que não queria mendigar nem ir ao asilo, contanto que chegasse à sua terra.

— Vou permanecer no ramo, vender artigos de drogaria andando de porta em porta. Por toda parte um inválido se recebe melhor, e eu conheço esse negócio de vender.

— Está certo. Apenas há muito inválido pelo mundo afora, e não é impossível que o pessoal, quando começar a esquecer as coisas, venha a criar nojo aos inválidos. Acontece que o pessoal a quem não aconteceu nada fica com vergonha, e por isso mesmo cria raiva ao inválido. E preciso muito cuidado, tem cada coisa por este mundo de Deus! — mas o certo é que o cego é sempre primeiro, todos gostam do cego.

— Todos — ecoava gentilmente o cego, e confiante entregava-se ao ritmo do outro corpo que lhe marchava ao lado. — Do cego todos gostam.

— Talvez porque os cegos vivem sorrindo."

Assim vai ele conversando e confortando, e, dentro de sua simplicidade de homem do povo inculto e rude, desponta uma engenhosidade maravilhosa. Percebe a ânsia com que os sobreviventes aguardam notícias dos desaparecidos, e por isso inventa cenas de agonias e mortes que não presenciou, mas que recompõe, reproduzindo as últimas palavras dos esvaídos. Com habilidade cada vez maior, nelas introduz elementos que lhe são fornecidos pelos próprios interessados. Essas mensagens fictícias confortam os desolados, e o soldado mentiroso vai espalhando as suas mentiras reluzentes e afagadoras.

Em todo o livro patinhamos em lama e sangue, toda a sordidez da perversão e da maldade humana, e no entanto sentimo-nos envolvidos na atmosfera mágica dos contos de fada. Ela rodeia até as aventuras mais grotescas e horripilantes do soldado, inclusive a sua simbiose com o pintor mutilado, que perdera na guerra braços e pernas e, reduzido a um torso, continua a pintar, segurando o pincel entre os dentes. O soldado fica tomando conta dele, veste-o, nutre-o, leva-o às mulheres das casas de tolerância, ajuda-o a viver e também a morrer. Preso sob a acusação de ter assassinado o amigo, e absolvido pelo testemunho unânime dos que consolou, o juiz despede-o sem saber se ele praticou ou não o homicídio, mas certo de que o seu ato, qualquer que tenha sido, só podia ser de caridade.

O que confere a essa obra um acento insuperavelmente trágico é o fato de toda ela desenrolar-se dentro de um halo de irrealidade, quando o leitor sabe e sente que tudo quanto nela se descreve é autêntico e real. Os cenários não são determinados, faltam topônimos, qualquer indicação geográfica e cronológica. E o próprio mundo desse messias esfarrapado, que mitiga as dores dos demais confundindo-as com as suas e, volta e meia, recomeça a contar a seus interlocutores as perfeições das rosas de porcelana, não se limita à Hungria.

Por isso tenho certeza de que o livro de Alexandre Török há de quebrar os grilhões do idioma inacessível em que foi concebido. Como isso se fará, não sei: os tradutores terão de superar para dar ideia do estilo do nosso autor, que, não contente com a elasticidade normal da língua húngara (que parece renascer sob a pena de cada grande escritor), revoluciona vocabulário e sintaxe, musicaliza e irracionaliza a linguagem pela introdução de inúmeros rodeios coloquiais de sentido vago e grande poder sugestivo, misturando constantemente os planos, do presente e do passado, do real e do irreal. O que não é possível é que esse compêndio de horror e de beleza continue desconhecido.

1959

O MENOR DOS DEUSES

Um dos escritores representativos da literatura húngara, Sándor Török, chegado ao cume de uma carreira fecunda, dá como que uma suma de sua experiência humana em seu último romance, O *Menor dos Deuses*.[71] Nesse livro, no qual a estrutura é uma decorrência natural da sucessão de episódios desencadeados por um acontecimento dramático, um cerrado inquérito do problema da casualidade acaba por levantar o problema do sentido da própria vida. O romancista conduz os seus leitores por um longo caminho beirado de abismos, mas ensina-lhes a arte de encará-los sem medo.

O pretexto é o desastre de ônibus ao qual o protagonista Nicolau escapa graças ao minuto de atraso com que chega ao costumeiro ponto de embarque. Poucos metros adiante, quase à vista dele, o veículo, abalroado por um bonde, capota, matando todos os ocupantes da parte dianteira, onde normalmente o rapaz costuma viajar em sua ida ao emprego.

Acorrendo ao lugar do desastre, ele reconhece nas vítimas os companheiros de viagem a respeito dos quais, durante meses, tem armazenado imperceptivelmente observações e impressões. Incapaz de tirá-las da memória daqui em

---

[71] Török Sándor. *A legkisebb isten*. Budapeste: Magvetó kiadó, 1966

diante, descobre que a tragédia o ligou a elas para sempre por novos laços de natureza indefinível.

Tipo do homem comum, de índole alegre e expansiva, recebendo da vida apenas impressões epidérmicas, Nicolau, sob o efeito daquele trauma, sente operar-se nele uma repentina metamorfose. Ocorre-lhe que o fato de ter escapado à catástrofe de que todos os indícios o designavam vítima predestinada não pode deixar de ter algum sentido; um impulso estranho leva-o irresistivelmente a procurar esse sentido.

O inquérito apaixonante torna-se aos poucos o conteúdo essencial de sua existência. Com efeito, a descoberta da razão de sua sobrevivência permitirá entrever a da própria vida. A procura cabe-lhe por motivo do estado de alma particular de que está investido, como pessoa já desligada da vida, embora rejeitada pela morte.

Convém elucidar em primeiro lugar a causa do seu atraso na manhã fatal. Ao sair do edifício, foi retido pela porteira, que lhe entregou uma carta expressa chegada na véspera e a quem repreendeu por não a ter entregado na noite anterior, ao abrir-lhe o portão. Entretanto, os segundos que ele levou a percorrer a carta logo depois foram os que lhe salvaram a vida. Urge, pois, não só pedir desculpas à porteira pela repreensão, mas ainda agradecer-lhe aquela omissão tão salutar. Nisso o sobrevivente desorientado descobre que a omissão, por sua vez, tinha também a sua causa: uma visita inesperada do marido de quem a porteira vive separada e que viera para reconciliar-se com a mulher, mas acabou brigando com ela, o que a transtornou. Logo, é preciso ir além e elucidar o motivo daquela visita imprevista: impõem-se uma visita ao marido pródigo e a conquista da sua confiança. Só depois Nicolau vem a saber que este, por sua vez, tivera pouco antes daquela tentativa de retorno ao lar uma desavença com a amásia, com quem depois refez as pazes. Isso tudo e mais todo o passado lastimável da amante, a quem o marido abandonara com um filho doente, desenrola-se aos olhos do investigador na moradia sórdida da moça, onde o ex-porteiro passou a viver.

Mas cada avanço no passado só faz tornar o matagal mais impenetrável. Surpreendido, Nicolau se dá conta de que a sua vida está inextricavelmente enredada na de estranhos. Quer dizer então que "não há dois homens totalmente estranhos, apenas os laços que os ligam nem sempre chegam a ser avistados". A par dos problemas da porteira e da filha, do ex-porteiro e da amásia e do filho desta, percebe que o que lhe parecia um encadeamento rigoroso não passa de um elo. Bastava que o carteiro portador da carta expressa a colocasse debaixo da sua porta, em vez de entregá-la à porteira, e na manhã fatal não se teria verificado o atraso providencial. Daí a necessidade de outra visita de inspeção, dessa vez à casa do carteiro, onde Nicolau se emaranha em mais outras vidas sem chegar mais perto do alvo da sua investigação.

Vislumbra-lhe então que no começo dos antecedentes de seu salvamento está, afinal, a própria carta expressa. Esta fora-lhe escrita pelo irmão residente na aldeia natal de ambos, não para comunicar-lhe algo peculiar, mas só para pedir-lhe notícias, dentro do ritmo de contatos afetivos que lhes inculcara a mãe. E assim, no cipoal de acontecimentos fortuitos a que deve o seu segundo nascimento, Nicolau depara com as raízes fundas de todo o seu passado.

Enquanto entrevê as consequências incalculáveis que tiveram, na vida dele, atos neutros de outras pessoas, em parte desconhecidas, é tomado de vertigem à ideia dos acontecimentos que gestos anódinos dele mesmo podem ter desencadeado. "Ando pelos topos da serra, atiro uma bola de neve; já estou bem longe quando uma aldeia do vale é soterrada pela avalanche. Parece que cada homem é responsável por cada homem. Por cada coisa que acontece. E ignora-o."

Simultaneamente, Nicolau já constituiu todo um *dossier* do desastre que inclui estatísticas sobre acidentes do tráfego, notas técnicas sobre o funcionamento dos freios, estudos sobre os requisitos físicos exigidos nos motoristas e nos motorneiros. Mas a documentação não se restringe apenas a dados tão objetivos: dela constam dados sobre a identidade das vítimas do acidente e suas condições familiares. A convivência permanente de Nicolau com aquele acontecimento acaba por dotá-lo de técnicas especiais de abordagem. Aos poucos os contatos estabelecidos com os parentes das vítimas: a avó de uma datilógrafa, a viúva de um oficial, os filhos de um médico, e a amizade travada com um dos feridos que se encaminha resignadamente para a cegueira, criam na vida daquele solteirão até então despreocupado novas obrigações e preenchem um vácuo cuja existência ele nem sequer suspeitava. Recriar por meio da conversa com os parentes os que "morreram por ele", dar consistência à silhueta de cada um, torna-se destarte a sua ocupação absorvente.

Naturalmente, seus companheiros de todo dia, os colegas de repartição, notam-lhe a perturbação e procuram ajudá-lo a voltar à "normalidade". Uma colega introduz Nicolau num círculo de espiritualistas: estes, porém, não passam de uns esnobes do misticismo. Outra leva-o a um psiquiatra, o qual não tarda a se compenetrar do problema do rapaz. Afetado ele próprio pelo complexo de sobrevivência, continuamente às voltas com o remorso, esse médico vive atormentado pela questão do livre-arbítrio e, à medida que se torna íntimo do paciente, confia-lhe que suas meditações o levaram a acreditar numa força demoníaca, empenhada a desintegrar o intelecto humano. "Ela fende a consciência como uma concha para alcançar a pérola, aquele todo mais íntimo, indivisível e cintilante que é o eu humano", e se encarniça especialmente contra aqueles que, beneficiados com uma vida sobressalente, insistem em querer saber. As palestras do psiquiatra com o novo paciente vão se transformando numa troca de confidências, em que a diferença entre médico e doente acaba por se diluir.

Assim, enquanto Nicolau tenta desesperadamente concentrar-se na procura de si mesmo, é levado a se distribuir, queira ou não, entre dezenas de seres. Insiste em provocar momentos de vidência nos confins da consciência e do sono; às vezes tem a impressão de haver chegado perto do alvo, mas logo depois se sente repelido, e, desnorteado, procura o esquecimento de suas angústias em excessos sexuais. Simultaneamente, o seu psiquiatra mergulha ainda mais fundo na mesma crise: vindo consultá-lo, Nicolau chega em tempo para impedir-lhe uma tentativa de suicídio. Finalmente, o doente, já às margens da loucura, consegue reatar com a vida graças ao encontro de uma companheira, cujos dotes de naturalidade e compreensão dissipam milagrosamente a névoa acumulada; e o encadeamento de causas que produziu esse encontro, apenas acenado pelo autor, faz entrever à imaginação do leitor uma infinidade de narrativas parale-las. Quanto ao médico, uma segunda tentativa de suicídio, dessa vez não impedida por nenhuma visita providencial, arranca-o para sempre a seus demônios íntimos.

A longa peregrinação de Nicolau desemboca, afinal, numa conclusão sugerida pelo médico morto: "Se há um Deus... ele não me acabou por completo... Os deuses nos enjeitaram e agora não nos encontram... todo ho-mem é um enjeitado, e se há um Deus, ele também tem remorsos... Sou capaz de me acabar eu mesmo, ou não? A esperança dele é que eu me saia bem! Tenho a horrível suspeita de que ele não consegue nem desistir de mim, nem me acabar... me faz apenas sofrer. Depositou em mim suas doenças, sua infelicidade, seus tormentos, sua imperfeição apesar de tudo, sua morte... Se Ele existe, precisa de mim... tenho que me acabar a mim para absolvê-lo."

Talvez mesmo esse resumo imperfeito permita aquilatar quão alto o romancista visava. A aventura individual que escolheu para assunto serve-lhe apenas de pretexto para buscar o sentido de toda a aventura humana. Um empreen-dimento tão audacioso, por mais tentador que seja para o filósofo, punha em risco a viabilidade do romance como reflexo das realidades íntima e exterior. Mas a sua múltipla experiência facultou ao escritor escapar ao duplo perigo.

Poucos saberão manejar a sonda da introspecção com mão tão segura, atingindo estados de consciência fugidios e transitórios, dando expressão a intuições tênues de formulação árdua e penosa, graças a um domínio completo dos recursos do idioma, aliado à invenção linguística. Ao mesmo tempo, Alexandre Török continua sempre a ser o observador engenhoso e preciso do cotidiano real em seus infinitos pormenores: daí a imagem matizada do ambiente, no caso o de um país socialista. Nas personagens idosas, vemos os hábitos e os conceitos do mundo anterior à transformação sobreviverem como automatismos, ao passo que os jovens, já integrados na nova rotina, aceitam como naturais os mecanismos da sociedade coletivista. Precisamente por não focalizar diretamente a metamorfose, mas apenas registrar-lhe os resultados miúdos, o livro possui valor documental aos olhos dos leitores ocidentais. Além disso, os coetâneos do autor, entre os quais estou incluído, reconhecem na odisseia íntima do protagonista uma variante da psicose da sobrevivência, de que tantos europeus da sua geração continuam acometidos.

1969

NENHURES?

Disseram-me que *Epepe*, romance de Ferenc Karinthy,[72] uma das novidades mais importantes da edição húngara, versava a língua inventada de um país também inventado. O resumo atraiu minha curiosidade de filólogo amador, tanto mais que o romancista ostenta o sobrenome desse extraordinário Frigyes Karinthy, o humanista-humorista que fez rir e pensar a minha geração; por outro lado, já lera uma novela alucinatória do filho Ferenc, cuja lembrança não me sai da cabeça há vários anos, sobre a sangrenta "libertação" do Banato pelos fascistas húngaros em 1941.

Na obra do pai, ressaltam três relatórios de périplos fantásticos: *Viagem a Faremido* (isto é, ao mundo da música) e *Viagem a Capilária* (isto é, ao mundo das mulheres), continuação condigna das viagens de Gulliver, e *Viagem em Redor do Meu Crânio*, narrativa objetiva e pungente da operação de um tumor no cérebro do próprio autor. A esse legado do pai, Ferenc acrescenta agora um quarto itinerário fantástico, sem imitar o pai, a não ser na originalidade do talento e na coragem das ideias.

Seu protagonista, Budai, jovem filólogo erudito, convidado a um congresso de linguística em Helsinki, pega por

---

[72] Karinthy Ferenc. *Epepe*. Budapeste: Magvetö, 1970.

engano um avião errado, só o percebendo no momento de embarcar no ônibus do ponto de chegada, pois dormiu durante o percurso inteiro. Não obstante seu poliglotismo, não consegue fazer-se entender dos funcionários do hotel aonde o levam e resigna-se a pernoitar no quarto que lhe designam. Mas a impossibilidade de entendimento continua no dia seguinte e nos demais, e ele gastará três semanas em tentativas infrutíferas de comunicação.

A língua da terra — país, continente, planeta? — não se assemelha a nenhuma das que ele conhece a fundo ou superficialmente: seus habitantes, por sua vez, ignoram todas essas línguas e se mostram incapazes de conceber a existência de outros sistemas de expressão além do seu próprio. Tampouco o alfabeto usado por eles evoca os sinais de qualquer alfabeto conhecido pelo nosso Budai.

Grande parte do livro é o relato dos esforços exasperados com que o herói procura penetrar a linguagem daquela terra enigmática. Suas tentativas de decifração pela lógica malogram tanto quanto suas aproximações por meio de primários contatos humanos: a ascensorista do hotel torna-se a sua amante, o delegado prende-o, o companheiro de prisão desabafa com ele, mas nenhum desses contatos fornece-lhe o menor ponto de referência, qualquer fio de Ariana. O pior é que os mesmos gestos, as mesmas atitudes não provocam nunca em seus interlocutores reações sonoras idênticas.

Aumenta a sua confusão o fato de não descobrir nenhum rio que atravesse a cidade, nenhuma rodovia que leve a um porto, estação de trens ou aeroporto. Assim, no fim da terceira semana, o balanço de sua permanência está completamente negativo. É quando, por não poder pagar a sua conta no hotel, é posto no olho da rua, então principia a sua decadência vertiginosa. Sem roupas nem quaisquer outros objetos pessoais, sem alojamento, nem dinheiro, só logra matar a fome empregando-se como carregador no mercado. Uma revolução sangrenta na qual se vê envolvido sem compreendê-la, uma repressão cruel à qual escapa por acaso sublinham a falta de sentido daquele universo, emaranhado só para ele, o indivíduo, pois todos os demais, a massa, parecem compreendê-lo.

Deixamo-lo afinal tão isolado como no dia da sua chegada, com apenas uma esperança tênue na alma, pois, tendo descoberto na metrópole desumana um riacho que corre em determinada direção, decide seguir-lhe o curso para alcançar uma praia.

Na verdade, não houve invenção de língua nenhuma. Em vez de um novo meio de intercâmbio, o autor ideou um idioma de não comunicação. A sociedade que aparentemente se comunica por meio dele tem algo de sinistramente impessoal, uma organização chegada a seu ponto de saturação. Todos os logradouros públicos, as repartições, os restaurantes, os meios de locomoção estão permanentemente lotados, por toda parte serpeiam filas intermináveis, funcionário algum atende ninguém, nenhuma parcela individual do infindável caudal humano tem direito a um minuto suplementar de atenção.

Aquele estranho país de pesadelo pressagia a nossa sociedade (capitalista ou socialista, tanto faz) daqui a uns 30 anos, talvez até menos, no ponto para onde a empurrem as leis inelutáveis da involução, isto é, transformada num imenso falanstério sem alegria, sem cor, sem interesse de ninguém por ninguém. Revolução e contrarrevolução, olhadas por quem não lhes pode compreender os *slogans*, viram simples carnificinas desprovidas de sentido.

Mesmo assim, o furor homicida da multidão transmite-se ao indivíduo e arrasta-o consigo, por mais evoluído que ele seja. O próprio Budai, embora emurado no silêncio de sua incomunicabilidade, apanha-se em flagrante de partilhar os impulsos irracionais da turba amotinada e de embriagar-se com os atrativos da destruição e da matança.

Esperemos que o riachinho descoberto por acaso o leve a encontrar o caminho de volta a um mundo menos seme-lhante ao formigueiro.

1971

PARTE III

LÍNGUA

LUA DE MEL COM UM DICIONÁRIO

Como quase todas as alegrias, chegou atrasado e incompleto. Muitas das tarefas em que poderia ter me auxiliado no decorrer dos anos estão concluídas, e seus resultados encontram-se em livros já impressos, alguns esgotados até. Um dos sete volumes perdeu-se na longa viagem. Os outros seis, porém, estão aqui, empilhados na mesa, dando-me a impressão principesca de terem sido feitos especialmente para mim.

É um grande dicionário húngaro[73] em sete volumes, com mais de sete mil páginas, que acaba de ser publicado em Budapeste. Mesmo para quem não tenha as minhas razões peculiares para saudá-lo, representa acontecimento filológico de excepcional importância, pois, além de ser praticamente o primeiro e único repositório de uma das poucas línguas de civilização até agora não dicionarizadas, foi realizado de acordo com os princípios mais modernos

---

[73] *A Magyar Nyelv Értelmezö Szótára.* Szerkestette a Magyar Tudományos Akadémia Nyelvtudományi Intézete (*Dicionário Interpretativo da Língua Húngara*, compilado pelo Instituto Linguístico da Academia Húngara das Ciências). Sete volumes de um total de XXXI — 7.384 p. Budapeste: Akadémiai Kiadó, 1959-1962. O volume extraviado apareceu algum tempo depois.

da lexicografia, por uma equipe qualificada e numerosa e com aplicação dos recursos tipográficos mais perfeitos.

Por mais estranho que pareça, não existia, até agora, dicionário unilíngue, isto é, interpretativo da língua húngara, apesar da antiguidade e da importância da civilização de que esta é o veículo. Nada de semelhante, na Hungria, ao *Petit Larousse*, ao *Zingarelli*, ao *Webster*, ou ao nosso tão útil e simpático *Pequeno Dicionário Brasileiro da Língua Portuguesa*.

Foi durante os meus anos de estudo na França, por volta de 1930, que me capacitei da utilidade de uma obra desse gênero. Encontrava o *Larousse* por toda parte, nas mesas das famílias e nas repartições, nas agências do correio e nas farmácias, consultado nas ocasiões mais variadas. Pouco depois, soube que na Itália, na Inglaterra e na Alemanha o recurso constante a dicionários parecidos tinha também velha tradição.

De volta à Hungria, em mais de uma palestra com amigos linguistas lamentei a inexistência de um *Larousse* húngaro. A multiplicação de livros desse tipo nos grandes idiomas internacionais demonstrava que eles preenchiam uma necessidade. Quanto mais indispensáveis não seriam no húngaro, língua isolada no centro da Europa, opulenta, mas inacessível, com uma infinidade de termos sem equivalentes nos demais idiomas, e que, por falta de uma obra de referência, estava sendo escrita quase unicamente na base do instinto! Essas observações encontraram, certo dia, eco inesperado. Meu amigo István Bence, cuja modéstia encobria uma rara vocação e uma erudição espantosa, confessou-me que não tinha aspiração maior do que a compilação de um dicionário húngaro; dessem-lhe um editor, e no dia seguinte ele se atrelaria ao trabalho.

Consegui interessar pela ideia o Dr. Josef Balogh, secretário da *Magyar Szemle* (*Revista Húngara*), cujo dinamismo animava duas publicações de nível europeu: *The Hungarian Quaterly* e *Nouvelle Revue de Hongrie*. Pouco tempo depois, a editora da revista, com grande alegria minha, incumbia István Bence de elaborar o *Dicionário Húngaro*.

A obra estava em andamento quando, em fins de 1940, deixei a Hungria com rumo ao Brasil. Os anos do fascismo, do nazismo, da ocupação alemã, da guerra, interromperam todo contato. Com o reinício das relações, soube da morte trágica do Dr. Balogh. Católico militante de origem semita, conseguira abrigar-se num convento, onde vivia disfarçado em criado, até o dia em que outro criado, tendo-o surpreendido com um livro grego na mão, o denunciou aos nazistas, que o prenderam e mataram. István Bence também deve ter desaparecido na tempestade da guerra. Depois de quase um quarto de século, revejo-lhe hoje o nome pela primeira vez no folheto explicativo da obra recém-chegada, na qual leio que o seu manuscrito sumiu durante o sítio de Budapeste.

Eis por que a realização de um sonho tão brutalmente interrompido me enche de emoção. O projeto foi retomado noutras bases e levado a termo por importante equipe organizada pela Academia Húngara de Ciências (que é também de Letras) e chefiada pelo Prof. László Országh, outrora meu colega de faculdade que se ilustrara, nesse entretempo, pela publicação de um grande dicionário inglês-húngaro.

Quantos itens contém o *Dicionário Interpretativo*? Entre verbetes principais e remissivos, modismos, locuções comparativas, provérbios, expressões interpretadas, assim como compostos e derivados de sentido claro simplesmente registrados, chega a mais de duzentos mil. Dado que a obra não abrange nem as linguagens técnicas, nem a língua anterior ao século XVIII, nem as palavras estrangeiras não incorporadas, nem os regionalismos, pode-se dizer que ela realizou mais que suficientemente a sua finalidade principal — documentar a riqueza do léxico húngaro. A multiplicidade das nuanças abrangidas há de tornar o leitor magiar consciente da ilimitada matização, flexibilidade e força expressiva de seu idioma.

De caso pensado, os compiladores da obra renunciaram a qualquer pretensão enciclopédica; limitam-se a oferecer um inventário tão completo quanto possível da língua húngara de hoje ao público em geral e, especialmente, aos escritores, tradutores, professores, estudantes, jornalistas, assim como aos compiladores de dicionários bilíngues e aos estudiosos estrangeiros.

Vejo-me, pois, incluído entre seus usuários, por mais de um título. A poucos, talvez, prestará ele serviços tão inestimáveis como ao aprendiz de tradutor, afastado há tantos anos da comunidade linguística em que nasceu. Desde que perdi contato com o ambiente intelectual da Hungria, tenho de procurar na memória ou pedir aos parentes que me rodeiam qualquer informação sobre palavras de sentido incerto. Recurso falho e que, com o correr dos anos, se tornou cada vez mais insuficiente. Os dicionários bilíngues atenuavam, sem preencher de todo, essa lacuna, de que tantas vezes me tenho ressentido em minhas versões do húngaro para o português.

Instrumento de trabalho dos mais úteis, esses sete volumes são para mim muito mais do que isso. Destacadas do contexto, registradas em verbetes e acuradamente explicadas, essas palavras que nunca vi definidas, mas que, numa outra existência, estava habituado a ouvir, exercem sobre mim efeito quase mágico: esta, ouvi-a pela primeira vez dos lábios de meu pai; aquela me lembra um mestre querido; outra evoca uma namorada ou um amigo; outra, ainda, fazia parte da gritaria vulgar dos guardas do campo de concentração... E, em vez de consultar o *Dicionário*, eis que o devoro à guisa de um romance, a reviver, ao sabor de seus verbetes, trinta e tantos anos da minha própria vida.

Sentados em torno de mim, meus parentes da geração imigrante partilham do encantamento. Como num jogo de salão, um deles lê um verbete e os outros tentam defini-lo para depois conferirem a sua fórmula com a dos dicionaristas, ou então dizem um verso em que a palavra do verbete aparece e depois verificam, maravilhados, que em nenhum caso os lexicógrafos deixaram de incluí-lo entre as suas 115 mil citações.

Causa-nos impressão estranha surpreender dicionarizadas expressões que julgávamos exclusivamente do uso do nosso círculo familiar. Espanta-nos ainda mais descobrir, ao lado de palavras que para a nossa mocidade representavam entidades reais, admiráveis ou temíveis, a indicação de "histórico". A frequência desse qualificativo, além do grande número de palavras novas provocadas pela reestruturação da sociedade, faz sentir de maneira palpável — mesmo através da enorme distância — a que ponto, dentro da vida de uma única geração, se transformou a Hungria, passada do capitalismo semifeudal para o campo socialista.

Mas aqui estou a analisar reminiscências e impressões pessoais quando o que desejava era dar notícia do livro húngaro mais importante do último século. O seu planejamento, as etapas de sua execução, os problemas enfrentados e as soluções adotadas, tudo isso traz informações e sugere reflexões que poderão interessar a filólogos e lexicógrafos e, talvez, até a simples curiosos.

1963

ÚTIL INDA BRINCANDO

Esse dístico do velho chafariz do Passeio Público, aproveitado com tanta graça num conto de Artur Azevedo, daria uma ótima epígrafe para o novo livro de Aurélio Buarque de Holanda Ferreira, *Enriqueça o Seu Vocabulário.*[74] O título envolve mais que um convite a um passatempo inócuo; na realidade, ele designa um objetivo de grande importância de todo programa educacional.

Todo professor, por menos dado que seja à observação, há de ter notado a extrema pobreza vocabular das novas gerações, uma das prováveis causas do rendimento escasso do ensino entre nós. Os ecos de um artigo que a esse respeito publiquei há anos[75] mostraram-me que muitos educadores estavam tão apreensivos com o fenômeno quanto eu. Dotando de um vocabulário maior a "geração sem palavras", estaremos munindo-a de armas e utensílios indispensáveis à futura atuação intelectual. Daí a satisfação com que venho assinalar o aparecimento de uma obra destinada a facilitar sensivelmente a realização dessa tarefa.

---

[74] Aurélio Buarque de Holanda Ferreira. *Enriqueça o Seu Vocabulário.* São Paulo: Cultrix, 1958.

[75] Incluído em meu livro *Como Aprendi o Português, e Outras Aventuras.* 2. ed. Rio de Janeiro: Artenova, 1975.

Não se diz nenhuma novidade ao afirmar que as palavras, ao mesmo tempo que veiculam o pensamento, lhe condicionam a formação. Há século e meio, Herder já proclamava[76] que um povo não podia ter uma ideia sem que para ela possuísse uma palavra. Num momento em que a hegemonia milenar do verbo escrito e falado se vê, por vez primeira, seriamente ameaçada pelo prestígio crescente da imagem visual, o culto consciente da expressão vocabular ganha nova e premente atualidade.

Esse culto, aliás, impõe-se principalmente às pessoas que se exprimem em determinados idiomas, entre eles o português. O vocabulário abstrato coloca um indivíduo de língua neolatina ou inglesa em presença de dificuldades que um russo, um alemão ou um húngaro desconhecem. Com efeito, nos idiomas destes últimos a terminologia abstrata deixa à vista os elementos indígenas de que os vocábulos são formados, de modo que estes se integram naturalmente num sistema mental de conexões. Ao contrário, aqueles cuja língua materna herdou já prontas de outras inúmeras palavras derivadas são privados dessa compreensão espontânea de parte importante do léxico: ao ouvirem um termo "culto" pela primeira vez, normalmente não lhe associam o respectivo sentido. Esse inconveniente, apontado por W. V. Wartburg no francês, língua em que "às relações semânticas entre as noções

---

[76] *Apud* Hugo von Hofmannsthal. *Wert und Ehre deutscher Sprache in Zeugnissen*. Frankfurt am Main: Fischer Bücherei, 1957, p. 66.

não correspondem relações entre as palavras",[77] existe em português também e num grau quase igual.

Quanto ao conhecimento do vocabulário concreto, será preciso encarecer-lhe a importância num país como o Brasil, mostruário imenso de espécies animais e vegetais, ao mesmo tempo que repositório de variado patrimônio sociológico e cultural, incessantemente ampliado pela contribuição das correntes imigratórias e do intercâmbio comercial?

Mesmo que se admita como ponto pacífico a utilidade especial do enriquecimento sistemático e consciente do vocabulário, resta saber qual é o método mais prático para consegui-lo. Em geral, recomenda-se o manuseio assíduo dos bons autores; mas só ele não é suficiente, pois varia de indivíduo para indivíduo a capacidade de tirar, dessa frequentação, material léxico para uso próprio. Às vezes, recomenda-se a leitura dos próprios dicionários; De Amicis, que costumava fazê-lo em relação ao idioma italiano, um dos mais bem dicionarizados do mundo, confessa[78] que o conselho pouco adiantava à maioria dos leitores a quem a composição densa e miúda dos calepinos fatalmente convida ao sono.

Salvo engano, foi nos países anglo-saxônicos, especialmente nos EUA, que mais cedo se sentiu a necessidade de obras que, isentas de bolor e de efeito soporífico, facilitassem a aquisição suave de boas doses de vernáculo. Não se contam os livrinhos engenhosos e práticos que oferecem ao

---

[77] W. V. Wartburg. *Evolution et Structure de la Langue Française*. Berne: A. Francke A. G., 1950, p. 286.

[78] Edmondo de Amicis. *L'Idioma Gentile*. Milão: Fratelli Treves, 1934, p. 119.

leitor ianque um aumento rápido e indolor de vocabulário dentro de poucos meses, ou mesmo semanas. Os autores são mestres em encontrar *slogans* sugestivos, capazes de espicaçar a curiosidade.

"O seu chefe tem um vocabulário maior do que você. É esta precisamente uma das razões por que é o seu chefe", proclamam Funk & Lewis.[79] O segundo desses autores, noutro opúsculo, recorre à estatística para impressionar-nos. "Se você é um adulto médio, não aprende mais que cinquenta palavras por ano, e o seu léxico é apenas uma vez e meia o de uma criança de dez anos."[80] Outro filólogo cita Kipling, em cujo entender "as palavras são a droga mais poderosa usada pela humanidade", enquanto o editor do livrinho aproveita a contracapa para prometer ao consulente maiores lucros na sua atividade profissional, mais afeto e amor na sua vida sentimental.[81]

Ao lado de tais obras, de tiragens elevadíssimas, várias revistas dedicam seções permanentes ao assunto. A mais conhecida de todas é a mantida no *Reader's Digest*, baseada num espirituoso sistema de testes. Da edição inglesa, a iniciativa estendeu-se depois às edições não inglesas da popularíssima revista; na de língua portuguesa, a seção está confiada desde o início a mestre Aurélio, *the right man on the right place*, cuja

---

[79] Wilfred Funk & Norman Lewis. *30 Days to a More Powerful Vocabulary*. Nova York: Pocket Books Inc., 1949, p. 1.

[80] Norman Lewis. *World-Power Made Easy, The Complete Three-Week Vocabulary Builder*, Nova York: Permabooks. 1949, p. 3.

[81] J. L. Stephenson, *Anyone Can Have a Great Vocabulary*. Nova York: Avon Publishing Co., 1950.

vida se passa, em grande parte, em melhorar as relações entre homens e palavras e em restituir a estas a sua dignidade primitiva. Mantendo embora as características essenciais da seção, o nosso filólogo foi aos poucos aperfeiçoando-a e imprimindo-lhe uma feição pessoal. Esta se nos revela nitidamente no volume que, sob o próprio título da seção, reúne o material espalhado numa centena de números de *Seleções*. Nascido sob o signo inequívoco do *best-seller*, o livro — a primeira obra do gênero em português — presta-se igualmente à diversão amena e à consulta mais séria, a maratonas intelectuais e a jogos de salão; interessante, vivo, sem qualquer pedantismo, oferece numa forma acessível os resultados de uma erudição sólida e extensa.

A ideia básica do sistema do *Digest* consiste em apresentar uma palavra "difícil", confundível e frequentemente confundida, e desafiar o leitor não a dar-lhe o significado, mas apenas a escolhê-lo entre quatro acepções sugeridas, das quais três pertencem a homônimos, parônimos ou outros vocábulos que qualquer associação mental poderia aproximar do termo focalizado. Os 1.600 verbetes que contêm tais palavras (ou locuções) difíceis e as soluções propostas para escolha formam a primeira parte do livro.

As respostas certas, reunidas na segunda metade do livro, poderiam ter sido dadas pela mera indicação numérica dos significados convenientes. Mas aí é que entra decisiva a vocação pedagógica do Prof. Aurélio. Não seria ele que deixasse passar tão boa oportunidade de ensinar mais alguma coisa ao consulente. Depois de enveredá-lo no bom caminho, ainda lhe dá de quebra, na grande maioria dos casos, uma ou várias informações proveitosas. Por exemplo, no verbete EXERGO, depois de assinalar o verdadeiro entre os significados propostos — "I. Face de medalha ou moeda em que se vê a efígie ou o emblema. II. Lado oposto ao principal. III. Extirpação cirúrgica. IV. Espaço de uma moeda ou medalha onde se grava a data ou qualquer legenda" —, revela-lhe os termos similares que correspondem aos demais sentidos, elucida a origem de *exergo* e ainda ajuda a pronunciá-lo. Valoriza essas informações o fato de nada terem de esquemático e de rígido e serem dadas num tom natural de conversação. E o caso dos conselhos sobre pronúncia, cada vez que cabem: em ACERVO ("Atenção: é aberto o e") ou em AMAVIO ("Note bem: a sílaba tônica é vi"); ou das advertências no tocante à grafia, como em ABORÍGINE ("Observe a grafia: com *i*, e não com *e*") ou em ASSAZ ("Repare: *z* final, e não *s*"). Etimologias são lembradas quando contribuem para a melhor compreensão do sentido e às vezes para chamar a atenção para algum fenômeno curioso da história das palavras e dos costumes (cf. ALICANTINA, CREDÊNCIA, ESTRO), mas nunca por ostentação; nem são submetidas ao leitor quando duvidosas e sujeitas a discussão. Em se tratando de nomes de objetos mal conhecidos, o supervisor e coautor do *Pequeno Dicionário Brasileiro da Língua Portuguesa* não se peja em descrevê-lo (ver CAMBARIÇU).

Bem sabendo que parte do sentido se esclarece pelo contexto em que a palavra atua, o dicionarista faz questão de apresentar os seus vocábulos em expressões e frases, abonando frequentemente com citações extraídas de larga parte do acervo das letras portuguesas e brasileiras. Na escolha desses extratos, quase sempre bem ilustrativos, revela-se um espírito livre de preconceitos, igualmente à vontade entre clássicos e modernos; o rigor com que se lhes indica a fonte trai um escrúpulo raro mesmo entre lexicógrafos.

Leitores letrados talvez impliquem com a inclusão de palavras decididamente fáceis; mas o fato é que diariamente vemos e ouvimos mal empregados mesmo termos tão corriqueiros como CONFABULAR, DEPREDAR ou DISSIPAR. Para uns, DIFUNDIR é de clareza cristalina; outros baralham-no com INFUNDIR, EFUNDIR ou REFUNDIR. Quantos não se prendem no labirinto onde CONSCRIÇÃO vizinha com PROSCRIÇÃO, PRESCRIÇÃO e RESCRIÇÃO. Mesmo o leitor que saberá distinguir facilmente DESCRIMINAR e DISCRIMINAR terá de dar tratos à bola ante ASSENSO, ASCENSO e ACENSO; e BORRAINA, ESCÓLIO, ESPENDA, ESPERTINA e PARASANGA porão à prova os aficionados mais tenazes das palavras cruzadas.

Quer dizer que todos encontrarão nesta obra a poderosa droga de que fala Kipling. Apenas é bom não perder de vista que, tomada em doses excessivas ou aplicada à toa, esta possui também os seus perigos. Daí a oportunidade da distinção entre vocabulário ativo e passivo, feita pelo autor numa advertência lúcida. Convém conhecermos palavras como *amplexo*, *conúbio* ou *nefando*, mais para identificá-las de longe e tirar-lhes o chapéu, do que para nos comprometermos exibindo-nos sua companhia.

1958

SIGLAS ETC.

Desde que sou gente, tenho começado a trabalhar de manhã cedo, saindo de casa apressado e com medo de atrasar-me no serviço. Mesmo assim, enquanto tomo o café, costumo percorrer o jornal a fim de sair para a rua já informado do que aconteceu na véspera. Antigamente, um rápido olhar aos cabeçalhos bastava para me pôr ao corrente das novidades de aquém e além-mar; as manchetes permitiam-me selecionar as duas ou três notícias principais do dia, que lia de cabo a rabo para depois ruminá-las enquanto aguardava a minha vez na fila do lotação.

De alguns anos para cá, a satisfação desse inocente vício está encontrando dificuldades inesperadas. As minhas reações aos informes da manhã, outrora diretas e rápidas, tornaram-se hesitantes e vagarosas. Parte dos títulos, em vez de me esclarecer e orientar, só chega a enervar-me, em virtude do seu caráter hierático e hieroglífico, que desafia minhas veleidades de poliglota amador. Informações boas ou más, essenciais ou anódinas, transformam-se igualmente em quebra-cabeças. Vejam a ração que me serve o jornal num único dia:

"Operação V denuncia suborno do DFSP. Servidores da COFAP ameaçados de degola. PDF dará escolas para

230 mil crianças. Encontro de educadores promovidos pela CADES. Coopera o BNDE na batalha do abastecimento. O caminho da OPA. A RAU entre os EEUU e a URSS. A França fora da OTAN? TSE deseja poderes maiores. Loide custará 60 milhões à SURSAN. Estragado o peixe do SAPS. Nova Iguaçu terá posto do SAMDU. Seminário de Garanhuns dará subsídios à OPENO. Adoção de crianças do SAM. CNI e o discurso do Presidente. INIC contra CITLA. Reunião da ATA..."

Ninguém poderá levar a mal se, chegado a essa altura, largo a folha sem sequer abrir a parte esportiva, onde a orgia das siglas se desencadeia ainda mais à solta. O pior é que só parte das notícias esclarece as abreviaturas que berram nas manchetes: muitas delas se limitam a repeti-las na evidente convicção de que elas são familiares aos leitores. Pensando que o último dos títulos citados me dissesse respeito, fui até o fim do tópico e soube que se tratava de um conclave da Associação dos Tesoureiros Auxiliares. Em compensação, continuaria a ignorar a identidade do INIC e de sua adversária, a CITLA, se precisamente nesse momento não me chegasse às mãos, providencialmente, um exemplar do *Dicionário Internacional de Siglas e Abreviaturas*, de Heitor P. Fróis.

À vista da experiência embaraçosa que acabo de relatar (e que deve ser a de muitos leitores de jornal), ninguém poderá dizer em sã consciência que essa obra não venha a calhar. Primeira no gênero entre nós, é justo que lhe felicitemos o autor, que levou anos na colheita das abreviaturas de uma dúzia de idiomas, e a Confederação Nacional da Indústria, que teve a louvável ideia de, com essa edição, comemorar o vigésimo aniversário da própria existência.

Tanto mais meritório o esforço do lexicógrafo quanto o seu trabalho não poderá ter vida longa, isto é, precisará de contínuas readaptações para ficar em dia. Essa autêntica geringonça, que, à margem da língua verdadeira, é formada pela proliferação parasitária das abreviaturas, envelhece, com efeito, muito mais rapidamente que as palavras genuínas da língua. As instituições, cujos nomes se abreviam, por mais poderosas que sejam, evoluem e desaparecem com velocidade espantosa. Quem se lembra hoje da Sociedade das Nações, que há trinta anos representava a esperança máxima da humanidade? Foi tragada pela II Guerra Mundial a tal ponto que nem as suas iniciais sobrenadam no volumoso caudal tão zelosamente canalizado pelo Sr. Fróis.

O ensejo é bom para tecer algumas considerações em redor da psicologia da abreviação. Aliás, o prefaciador do volume, o Sr. Lídio Lunardi, procura uma explicação para a inflação de siglas e encontra-a na tendência para tudo simplificar e no ritmo veloz da vida moderna.

À primeira vista, poder-se-ia admitir alguma ligação entre o pendor para abreviar e a velocidade característica da nossa época. Seria obra do acaso todas as companhias de aviação do mundo terem nomes abreviados?

Mas, ao examinarmos a questão mais de perto, verificaremos que o intuito dominante da abreviação não consiste em simplificar, mas em golpear a atenção. Uma empresa comercial, ao comprimir o nome, não se propõe absolutamente poupar o tempo de seus fregueses: o que ela quer é impressioná-los, aferrar-lhes a atenção, pôr a sua imaginativa em movimento.

Senão, vejamos. Abrevia-se, evidentemente, um nome comprido de uso frequente. Ora, usam-se frequentemente os nomes das organizações importantes. Abreviando a denominação, uma associação, companhia ou firma assume, pois, aos olhos do homem da rua uma transcendência que, muitas vezes, está longe de possuir. Ao ouvirem falar numa União Metropolitana de Estudantes Secundários, muitas pessoas associam ainda a esse nome, apesar de tudo o que tem de pomposo, um punhado de meninos que frequentam (ou deveriam frequentar) o ginásio. Mas basta que a UMES desencadeie uma greve, a magia do nome entra a funcionar, paralisa-se a vida escolar do país e as exigências da entidade mítica são atendidas sem demora.

Além desse efeito obnubilador, as siglas têm outro efeito inconveniente, embora menos nocivo: é o prejuízo estético que infligem ao idioma. Uma vez admitidas, elas acabam usurpando a função de palavras orgânicas e põem-se a gerar derivados, outros tantos elementos indigestos e que não se enquadram nem no sistema fonético nem na rede tradicional de associações de uma língua. Assim nasceram, sob os nossos olhos estarrecidos, *perrepista* e *pessepista*, *daspiano* e *inapiário*, sem falar em *ibgeano*, talvez a única "palavra" portuguesa em que o *b* e o *g* se abraçam.

O que pode consolar-nos é que a praga não é exclusivamente nossa. Embora o hábito de abreviar seja mais antigo do que a quase totalidade das línguas de civilização (o *ampersand*, isto é, o sinal &, tem mais de dois mil anos e o peixe se tornou símbolo de Cristo, em virtude da abreviatura grega de seus nomes e epítetos), a superfetação das siglas é fenômeno moderno e parece ligar-se ao advento da publicidade. A primeira língua infectada foi o inglês. A doença começou pelas iniciais designativas de títulos universitários e honoríficos apensos aos nomes e alastrou-se com a tendência sensacionalista dos jornais dos EUA, cujos redatores cedo descobriram o efeito hipnótico das siglas. Uma reação está sendo esboçada pelos linguistas, seriamente alarmados. Um deles, Simeon Potter,[82] acompanha as etapas da manhosa infiltração das abreviaturas no recinto da língua. "Do nome completo à etiqueta, três fases podem ser desmascaradas. Assim, a *Society for Checking the Abuses of Public Advertising* torna-se primeiro S.C.A.P.A., depois SCAPA e por fim Scapa."

Poderia ter acrescentado como quarta e última fase scapa (como aconteceu com a palavra radar, resultante de *Radio Detection and Ranging*), em que nada, nem sequer a inicial maiúscula, distingue mais esse *robot* lexicográfico de seus congêneres naturalmente concebidos. "No interesse do leitor perplexo" — continua Potter — "esse último estágio deveria ser desencorajado, pois acaba por tornar a abreviatura desnecessariamente enigmática". Daí a conclusão insofismável: "As abreviaturas nem sempre significam economia de tempo; podem transformar-se numa peste linguística; no melhor dos casos, não passam de *N. Ns., necessary nuisances.*"

---

[82] Simeon Potter. *Our Language.* Middlesex: Penguin Books Ltd., Harmondsworth, 1956, p. 177.

Comentando o mesmo fenômeno dentro das línguas europeias em geral, Edmond Cary[83] o classifica entre as manifestações de fetichismo linguístico. "A fascinação que a técnica exerce hoje em dia e o que esta implica de especialização restabelecem o culto das formas herméticas de linguagem."

Outra língua com propensão à abreviatura é a alemã. Já em 1917, o Prof. Otto Behaghel[84] assinalava a tendência a pronunciar como palavras verdadeiras as iniciais de expressões escritas; entre seus exemplos, figura a locução *Er ist RIPS* ("Está liquidado"), em que o último elemento provém das iniciais de *Requiescat in pace*. Essa predileção chegou ao apogeu na época do nazismo, cuja herança lúgubre contém muitos vocábulos do tipo de *GESTAPO* (*Geheime Staatspolizei*).

Já foi assinalada a paixão da Rússia Soviética pelas abreviaturas e contrações, "paixão que chega às raias de uma doença".[85] George Orwell, o genial autor do romance utópico *1984*, ao mostrar-nos um horrível pesadelo, a Inglaterra chegada a uma forma totalitária de socialismo, o *Ingsoc*, não se esquece de dar um esquema do inglês propositadamente reduzido pelos adeptos do novo regime ao *Newspeak*, um conglomerado de contrações. "Percebeu-se

---

[83] Edmond. *Cary, La Traduction dans le Monde Moderne*. Genebra: Georg S.A., 1956, p. 126.

[84] Otto Behaghel. *Die Deutsche Sprache*. Viena-Leipzig: F. Tempsky & G. Freytag, 1917, p. 71.

[85] *Scientific and Technical Translating and Other Aspects of the Language, Problem*. Paris: Unesco, 1957.

que, abreviando-se assim um nome, estreitava-se-lhe e sutilmente alterava-se-lhe o sentido, eliminada a maioria das associações que de outra forma se lhe apegariam. As palavras *comunista internacional*, por exemplo, evocam um quadro complexo de fraternidade humana universal, bandeiras vermelhas, barricadas, Karl Marx e a Comuna de Paris. A palavra *Comintern*, por sua vez, sugere apenas uma organização estreitamente unida e um corpo de doutrina bem definido. Refere-se a uma coisa tão fácil de se reconhecer e de objetivo tão limitado como uma cadeira ou uma mesa. *Comintern* é um termo que se pode pronunciar quase sem pensar, ao passo que *comunista internacional* é uma expressão que inspira meditação pelo menos durante um momento."[86]

Eis-nos, partindo do sinal &, chegados ao máximo problema do raciocínio individual e da liberdade de pensamento. Enquanto isso, esquecemo-nos do livro que provocou essas divagações. Ora, o esforço empenhado na volumosa obra bem merece não apenas que a elogiemos, o que fazemos de bom grado, mas também que atendamos ao pedido do autor no sentido de aperfeiçoá-la com reparos e sugestões.

De maneira geral, o valioso material reunido deveria ser selecionado por um critério lexicográfico mais rigoroso do que o adotado. No esclarecimento inicial, enumeram-se os tipos de abreviatura registrados na obra, e entre eles não figuram os antroponímicos. Assim sendo, só se compreende

---

[86] George Orwell. *1984. A Novel.* Nova York: Signet Books, p. 233.

a inclusão do monograma de meia dúzia de pessoas supondo que o autor as quisesse homenagear dessa maneira. Da mesma forma, não se compreende o registro da abreviatura de alguns prenomes franceses (Thomas, Charles) e a omissão de muitos outros. (Não nos parece, aliás, que *Ju* seja a abreviatura normal de *Jules*.) Todos os prenomes, aliás, e não somente em francês, podem ser abreviados: a sua lista, completa, exigiria outro volume igual a este, mas não sabemos se teria utilidade real.

Outra exigência metódica seria a inclusão somente de abreviaturas geralmente aceitas; não nos parece este o caso, por exemplo, de *p. irr.* (particípio irregular). Registrando-se *ol.* (*old latin*), caberia *v. fr.* (*vieux français*). Uma revisão mais acurada numa segunda edição deveria melhorar a grafia de número razoável de palavras estrangeiras, especialmente francesas e alemãs. Seria desejável que nela o autor não mantivesse o erro, bastante generalizado entre nós, de fazer seguir de ponto as contrações francesas do tipo de *Mme* e *Mlle*. Entre as definições erradas, assinalemos a da *Sorbonne*, que há muito deixou de ser Faculdade de Teologia. Perguntamos se nas abreviações inglesas de palavras latinas (como *viz., videlicet*) não conviria notar que a forma só se usa em inglês.

Sempre com o intuito de servir, e sem querermos diminuir a utilidade do trabalho do Sr. Heitor P. Fróis, apontemos afinal algumas omissões: a da popular *o.k.* (norte-americana), das francesas *s.v.p.* (*s'il vous plaît*) e *p.r.* (*pour remercier*), da latina *Q.e.d.* (*Quod erat demonstrandum*), da alemã *bezw.* (*beziehungsweise*) e das portuguesas *NN.* (para designar pessoa que não quer ser nomeada) e *o.c.* ou *ob. cit.,* estas últimas devidamente registradas, aliás, no *Pequeno Dicionário Brasileiro da Língua Portuguesa.*

Durante quatro séculos e meio, não saiu no Brasil nenhum dicionário de siglas e abreviaturas. Pois ultimamente apareceram, entre nós, dois alentados trabalhos dessa espécie, e com apenas um mês de distância: o *Dicionário Internacional de Siglas e Abreviaturas,* de Heitor P. Fróis, em setembro de 1958, no Rio (Editora Gráfica Muniz S.A.), e o *Dicionário de Siglas e Abreviaturas,* de A. P. Miléa, em outubro do mesmo ano, em São Paulo (Edições Leia). Ao dedicar um comentário ao primeiro, não imaginava que outra obra similar acabasse de sair.

O simples fato da publicação quase simultânea de dois livros assim é significativo e confirma a alarmante multiplicação dessas pseudopalavras que são as siglas. Procurei apontar algumas causas dessa proliferação e mostrar que os grupos de iniciais que campeiam na imprensa não nos ajudam a poupar tempo e, na maioria dos casos, nem focalizam esse objetivo; eles contribuem, isto sim, para criar umas místicas nebulosas e sugestivas em torno, ora de ideologias e partidos, ora apenas do lançamento de uma incorporação ou de uma nova marca de sabonete.

Dir-se-ia que o autor do segundo dicionário partilha a mesma opinião, pois numa introdução intitulada "Siglomania" assinala preferência dos diversos totalitarismos pelas siglas. Mas, enquanto parece condenar essa vegetação parasitária a brotar à margem da língua, deixa-se embair por ela ao proclamar orgulhosamente que o Brasil, "se não bate o recorde no uso das siglas, não está em condição de inferioridade quanto às outras nações no uso das mesmas", como se a superioridade cultural se medisse pelo número de abreviaturas.

Corretor de imóveis em São Paulo, o Sr. A. P. Miléa já publicou em 1936, em Milão, um *Dizionaretto delle Sigle e delle Abbreviazioni*; é, pois, especialista do assunto. Desta vez, para realizar obra perfeita, segundo ele mesmo nos informa, dirigiu consultas com envelope de resposta paga a mais de cinco mil endereços, tendo recebido somente duzentas respostas. Não sei se é este o melhor método para a composição de qualquer dicionário; de qualquer maneira, comprova cientificamente o fato sobejamente conhecido de que brasileiro não gosta de escrever cartas. Surpreendido com esse resultado, o Sr. Miléa passa um carão nos que não lhe responderam.

Mas para que pelo menos os bem-educados pudessem dar uma contribuição aproveitável, deveriam ter obtido uma informação exata a respeito do critério de inclusão. A noção de sigla parece nítida, apesar de incompleta no *Pequeno Dicionário Brasileiro da Língua Portuguesa*, onde é definida como "letra inicial, empregada como abreviatura nos manuscritos, medalhas e monumentos antigos; monograma"; de fato, as siglas modernas se compõem sempre de várias iniciais e têm emprego muito mais amplo. Mas nem todo grupo de iniciais empregado em substituição de um nome constitui matéria para dicionário. Parece-me que deveriam ser omitidas, por definição, as abreviaturas de casas comerciais de importância local, admitindo-se apenas as de firmas de notoriedade internacional, como as companhias de aviação ou casas como a *U.F.A.*, a *I.G. Farben,* a *D.K.W.* (que, aliás, são ausentes do livro do Sr. Miléa). Da mesma forma, dispensam-se as abreviaturas de clubes e entidades, como o *C.M.C.* (Círculo de Marumbinistas de Curitiba), *C.E.A.* (Clube Enxadrístico de Araraquara), *U.E.C.S.A.* (União dos Estudantes dos Cursos Secundários do Amapá) ou *A.M.A.* (Associação Maranhense de Avicultura). Sem pretender menosprezar qualquer dessas associações, suponho que os seus componentes só lhes usam as siglas dentro de limitada esfera de compreensibilidade, cautela ainda mais provável quando se trata de casas comerciais.

Assim, no intuito de registrar o maior número de verbetes, o autor entulhou o seu trabalho de um material completamente supérfluo que alterna com verbetes de real utilidade. O que ainda mais surpreende é a abundância de elementos pitorescos. Embirrado com a maioria dos partidos políticos, o Sr. Miléa acha graça em interpretar-lhes as abreviaturas, em vez de simplesmente traduzi-las. Para ele, *P.S.D.* significa Partido Sem Dimensões; *P.T.B.*, Partido Todos Beneficiados; *P.S.T.*, Partido Supremo Tormento; *P.C.B.*, Partido Conta Bobagem. Creio ter-lhe descoberto as simpatias políticas pela exegese demasiadamente benévola que faz da abreviatura *P.S.P.*, que designaria o Partido Sempre Presente.

Destarte, o dicionário de siglas, que à primeira vista se julgaria obra tediosa e seca por definição, transforma-se inesperadamente num estranho breviário de chistes e opiniões pessoais. Aliás, o próprio autor timbra em pôr em destaque, no começo do livro, a lista de abreviaturas que lhe provocaram confidências e desabafos. Uma delas é *BB*:

"*Brigitte Bardot*, artista do (*sic*) cinema. Indicada com a sigla nas revistas, jornais e propaganda de filmes tal qual um banco ou uma firma comercial. Antigamente, os grandes gravadores, artistas e mestres nas artes, nas ciências e no progressismo (*sic*) eram indicados com a sigla ou abreviatura dos nomes. Hoje manda o *sex appeal*."

Noutra página, deparamos com a "abreviatura" *agiota*, a qual, segundo o autor explica, indica Aliança Geral Indivíduos Oprobiosos, Transviados, Assassinos ou, à escolha, Abusando Ganha Inferno, Ódio, Traição, Adultério! Com a mesma energia profliga a "sigla" *usura* ("Urubu, Serpente, Urso, Rato, Abutre, sem querer ofender estes animais na comparação com o usurário") e manifesta o seu desagrado a *TV*, a *SAM* e a *Café Society*.

Em compensação, descobrimos um sentimento ufanista tão vibrante quanto inesperado no verbete *S.A.*:

"*Sex Appeal*. Atração sexual ou de outra natureza. (Outra qual?) Frase usada nos EEUU na ilusão de que somente as mulheres americanas têm o dom do *sex appeal*. No Brasil é que abunda o *sex appeal*, graças a Deus."

Igualmente notáveis os verbetes *Brasil* (que, para o autor, é sigla de Bondade, Realeza, Amor, Saúde, Inteligência, Liberdade, ou, caso se tenha espírito crítico, de Boa Recuperação Administrativa. Será Interessante Louvável) e *J.K.*, o qual, como era de prever, contém uma sucinta biografia do presidente da República, devidamente condimentada de elogios. Mas nem todos os verbetes são de tão fácil previsão: assim *I.S.* (Isola delia Sicília) esconde nada mais, nada menos que uma esporada à elite de Santos que se opõe à construção da ponte que deveria ligar essa cidade ao Guarujá.

Depois de ter estranhado certo lirismo descabido no dicionário carioca (no qual o autor incluía monogramas de seus amigos para obsequiá-los), sinto-me francamente atônito diante de tanta fantasia no léxico paulista. Mas, como o autor, que gentilmente me ofertou um exemplar, projeta numa segunda edição aumentar o número de verbetes de nove mil para vinte mil, permito-me sugerir-lhe uma melhor seleção dos itens e a supressão dos comentários pessoais. O espaço assim economizado serviria utilmente para, ao lado das abreviaturas, indicar o setor em que são empregados, como se vê no trabalho, de vários pontos de vista excelente, do Sr. Fróis (por exemplo: *Ba*, Bário, elemento químico; *CIF Cost. Insurance, Freight* — Custo, Seguro e Frete — ingl., notação comercial).

Caso haja nova edição do livro, recomenda-se também uma rigorosa revisão para limpá-lo dos milhares de erros tipográficos, especialmente frequentes nas palavras francesas e latinas.

Agora uma observação curiosa: são relativamente poucos os verbetes comuns nos dois dicionários. De mais a mais, é frequente siglas idênticas referirem-se a entidades diferentes: *I.E.*, para o Sr. Fróis, significa Indian Empire e Indo-European, e, para o Sr. Miléa, Instituto de Educação e Instituto de Engenharia; IEF, para aquele, é Instituto de Educação Física, e, para este, Importadora Eletro Força e

Luz. Mesmo quando os dois parecem referir-se à mesma instituição, identificam-na mais de uma vez de modo diverso, e assim ficamos sem saber se *IFOCS* é Inspetoria Federal de Obras contra as Secas ou Instituto de Fomento de Obras contra as Secas; se *EFB* se lê Estrada de Ferro Bragança ou Bragantina; se *FUME* representa Federação Universitária Mineira de Estudantes ou de Esportes.

Por mais cruéis que sejam essas dúvidas, tais discordâncias ainda representam, para nós outros, simples usuários da língua, um último fio de esperança. Enquanto perdurar essa confusão, ainda nos é lícito utilizarmo-nos dos lindos vocábulos compridos e amáveis que, por intermédio de Camões, Eça e Machado, nos legaram Cícero e Virgílio. Não digamos, pois, *SPHAN* (tanto mais que torceríamos a língua pronunciando-o); digamos simplesmente Serviço do Patrimônio Histórico e Artístico Nacional, ou, apenas, Patrimônio — e todos hão de reconhecer a simpática repartição em que Rodrigo M. F. de Andrade, Carlos Drummond de Andrade, Lúcio Costa e outros se empenham em conservar, para delícia de nossos olhos e de nossos corações, alguns restos de beleza inútil e irracional.

1959

INICIAÇÃO AO FRANGLÊS

Etiemble, professor de literatura na Sorbonne e crítico de renome, está empenhado há anos em luta intensa contra um perigo que, a seu ver, ameaça de descaracterização a língua francesa. Seus artigos dedicados a essa campanha acabam de ser reunidos num livro, intitulado *Parlez-vous franglais?* (Gallimard, 1964), e que está sendo vivamente comentado não somente na França, mas também noutros países, sobretudo aqueles cuja língua se encontra sob ameaça semelhante.

O termo "franglais", inventado por Maurice Rat, designa o francês americanizado. Mas o alcance da campanha movida por Etiemble é mais amplo que o dos tradicionais movimentos de purismo com que os filólogos procuram resistir à infiltração de estrangeirismos na própria língua nacional. O autor, tão filósofo quando filólogo, propõe-se a defesa não apenas do idioma, mas da civilização e do modo de viver da França. Dessa vez, com efeito, não são apenas palavras de empréstimo que se insinuam no francês: é uma espécie de epidemia que corrói a pronúncia, o léxico, a morfologia, a sintaxe e o estilo. As ramificações do mal estão em toda parte. Etiemble aponta-as com impiedosa ironia. Para começo, oferece ao leitor uma "História Não Muito Engraçada", conto adrede escrito no horrível jargão franco-americano em moda, com tantas palavras em inglês quantas em francês, pasticho divertido, mas, ao mesmo tempo, lancinante grito de alarma. Pois, apesar de escrito em *"sabir* atlântico, esta variedade *new look* do francês", é entendido de ponta a ponta por qualquer francês — e é precisamente isso que ele tem de assustador.

Nada seria mais fácil que traduzir o conto em apreço para o português, bastando para isso verter as palavras francesas que nele desempenham apenas o papel de elementos de ligação; as inglesas, ou melhor, as americanas — tais como *fulltime, play-boy, pin-up girl, best-seller, rush, ketchup* etc. — aqui também são entendidas sem esforço, o que é a melhor prova de que o assunto tratado pelo Prof. Etiemble não é de interesse exclusivamente francês.

Uma personagem do conto, não satisfeita em falar com verdadeira volúpia o *sabir*, chega a fazer-lhe o panegírico, acompanhado do necrológio do francês:

"Foi-se o tempo em que o francês podia pretender ao estatuto incontestado de língua universal... *Crois-moi, elle est foutue la langue française...* Assim como o latim deu respectivamente o romeno e o espanhol, o italiano e o francês, o americano de hoje há de produzir o italianinglês, o germaninglês e o franglês."

Nenhum idioma pode dispensar palavras de empréstimo, e Etiemble sabe disso. Porém a admissão simultânea e indiscriminada de milhares de palavras de grafia, pronúncia, forma e flexão completamente diversas das do idioma acolhedor pode prejudicar seriamente este último, embotando o instinto linguístico dos que o usam e entupindo-lhe as fontes genuínas de enriquecimento e renovação. Alertados por Etiemble e outros, vários grandes jornais têm aberto em suas colunas uma seção de profilaxia idiomática, mas cujo efeito fica reduzidíssimo enquanto as demais colunas dos mesmos jornais continuam repletas de neologismos os mais rebarbativos.

Mais refratário que o português à incorporação dos vocábulos estrangeiros, o francês acolhe as palavras inglesas sem alterá-las, e o *Petit Larousse*, um dos alvos principais dos sarcasmos de Etiemble, apressa-se sem registrá-las em sua forma original como termos legítimos do léxico nacional. Meninos ainda não familiarizados com os plurais irregulares do próprio idioma têm de aprender os de *sportsman, steeplechase, penalty, garden-party*. Num excesso de subserviência, esse dicionário, no verbete *single* (partida de tênis entre dois adversários) chega a observar: "se diz também, abusivamente, *simple*". Imitando-o, os jornais estampam as palavras inglesas sem grifá-las nem pô-las entre aspas, de modo que os leitores desprevenidos as pronunciam à francesa, tornando-as irreconhecíveis.

Pensar-se-ia que a invasão de termos americanos facilita, pelo menos, o aprendizado do inglês. Mas o francês médio, sem saber como pronunciar todos aqueles neologismos, impressos em grafias as mais fantasistas, desaprende a própria língua sem aprender a dos americanos.

Os terrenos mais afetados pelo caçanje anglo-francês são os esportes, especialmente o futebol, a caça, a pesca, o turfe, o tênis e o iatismo, cujos adeptos mais de uma vez chegam ao requinte de inventar palavras inglesas ignoradas pelos dicionários. Mas, na realidade, nenhum setor da vida ficou livre do franglês, e, para mostrá-lo, Etiemble exibe uma coleta grupada em três capítulos.

Baby corner et coin des teens registra anglicismos que dizem respeito à vida infantil, com amostras de catálogos de brinquedos, assim como de *comics* (quadrinhos), em que se emprega um vocabulário inglês de quinhentas palavras, grafadas da maneira mais inconsciente.

Men's department mostra a invasão dos americanismos nos diversos setores da vida masculina: aeronáutica, exército, agricultura, engenharia, medicina, odontologia, socio logia... A infiltração das palavras é acompanhada da dos costumes, daí a veemência das diatribes de Etiemble. "A anglomania" — escreve ele — "leva a França ao estatuto colonial de que ela acaba de libertar a África. O francês não pode nem tossir, nem fazer a barba, nem vestir-se, nem comer, nem amar, nem distrair-se, sem que se abatam sobre ele, de todos os lados, as palavras americanas e os ianquismos mais idiotas". E passa a resenhar o dia do francês médio para mostrar como este tropeça a cada passo nalguma dessas monstruosidades linguísticas. O *Shee club*, afinal, leva-nos a um salão de cabeleireiro onde assistimos a uma conversação de senhoras num francês saturado de americanismos, de arrepiar os cabelos.

A parte mais engenhosa do livro é a *Gramática Provisória e Abreviada do Sabir Atlântico*, em que o autor, utilizando os resultados de uma colheita de muitos anos, aponta as influências anglo-americanas na própria estrutura do francês, bem mais difíceis de despistar que os empréstimos léxicos.

Relaciona as manias gráficas, com a proliferação dos *kk* e dos *yy*; as flutuações ortográficas (nada menos de oito ortografias para *beefsteak*), as pronúncias oscilantes; as esquisitices morfológicas, entre elas a indistinção do número gramatical; a multiplicação de palavras terminadas em *-ing, -er, -ex, -roma* e *-or*; a predileção pelos prefixos *super-, auto* e *self-*, e pela composição por cissiparidade e aglutinação (como em *motel* e *cheeseburger*) ou por justaposição (como *créditvacances* e *boite-essai*); o abuso de certos substantivos mágicos (tais como *scotch* e *relaxation*). Acrescem aberrações sintáticas; a indecisão do gênero gramatical, a supressão indevida do artigo, o emprego adjetivo de siglas (*un agent Oas*), o abuso do superlativo e do comparativo.

Até as pessoas mais alheias à influência norte-americana, inclusive o próprio General de Gaulle, caem na armadilha ao anteporem os adjetivos aos substantivos. E, sem dar por isso, vão empregando as preposições francesas à maneira inglesa, substituindo as interjeições francesas por inglesas, usando o apóstrofo como sinal do genitivo. A americanização atingiu até a conjugação, último baluarte da língua; em vez de se recorrer ao *on*, tão genuinamente francês, adota-se a construção passiva familiar aos ingleses, chegando-se a frases como esta: *Il est beaucoup parlé du fait que la France rajeunit.*

No domínio da estilística, nota-se que palavras da forma igual ou parecida nas duas línguas são conscientemente empregadas e (não, como antigamente, por engano) no sentido inglês: *réaliser* no de "compreender", *pratiquement* no de "quase", *approche* no de "ponto de vista", e assim por diante.

Fenômeno estranho surpreendido por Etiemble é o emprego de expressões figuradas inglesas, seguidas dos equivalentes franceses, colocados entre parênteses, como se o modo de falar correto fosse aquele e não este.

Procurando as causas do processo, Etiemble, a quem alguns anos passados nos EUA incompatibilizaram definitivamente com o *American way of life*, conclui que o *sabir* é um instrumento do imperialismo ianque para levar os franceses, pela identidade da expressão, à identidade do pensamento. Intuito tão maquiavélico, para lograr êxito, necessitaria a cooperação consciente de todos os indivíduos e firmas norte-americanas em contato com a França, e a submissão inconsciente de todos os franceses. É mais plausível crer no efeito conjugado do esnobismo, da propaganda comercial e do poderio do dinheiro. Em todo caso, a americanização da linguagem não pode ser dissociada da importância crescente da publicidade, a qual, segundo pesquisas de Etiemble, mistura ao seu francês mais de 1.300 palavras inglesas; ora, como ele mesmo observa, "em nosso universo mercantil, a publicidade tornou-se a única leitura da maioria dos cidadãos".

Depois de assinalar as conquistas do franglês na imprensa — a própria *Humanité*, órgão do PC francês, não faz exceção —, na rádio e na televisão, Etiemble busca o meio de conter os estragos da "sabirização". Propõe um estudo mais intenso dos falares franceses de fora da França, como fontes virtuais de enriquecimento; promete um dicionário dos equivalentes dos anglicismos desnecessários; quanto aos indispensáveis, aconselha que sejam grifados.

Como medidas administrativas, sugere o controle oficial de todos os anúncios, assim como a instituição de um sistema de multas para jornais e estações de rádio e de televisão, e de taxas para todo nome ou marca de produto que não seja francês.

O libelo de Etiemble, que vem em apoio às tendências independentes da política exterior de seu país, não seria francês se entre suas armas não figurasse a zombaria espirituosa. O autor maneja-a com mestria nos "exercícios" apensos aos capítulos em que os leitores são intimados a verter para o franglês frases e trechos escritos em francês correto. Eles contribuem muito para fazer deste livro sério e grave uma leitura divertida.

1965

HUMORISMO LINGUÍSTICO

Por ter a França forma aproximadamente hexagonal, alguém se lembrou de, por metonímia, designá-la como "o Hexágono". Difundida, a expressão já penetrou nos dicionários.

"Como a palavra *França*, maculada de uma afetividade suspeita, pequeno-burguesa, tende a oscilar para o folclore, a linguagem contemporânea prefere-lhe a de Hexágono, a qual, em sua pureza funcional, parece adaptar-se melhor à definição de uma grande nação moderna."

É assim que Robert Beauvais, não sem sarcasmo, goza aqueles de seus compatriotas que, ansiosos de estarem na onda, patrocinam semelhante pernosticismo. Com efeito, um senso de observação tão agudo quanto malicioso permitiu-lhe perceber nessa expressão um sintoma típico da tendência, tão generalizada hoje em dia, de enunciar as noções mais óbvias com empáfia técnica. Essa mania, segundo ele vem notando há anos, chegou a produzir uma nova linguagem, o hexagonal, falada dentro do Hexágono, isto é, da França, mas de características opostas às do francês.

Foi a ideia de codificá-las e de exemplificá-las que o levou a escrever o divertido volume *O Hexagonal Tal Como se Fala*,[87]

---

[87] Robert Beauvais. *L'hexagonal tel qu'on le parle*. L'Humour contemporain.

que, desde o título, inspirado em *O Inglês Tal Como se Fala*, de Tristan Bernard, revela intenção satírica. É este livro, atualmente um *best-seller*, que há um ano faz rir a França ou, pelo menos, a parte da França que ainda não perdeu o senso do ridículo, outrora uma de suas virtudes nacionais.

Há quase duzentos anos, Rivarol definia o idioma francês com esta afirmação: "O que não é claro não é francês." Hoje, o hexagonal poder-se-ia definir assim: "O que é claro não é hexagonal."

Qualquer frase francesa, se vertida em hexagonal, torna-se logo opaca, pretensiosa, redundante. Ora, sempre existiu no povo o desejo de falar difícil para alcançar consideração. Esse desejo, reforçado pela adoração da técnica, a admiração à matemática e a saudade da filosofia, e alimentado pela gíria político-sociológica, dá aos usuários da língua a ideia de que só pode ser profundo o que é obscuro. Uma frase como "A instrução pública é obrigatória, gratuita e laica" seria lida e ouvida sem qualquer emoção. Substituamo-la por "A alfabetização é imperativa, isenta e dessacralizadora", e o leitor ou ouvinte, se lhe penetrar o sentido, experimentará alta satisfação intelectual. Mas, ainda que não o penetre, deixar-se-á desvairar pela consonância do enunciado.

Não escapa à sagacidade de Robert Beauvais outro traço identificador do hexagonal, a sua índole eufemística. Contornando todos os termos diretos e simples, ele se dilui, se adocica, se transforma num ópio verbal, num suave entorpecente, com largo uso de frases feitas e de clichês que dispensam o sujeito falante de pensar. "Essa linguagem não será por acaso uma névoa artificial destinada a ocultar uma mediocridade generalizada, de que a atual *intelligentsia* francesa tem uma vaga consciência?"

O trabalho de Beauvais lembra outro grito de alarme lançado há anos, o panfleto de Etiemble contra a invasão de termos ingleses e que comentei em seu tempo. Mais francamente humorístico, nem por isso é menos amargo e tem alcance mais geral. Com efeito, o pernosticismo técnico, que tampouco se limita ao idioma francês (senão o libelo de Beauvais perderia o seu sabor quando traduzido, o que não se dá), é bem mais corrosivo do que a anglomania; na verdade, esta é apenas um dos subgêneros daquele.

Propositadamente exagerados (mas não muito), os exemplos do humorista filólogo, além de nos fazer rir, hão de despertar em nós a lembrança de frases semelhantes — lidas não em hexagonal, mas no "triangular" em que o português do Brasil está ameaçado de transformar-se. Veja-se este trecho seguinte do capítulo "Pequeno catecismo para uso dos principiantes":

— Que deve ser uma peça de teatro?
— Um empreendimento de desmistificação.
— Ou ainda?
— De desmitificação.
— Ou ainda?
— De dessacralização.
— Da dessacralização de quê?
— Dos tabus sociais.

— Em que resulta uma desmistificação dos tabus sociais?

— Numa reposição em questão dos valores.

— Que valores?

— Os valores burgueses.

— Aonde leva a reposição em questão?

— A uma interrogação sobre o Ser.

— Em que esbarra o Ser?

— Nas fronteiras de um mundo fechado.

— Como se liberta delas?

— Por uma tomada de consciência.

— O romance não deixa de ter o quê?

— Não deixa de ter uma certa ambiguidade.

— Um romancista faz descrições?

— Não. Ele inventoria um cenário reificado dentro de um campo de percepção que confere uma perspectiva à especificidade do objeto etc. etc.

O batizador do hexagonal soube variar a apresentação do vasto material recolhido (ou imaginado, mas com todas as aparências da autenticidade). Oferece-nos um manual de conversação em que as frases francesas vêm acompanhadas da respectiva tradução em hexagonal, para uso na via pública, no café, no barbeiro, no intercâmbio social, nos conflitos de rua, na viagem, na sociedade de consumo, no restaurante, nas compras... As sentenças essenciais da vida conjugal, da vida escolar e do automobilismo são vertidas em hexagonal. Embora nem sempre podendo garantir a fidelidade da tradução, ele se compraz em desfrutar o caçanje da política, mostrando como "O que cabe é uma instituializaçâo democrática para solucionamento da problemática nacional" não passa de: "É pela democracia que o país poderá ser salvo." Recolhe amostras da gíria dos negócios e, como verdadeiro virtuoso que é, compila uma cena de amor parodiando o erotismo pra frente, que, longe de confessar-se indecente e desbragado, quer ser qualificado de "uma ética", mais ainda, de "uma ascese".

Outros *morceaux de bravoure*: a tradução de uma cena do *Cid* — "*O rage, ô desespoir, ô vieillesse ennemie*" — em hexagonal: "*O stress, ô break-down, ô sénescence ennemie*" — e um "formulador automático", onde em quatro colunas justapostas aparecem verbos, objetos diretos, adjetivos e complementos nominais, permutáveis à vontade e que se podem relacionar com qualquer sujeito.

O ápice é atingido numa análise de texto concebida em termos tão imprecisamente hexagonais que podem aplicar-se a qualquer obra de arte: literária, pictórica ou musical. A análise, de profundidade aparente e muito sugestiva, a rigor não diz absolutamente nada.

Termina a obra um "perfeito secretário", pequena coleção de amostras de correspondência, das quais destacarei apenas este postal de férias: "Massa geo-histórica irradiante, conjuntura meteorológica optimal, estimulações bucais selecionadas", equivalente a "Região linda, tempo soberbo, beijinhos".

Depois de ter brandido com espírito e bravura a arma de Rabelais, de Voltaire e de Anatole France, o nosso autor, para evitar mal-entendidos, julga necessário afirmar que a sua cruzada não visa os termos técnicos em si, mas a degradação assustadora do francês pela vulgarização abusiva de tais termos por obra de uma quinta-coluna de pedantes e de inconscientes.

Essa quinta-coluna não é uma especialidade francesa. A poluição da atmosfera linguística é um fato internacional; se não a combatermos, daqui a pouco só os surdos e os cegos poderão respirar.

1971

UM IDIOMA GANHA O
SEU DICIONÁRIO

Desde que conheço mestre Aurélio Buarque de Holanda Ferreira — e lá vão 34 anos —, vejo-o viver em função do Dicionário. Dicionário com maiúscula, o melhor, o mais moderno e o mais seguro da língua portuguesa, de que ele ia dotar o Brasil, e que agora aqui está, ao alcance de todos, um sonho tornado realidade.[88]

A história de como o menino pobre de Passo de Camaragibe, que não tinha dinheiro para pagar o dicionário mais modesto, acabou realizando essa obra-prima da lexicografia, há de ser contada um dia com todos os seus pormenores. No momento, cabe apenas salientar que é este, e nenhum outro, o Dicionário de Aurélio, o livro de sua vida, digno de figurar ao lado de seus congêneres internacionais mais famosos, o *Webster*, o *Oxford*, o *Larousse*, o *Brockhaus*, o *Zingarelli*, o *Dicionário da Academia Espanhola*, esses títulos de nobreza das grandes línguas de civilização.

O que há de curioso no caso de Aurélio é ter ficado conhecido como dicionarista muito antes de haver publicado

---

[88] Aurélio Buarque de Holanda Ferreira. *Novo Dicionário da Língua Portuguesa.* Rio de Janeiro: Nova Fronteira, 1975. Capa de Giam Calvi, XVI + 1.520 p.

um dicionário. Contratado em 1940 pela Companhia Editora Nacional para fazer uma revisão do *Pequeno Dicionário Brasileiro da Língua Portuguesa*, submeteu-o a modificações tão radicais que ele ficou conhecido como o "Dicionário do Aurélio". Mesmo depois de ter deixado de supervisioná-lo em 1959, continuou sendo considerado como seu autor, e, como tal, responsabilizado pela falta de atualização.

Embora de extraordinária utilidade, confirmada por tiragens sucessivas, o PDBLP, "o pretinho", não era ainda o tesouro da língua tal como Aurélio o sonhava. A intenção dele era fazer um registro novo e completo da língua falada no Brasil, uma espécie de censo dos vocábulos com sua fraseologia, gramática e estilística, que incluísse todos os modismos, rodeios e expressões figuradas, a imensa nomenclatura de todas as plantas e todos os bichos, a fala popular com toda a riqueza das variantes regionais, o vocabulário técnico criado pelo desenvolvimento, e todos os matizes de que a pena dos escritores havia dotado o português entre nós. Seria a obra de sua vida em muitos volumes a ser executada por numerosa equipe de auxiliares e pelos métodos mais modernos, a exigir um investimento vultoso de capitais. Duas vezes empreendido, o grande dicionário de Aurélio foi duas vezes abandonado. A sua primeira editora, ao cabo de alguns anos, verificou não poder arcar com as despesas; a segunda desistiu ao ver que a imensidade do material tornava impossível cumprir os prazos de entrega.

Muitos teriam desanimado. Aurélio, verificando serem por enquanto insuperáveis os obstáculos à criação de uma obra monumental, partiu para outra, de tamanho médio.

Enfrentando todos os riscos do empreendimento com reduzida equipe de assistentes, levou anos a trabalhar dia e noite na realização da nova fórmula. Chegada à etapa final, a obra despertou o interesse da editora Nova Fronteira, que soube reconhecer o excepcional alcance cultural da iniciativa, à qual se associou. O Dicionário estava escrito; faltava *apenas* compô-lo, imprimi-lo e pô-lo nas mãos do público. Para isso, a editora seguiu as sugestões do autor nos menores detalhes da execução. O resultado foi essa joia da indústria gráfica, onde o máximo de material é oferecido no mínimo de espaço possível em condições ótimas de legibilidade, em papel-bíblia, usado entre nós pela primeira vez para esse tipo de obra.

Ninguém, em Lexicografia, pode fazer trabalho inteiramente novo. Mas dessa vez nenhuma definição encontrada nas obras dos predecessores foi aceita sem exame. Inúmeras definições foram reformuladas, consertadas, completadas; muitos desses monstrengos lexicográficos que se arrastavam de um dicionário para outro viram-se eliminados. Por outro lado, nos muitos milhares de termos novos surgidos no decorrer dos últimos decênios e nunca dicionarizados até hoje, pode-se apreciar ainda melhor a capacidade analítica e o bom senso do registrador. Quando se diz, pois, que o volume contém 140 mil verbetes, entenda-se que todos eles foram pesados, examinados e definidos um por um.

Os acréscimos abrangem palavras do dia a dia vindas do jornal, do rádio, da televisão, das modas, dos esportes, do teatro, da história contemporânea; da linguagem familiar e popular e da gíria; mas também da terminologia científica, que interfere cada vez mais na existência de qualquer cidadão. Note-se que o dicionarista, para precisar exatamente o significado dos termos técnicos, teve o cuidado de recorrer à colaboração de especialistas de renome. Pode-se dizer, pois, que o Dicionário de Aurélio sabe infinitamente mais vocábulos do que o próprio Aurélio ou qualquer outro brasileiro; o que nele se encarna é a consciência do idioma.

Tendo percebido que em nossa época de comunicação em escala intercontinental nenhum purismo conseguiria deter a invasão das palavras estrangeiras, Aurélio não somente registra as geralmente usadas consignando-lhes a pronúncia e o significado, mas as inclui no corpo da obra dentro da mesma ordem alfabética dos vocábulos nacionais. Adota igual procedimento em relação às abreviaturas e às siglas, que pontilham a nossa escrita e a nossa fala, assim como aos prefixos e aos sufixos usados em derivação. O caráter de todos esses elementos é qualificado e destacado por meio de um engenhoso sistema de sinais gráficos. Tudo isso concorre para facilitar a consulta. A comodidade do consulente é também servida pela variação racional dos tipos de letra: redondo, grifo, negrito, grifo-alemão, cuja distribuição pode ser considerada modelar.

O dicionarista quebrou um velho tabu ao não afastar de seu convívio vocábulos julgados inconvenientes. O palavrão, o termo vulgar ou mesmo chulo, as enérgicas explosões verbais do povo, tudo isso para ele é palavra; apenas, todos eles são fichados como o que são. Devidamente advertido, cabe ao consumidor, em conhecimento de causa, usá-los ou não.

Convém pôr em relevo quatro inovações importantes da obra nova em relação ao PDBLP e, em geral, aos dicionários de tamanho pequeno ou médio. A etimologia está indicada ao lado de todo vocábulo não resultante de derivação. As diversas acepções da mesma palavra estão separadas e numeradas, e o emprego dessas acepções é ilustrado por farta abonação. Muitos verbetes vão além da indispensável definição e dão às noções a que se referem tratamento enciclopédico.

Essas quatro características realçam extraordinariamente a utilidade da obra. Quero insistir na terceira, a abonação, realizada por meio de milhares de frases adrede inventadas pelo autor e seus assistentes, e de inúmeras citações recolhidas em autores clássicos e modernos, mas também em jornais e todos os demais meios de comunicação. Com toda a razão, o lexicógrafo considera a qualidade e a quantidade dessa exemplificação como a grande força do seu trabalho.

Tem que se apontar o cuidado havido em assinalar os matizes estilísticos das palavras, assim como em consignar as indispensáveis informações de caráter gramatical (flexões, conjugação, regência), em distinguir os homônimos entre si e em registrar sinonímia abundante. Tudo isso foi feito de maneira prática e clara, evitando-se toda teorização pedante.

Como se vê pelo título, o Dicionário não se restringe ao português do Brasil. Parte das citações ilustradoras é extraída de autores portugueses. Mas as divergências dos usos brasileiro e lusitano são registradas com atenção constante. Pode-se prever, por isso, que ele venha a ser consultado em todas as terras onde se fala português.

Lido também, não apenas consultado. Tão atraente a sua feição gráfica, tamanha a riqueza de seus materiais, que o consulente na certa vai distrair-se com frequência e fazer do Dicionário livro de leitura. E há de encontrar em cada página provas da força inventiva, do bom humor, da graça, da ironia, da engenhosidade de todo o mundo, que, plasmando o português, fez dele um dos idiomas mais ricos e pitorescos de quantos existem.

A maior prova da excelência de uma obra de consulta é dar a impressão de que não poderia ter outra feição e outro conteúdo. Entretanto, quem assistiu à sua longa e laboriosa gestação sabe o que ela exigiu de pesquisa e de meditação, como também de pertinácia e de otimismo, não só por parte do autor, como também da sua valiosa equipe. Seria iníquo encerrar esta rápida resenha sem atribuir-lhes o seu quinhão de louvores pela sua colaboração competente e dedicada. São eles: Margarida dos Anjos, Marina Baird Ferreira, Stella Rodrigo, Octavio Moutinho, Elza Tavares Ferreira e Joaquim Campelo Marques.

Amigos de Aurélio, temos deplorado muitas vezes que ele tivesse sacrificado ao Dicionário a sua obra de contista e costumbrista, tão auspiciosamente inaugurada em *Dois Mundos*, de crítico de poesia, revelada em *Território Lírico*, de tradutor de prosa e poesia, consistente num acervo respeitável de versões. Mas, à vista da obra com que ele nos presenteia hoje, só podemos felicitá-lo pela persistência, quase de ideia fixa, com que se manteve fiel à sua vocação essencial. Um trabalho como o *Novo Dicionário da Língua Portuguesa* faz jus à gratidão de gerações.

1975

PARTE IV

VIDA

MERGULHO NO JAPÃO

O dilema

Não agarrar a ocasião seria loucura. Minha filha e minha mulher receberam um convite de ir ao Japão e logo ocorreu-lhes que eu devia ir junto. Quem não sonha em visitar o Japão, ainda que sabendo que sonhos como esse nunca se realizam?

Mas todo mundo tem a sua maneira de viajar. A minha consiste em preparar longamente a viagem, planejar o itinerário, estudar os cenários, calcular as etapas, imaginar de antemão o desconhecido para confrontá-lo com a experiência, saborear as vivências antes e depois.

Nada disto seria possível desta vez. O convite, recebido em 7 de janeiro, impunha uma data inalterável para a chegada em Tóquio: o dia 31 do mesmo mês. O prazo, curtíssimo, mal daria para as providências indispensáveis: obtenção de passaportes, vistos, vacinas contra varíola e cólera, compra de divisas, sem falar em conseguir o dinheiro para a expedição. Estávamos veraneando gostosamente no nosso cantinho de Nova Friburgo, gozando o ar fresco da serra. Íamos abandonar aquele descanso idílico para nos metermos em camisa de onze varas, pegar o avião a jato, sobrevoar o

Pacífico, enfrentar o inverno, perdermo-nos num mundo de língua desconhecida? Ceder à tentação seria loucura.

Mas já estávamos com o vírus inoculado. E começou a correria, e a luta, contra mil obstáculos: burocráticos, administrativos, financeiros. A exiguidade do prazo parecia conspirar contra nós. As passagens oferecidas não chegavam, expiraram as reservas de lugar na companhia aérea, cartas expressas ficavam sem resposta. Até a tarde de 27 de janeiro, não sabíamos se íamos viajar, quando, às 17 horas, foi-nos comunicado que podíamos pegar o jato das 23 horas daquele mesmo dia. E embarcamos.

Desculpas de um ignorante

Exaustos por centenas de providências, lá íamos nós, a mil quilômetros por hora, rebentados, mas felizes. Não conseguira arranjar tempo para ler uma descrição do país, um simples guia turístico que fosse; nem sequer *Japão, uma tentativa de interpretação*, de Lafcadio Hearn. Esse livro de quase setenta anos, mas ainda válido, acompanhava-me por três semanas a consulados, bancos, agências de viagens, mas não me foi possível chegar além do prefácio. Aí, aquele escritor curioso, filho de irlandês e grega, naturalizado norte-americano e apaixonado do Japão, depois de quatorze anos passados no Império do Sol Nascente, tendo dominado a língua e a literatura, confessa sem rodeios entender os japoneses menos do que no dia em que chegara em seu país. Era em todo o caso uma consolação.

Possuía, é verdade, um livrinho intitulado *Travel Conversation*, em inglês e japonês, devido à gentileza da Japan Air Lines. Por que não aprenderia a pergunta *Takushii-wa doko-de hiroe masu ka?*, "Onde poderia tomar um táxi?", ainda que a minha memória visual não lograsse reter os hieróglifos em que era gravado. Mas que adiantava decorá-la, se de modo algum poderia entender a resposta? Antecipava o meu provável pânico ante uma das cem mil respostas possíveis, não registradas no pequeno guia, e acabei retirando-o da mala.

Iria, pois, mergulhar no Japão em voo cego. Deixaria que as impressões agissem sobre mim com pleno impacto, não retificadas por informações prévias.

Eu, o único analfabeto

E eis-nos em Tóquio após uma rápida passagem por Nova York, São Francisco e Anchorage, no Alasca, tendo sobrevoado por horas sem conta campos de neve e gelo, paisagens árticas e *icebergs*, e cruzado a *date-line*, aí já totalmente desorientados em nossos hábitos de dormir e de comer. Deveriam ser 9 horas da manhã quando chegamos; eram 9 da noite. Durante a viagem, bastante tempestuosa, mas ainda assim terminada no momento exato previsto pelo horário, já começávamos a nos habituar ao desarraigamento. Nenhum gosto familiar nas comidas servidas a bordo que os companheiros de viagem nipônicos consumiam manejando pauzinhos, nenhuma palavra reconhecível nos avisos difundidos em japonês pelo alto-falante (ainda bem que seguidos de tradução inglesa). Mas o belo sorriso das aeromoças, a graça inédita de seus gestos e a delicadeza dos demais membros da equipagem diminuíam um pouco a perplexidade, intensificando a expectativa.

E eis-me em Tóquio, onde me sinto o único analfabeto, pois, para vergonha minha, me informam de que entre os habitantes da megalópole não há iletrados. É verdade que formigam aos milhares turistas tão ignorantes quanto eu. Confiado no propalado bilinguismo dos toquienses, recuso-me ainda a considerar-me um carneiro dessa grei. Porém, os letreiros das ruas estonteiam-me com seus ideogramas emaranhados, de infinita variedade. Há nada menos de quatro jornais diários em inglês para os estrangeiros, mas os nomes das ruas (salvo os das principais avenidas), as tabuletas dos ônibus, os horários das estradas de ferro, tudo isso berra desesperadamente em japonês. E, ainda que tivesse feito um rápido curso Berlitz, de nada me serviria, pois as relações entre a língua falada e a escrita são um mistério a mais, que desafia o nosso entendimento.

Nunca tinha passado por nenhum país onde não pudesse pelo menos decifrar as tabuletas ou ler um mapa. Desta vez, porém, vejo-me no mato sem cachorro. Se me arriscar no labirinto dessas ruas tão tortuosas, quem me garante que, pedindo uma informação, esbarre com a única pessoa em cada mil que fala inglês? Que adiantará escrever para o motorista o endereço do hotel em alfabeto latino, se ele não o sabe ler? Poderia talvez descobrir a minha rua ao cabo de umas horas de peregrinação a pé? Mas o tempo não está nada convidativo, com as ruas cobertas de neve derretida, o vento a soprar e uma chuvinha incômoda batendo na cara da gente.

Os anjos guardiães

Felizmente que o destino nos deu dois protetores. Minha mulher e minha filha são amparadas pelo sorriso onipresente da Srta. Hiroko Yokota, guia e intérprete de profissão que em poucos dias revela-se dona de uma boa cultura e de uma segura orientação (seria melhor dizer ocidentação) geral, tendo informações surpreendentemente certas não apenas sobre o próprio país, mas sobre a Europa e a América também. Eu me louvo na inesgotável paciência do Prof. Makio Sato, da Universidade de Sendai, tradutor de meu *Babel & Antibabel* para o japonês, e com quem me carteava havia mais de um ano, sem nunca suspeitar que o destino um dia nos poria frente a frente. Num excesso de cordialidade veio até Tóquio para dar-me as boas-vindas e poucos minutos bastam para que nos tornemos amigos. Pela idade, poderia ser meu filho e, ao despedirmo-nos dez dias depois, sentimo-nos parentes de verdade.

Há, pois, duas enciclopédias vivas à nossa disposição que se deixam explorar de bom grado. Mas é preciso saber formular a pergunta para se obter uma resposta cabal. Às vezes, a hesitação do interrogado leva-nos a pistas excitantes que permitem entrever aspectos novos do mundo misterioso em que caímos. Interrogada sobre como se diz em japonês *não*, a

Srta. Hiroko hesita um instante para depois explicar-nos que os japoneses dispensam essa palavra por não quererem machucar ninguém com uma recusa; e exemplifica com vários circunlóquios, cada qual mais cortês, a maneira indireta de se negar a atender a um pedido (um pouco ao jeito do nosso "está difícil"). E, mais de uma vez, apesar do seu excelente conhecimento do inglês e dos hábitos europeus, ela demora a oferecer-nos o sentido exato de uma palavra ou de um ideograma, até que nos dá a entender que a expressividade do seu idioma consiste precisamente na imprecisão.

Uma civilização da escrita

O Prof. Sato, por sua vez, nos intervalos de nossos passeios, tenta dar-me uma noção da maravilhosa riqueza de uma escrita que, a meus olhos de ocidental desprevenido, parecia um entrave terrível ao pensamento.

Ele confirma o que eu já sabia, a existência de uma escrita silábica de uns cem sinais que possibilita a transcrição fonética do japonês falado, não muito rico em sons, e a transliteração mais ou menos fiel mesmo de palavras ocidentais, por exemplo, de nomes próprios. Mas encontra dificuldade em mostrar-me, nas ruas, nos jornais, nos livros uma amostra pura dessa escrita relativamente fácil. É que ela é empregada de permeio com os ideogramas do chinês, outros tantos desenhos de intrincada complexidade de traços. Ninguém sabe ao certo o número desses hieróglifos: o japonês moderno usa correntemente dois milhares deles, mas há muitos outros — arcaicos, poéticos, regionais, técnicos — em que se esbarra de vez em quando sem se poder interpretá-los.

— Mas não seria mais simples limitar-se à escrita silábica? — pergunto-lhe.

Ele acha que seria, mas o fato é que uma pessoa que só conhece a escrita silábica é atualmente objeto de chacota.

Por assim dizer, cada ideograma — cujos traços lembram vagamente o objeto, o ser ou a ação que exprimem — tem vários sentidos bastante diversos. O verdadeiro em cada caso é determinado pelos ideogramas próximos. Daí a necessidade de conhecer todos os de uso corrente.

O que complica ainda mais a situação é que alguns sinais podem ser a um tempo elementos do alfabeto silábico e ideogramas.

Outra particularidade curiosa dos hábitos de escrever: os nipônicos escrevem com agilidade igual de cima para baixo ou da esquerda para a direita. Os letreiros nas ruas são escritos horizontal ou verticalmente de acordo com o espaço disponível. Mas certos sinais têm forma diferente conforme se escreve de cima para baixo ou da esquerda para a direita. Há também, naturalmente, a inevitável estilização da forma gráfica, o que, para os nossos olhos inexperimentados, representaria outro problema crucial. Mas toda essa complicação não perturba os motoristas japoneses, que não levam mais tempo a identificar um letreiro de cinco ideogramas, de dez traços cada um, do que um americano a distinguir um *in* de um *out*.

Tanto pela sua forma quanto pelo seu significado múltiplo, o ideograma é rodeado de um halo de conotações difícil de imaginar por quem escreve num alfabeto fonético. Lembre-se ainda de que, graças a esses sinais mais desenhados do que escritos, pedidos de empréstimo ao chinês, o japonês culto lê correntemente um texto chinês (ou coreano), sem compreendê-lo se for falado e sem saber dizer uma frase naquelas duas línguas. (É como um russo, um grego ou um francês identificarem perfeitamente o número 235, embora usem palavras totalmente diversas para pronunciarem os seus algarismos.)

Dizem que a nossa cultura, depois da fase da escrita, está entrando na da imagem. Essa afirmação tão corrente não se referirá sem dúvida ao Japão e às civilizações orientais em geral, onde escrita e imagem nunca viveram separadas.

Mostrou-me o honorável Prof. Sato, ou, como dizem no Japão, Sato-san, a sua troca de cartas com o editor do meu livro que ele traduzira. Surpreendi-me de ver uma editora importante fazer a sua correspondência à mão. Mas as máquinas de escrever são reservadas ao carteio em inglês, já que a pletora de sinais exigiria um teclado de tamanho descomunal.

Um país de livros

Contrariamente ao que se poderia acreditar, a multidão de sinais da escrita não impede a proliferação de livros e jornais. Um passeio rápido pela rua das trezentas livrarias (muitas delas de vários andares) bastou para me revelar a estonteante variedade e quantidade de livros, do mais barato ao mais luxuoso, de preço em geral não superior ao dos nossos. Que pena faltar-me tempo para visitar uma tipografia! A composição de qualquer livro em japonês deve ser uma façanha técnica de fascinante interesse.

Graças ao meu gentil parceiro, pude verificar a facilidade que tem o leitor japonês de se manter a par das últimas novidades editoriais do exterior. Os últimos *best-sellers* da França, da URSS, da Inglaterra, dos EUA são traduzidos e publicados em tempo recorde. Melhor ainda: não há nenhuma obra significativa da filosofia, da sociologia, da economia, da ciência ocidental que não tenha a sua versão nipônica.

O esforço japonês de se manter informado e de informar revela-se na multidão de dicionários bilíngues, gramáticas, cursos de língua que entulham balcões não só das livrarias, mas também dos muitos *department stores*. A predominância do inglês continua manifesta (a casa Tuttle, uma das maiores editoras, restringe-se a publicar livros japoneses ou sobre o Japão em inglês); o segundo lugar parece caber ao alemão, que conta com cada vez mais adeptos. De uma visita ao Ikubundo Verlag, casa especializada na publicação de livros em alemão para estudiosos, trouxe comigo um catálogo de oitocentos títulos.

Desejosas de honrar-nos, vieram de Sendai a esposa e filhinha do meu amigo, Toshie-san, linda moça esbelta de traços finos, e Takako-tchan, menina de oito anos, de carinha redonda, parecida com as graciosas bonecas japonesas. Ficamos tristes por não podermos nos entender diretamente. O marido e pai serve-nos de intérprete, para completar a linguagem dos gestos (sobretudo dos nossos, que os dos naturais do país são de grande sobriedade). O amigo Sato-san queixa-se de que a filhinha não revele ainda maior pendor pelas profissões intelectuais.

— Ela sabe escrever? — pergunto.

— Claro que sabe — responde o meu cicerone.

— Na escrita silábica?

— Não, senhor. Também com razoável número de ideogramas.

Julgo-me em condições de tranquilizar o pai quanto ao futuro intelectual da filhinha.

Origami, ikebana e flores

Mas sinto pena de Takako-tchan por ter que passar um dia na companhia de adultos, ainda mais de adultos que não entende. Porém, Toshie-san previu o problema: entrega à filha um envelope de papéis coloridos e daí a pouco a minha amiguinha está entretida em dobrar os papéis formando com eles figurinhas ágeis e leves, de extraordinária variedade. Explicam-me que o *origami* é matéria da escola primária; as crianças japonesas em qualquer lugar fazem hora transformando folhas de papel em pequenos milagres de habilidade.

É mais conhecida entre nós outra matéria escolar, que conta com a minha irrestrita simpatia: é a *ikebana*, a arte de arrumar flores num vaso, de preparar um ramo, em enfeite floral. E deve ser de interesse vital, pois, apesar do inverno relativamente duro, encontrei em Tóquio e alhures flores por toda parte. Em cada sala do colégio oficial um ramo de flores (trazido pelos alunos) põe uma nota alegre. Nem falo nas flores que enfeitam as ruas, as lojas, os cafés, os restaurantes, os trens. Mas quem já viu flores nas delegacias de polícia? Meninos, eu vi!

Sem dúvida, a irresistível expansão urbana reduz cada vez mais as áreas verdes do Japão; mas onde as podem conservar, os habitantes demonstram um respeito tocante pela vegetação. As árvores das ruas e dos jardins usam roupinhas de palha no corpo e nos galhos contra o frio, revelando o trabalho de um exército de jardineiros.

E por falar em jardineiros: ao visitarmos a Torre de Tóquio — uma imitação não muito feliz da por si já infeliz Torre Eiffel —, esbarramos num grupo numeroso de camponesas, gorduchas, de bochechas vermelhas, usando aventais iguais à guisa de uniforme. São voluntárias que vêm passar uma temporada nos jardins do palácio imperial, tratando, de graça, da limpeza: é a sua maneira de homenagear o imperador. Em troca, têm alimentação e alojamento numa hospedaria especial, e fazem turismo da maneira mais honrosa.

Surpresas da paisagem

Foi ao sair da metrópole que entramos em contato com a paisagem. Verde apesar do inverno, só que de um verde algo desbotado, o campo japonês ostenta árvores de pequeno porte, de galhos retorcidos, desenhando silhuetas fantásticas.

Entre muitas espécies desconhecidas, só raramente aponta uma ou outra forma familiar. O espetáculo retifica a nossa ideia anterior da pintura e da gravura clássicas do Japão, que nos pareciam excessivamente estilizadas. Agora vemos que aquelas formas estranhas existem mesmo, imprimindo à realidade um caráter fantasmagórico.

Até chegarmos ao campo, era preciso vencer muitas dezenas, talvez centenas de quilômetros de subúrbios infindáveis (é frequente duas cidades se tocarem sem haver entre elas áreas de lavoura ou de pasto). Milhares das casas minúsculas se tocam, quase sem separação; os jardinzinhos, onde os há, têm lugar apenas para uma ou duas árvores e alguns canteiros indefectíveis. O problema da superpovoação e da escassez de terra reflete-se num verdadeiro *horror vacui* que veda a existência de terrenos vagos: nas poucas áreas não construídas, mesmo das zonas mais movimentadas, improvisam-se hortas. E assim vemos um curioso suceder-se de quadrinhos intercalados às inúmeras fábricas: uma hortazinha, um arrozalzinho, uma pracinha, um tanquezinho para criação de enguias, uma casinha, um cemiteriozinho, um pátio de colégio, outra hortazinha, outro tanquezinho, outro cemiteriozinho, e assim por diante.

E há também a impressionante paisagem urbana de largas avenidas, ladeadas de possantes arranha-céus cujo volume e número espantam numa região sabidamente sísmica. Os altos edifícios, de aço e vidro, exibem um arrojo e uma elegância poucas vezes observados noutro lugar. Muitos telhados esmaltados, de cores raras e discretas, dão um toque de beleza ao monumental. Viadutos e elevados cruzam-se dando escoamento a um tráfego ao mesmo tempo assustador e imponente.

Os sete dias passados em Tóquio estavam cinzentos. É verdade que era a estação das chuvas e da neve; mas a poluição do meio ambiente deve ter contribuído para aquele matiz plúmbeo do céu que nos oprimia, poluição devida ao tráfego e à industrialização, ambos chegados a uma intensidade ameaçadora. Daí conservamos de Tóquio quase unicamente imagens baças, com a exceção de um dia de nevada: os guarda-chuvas coloridos das moças, olhadas da janela, transformavam a avenida num rio multicor.

O pesadelo do tráfego

Essa mesma janela dava para um cruzamento dos mais movimentados, com a convergência de diversas avenidas e elevados. No alto do edifício fronteiro, sinais luminosos ostentavam algarismos em sequência ininterrupta: 72, 83, 79, 81, 72, 85 e assim por diante. Um funcionário do hotel deu-nos a chave do enigma: aqueles números indicavam o barulho do tráfego em decibéis. Suponho que a medição constante estava a serviço do combate à poluição auditiva, mas faltou-nos tempo para confirmar a hipótese.

Num táxi que pego em companhia de Sato-san, um fascículo impresso está dependurado ao lado da tabela. É uma série de relatos de acidentes de tráfego mortais, com pedidos de socorro e endereço dos órfãos e das viúvas das respectivas vítimas.

Por onde andei, o tráfego de veículos é ininterrupto. Na impossibilidade de multiplicar mais os sinais, os habitantes da cidadezinha de Kamakura colocam numa cesta afixa num poste pequenas bandeiras amarelas que os transeuntes devem agitar ao transporem a ruazinha que a necessidade transformou em rodovia. Ao chegarem sãos e salvos ao passeio da frente, os pedestres depositam as bandeirinhas noutra cesta fixa noutro poste. Em sua simplicidade algo surrealista, o procedimento ilustra o choque entre as formas de vida de um passado ingênuo e as de um presente vertiginoso.

Progresso e conforto

O espantoso progresso técnico a cada passo salta aos olhos mesmo de pessoas não familiarizadas com técnica. No aeroporto de Nova York, de maletas na mão, percorremos compridos corredores; os do aeroporto de Tóquio não são menos compridos, mas estão munidos de tapetes rolantes, o que torna a circulação bem diferente. Os portões do nosso hotel e das muitas lojas que nele funcionam abrem-se e fecham-se automaticamente, sem que seja preciso tocá-las. Os trens rolam a uma velocidade máxima com o mínimo de solavancos; os famosos trens que andam a 250 km horários deslizam de Tóquio a Kioto rapidissimamente, sem deixar por isso de oferecer aos passageiros todo o conforto possível: jornais, refrescos, chá e café quente, toalhas quentes para limpeza do rosto, e, naturalmente, restaurante completo. O conforto, aliás, chega a requintes em que nunca teríamos pensado: o hotel oferece capas plásticas para guarda-chuvas molhados, papel de seda especial para limpar o sapato, touca de plástico para as senhoras usarem no chuveiro, penhoar e chinelos para os hóspedes. Alguns desses presentes podem ser sinais da cortesia tradicional, mas são atualizados ao máximo pelos recursos da técnica. A televisão transmite em imagens coloridas de perfeição total as olimpíadas de inverno que estão sendo realizadas em Sapporo, assunto do dia. Os aparelhos são os mesmos — aliás, de fabricação japonesa — que encontramos nos EUA, onde, entretanto, a TV em cores ainda deixa muito a desejar. Os turistas voltam aos seus países de origem carregados de gravadores, aparelhos fotográficos e relógios, de fama mundial.

Tudo o que requer engenho, minúcia, paciência é com o japonês. E nesse ponto lembro-me da visita à Ilha das Pérolas, onde com infinita pachorra e insuperável esmero continuam a produzir-se pérolas artificiais. O inventor do processo, Mikimoto, é honrado desde sua morte como um benfeitor da pátria. Tem estátua na praia de Toba e um museu perpetua os acontecimentos da sua vida. Ali se veem também, impecavelmente documentadas, as fases da delicada operação a que submetem as ostras para produzirem a joia cobiçada.

Na Associação dos Inventores

O incrível progresso técnico não é um simples milagre, nem apenas o resultado automático da inteligência natural do povo. Contribui para ele uma rede de instituições que o anima e organiza. Uma delas, que me foi facultado visitar, é a Hatsumei Kyokai, a Associação de Inventores. Organização particular de reconhecida utilidade pública, existe desde 1904, e com apoio do governo centraliza as atividades congêneres do país inteiro. Sua finalidade é encorajar as atividades inventivas e divulgá-las, levando ao conhecimento do estrangeiro as novas invenções japonesas e ao do Japão o que se cria no estrangeiro. Seu laboratório de investigação ajuda, testa e experimenta invenções. Suas publicações descrevem em inglês e em japonês milhares de patentes. Além de possuir sua sede no centro de Tóquio, organiza exposições no país inteiro. Para a sua Feira Mundial de Invenções de Colegiais, aproveitou um andar inteiro da Mitsukoshi, a maior loja de departamentos da capital, reunindo nela trabalhos de jovens de dezenas de países. Desde a raposa cibernética vinda de Praga e a estação de pioneiros submarinos excogitada por um menino búlgaro até os cinco lenços dobráveis em forma de bichos da Tailândia e o periscópio multidimensional, invenção de um jovem hindu, as mesas exibem um material riquíssimo para contemplação e exame.

Crianças e adolescentes reuniram aqui algo do tecido imprevisível de que será feita a vida de amanhã.

A associação convida vários expositores, um de cada continente, custeando-lhes a vinda, inclusive a viagem e a permanência de um acompanhante. Por ter cabido o prêmio destinado às Américas, este ano, à minha filha, pude testemunhar o carinho com que se recebem esses futuros cientistas, aos quais se oferece uma hospitalidade esmerada e um rico programa de visitas e excursões pelo país. Querem os dirigentes da associação a divulgação do fato para intensificar a participação da juventude nas Feiras de Ciência, nacionais ou internacionais. O organizador da mostra internacional, Sr. Shoishi Sugano, disse-me como ficariam satisfeitos se pudessem premiar daqui a dois anos, na próxima exposição, outro jovem brasileiro.

Brasil & Japão

Esse desejo é decorrência de um sincero interesse pelo Brasil que se observa em muitos setores da vida japonesa. Pude verificar, graças a meus anjos guardiães, que o nosso país goza naquela terra dos antípodas de muita simpatia. Até o homem da rua sabe que aqui vive uma vasta colônia japonesa rodeada de estima, e todos procuram agradar-nos, citando os nomes de Brasília, de Copacabana, de Pelé. A URSS, a China e até os EUA são encarados com sentimentos mistos; nenhuma ressalva existe em relação ao Brasil. Apesar da distância, a aproximação é um fato visível. Bebe-se o nosso guaraná, o Nescafé está em toda parte. Num barzinho de Kamakura, tocava-se um disco com música de Caetano Veloso.

E, fato inesperado, há seiscentos estudantes aprendendo português na Universidade de Tóquio. Não me foi possível fazer a conferência em inglês que levava para eles sobre a obra de João Guimarães Rosa, porque, por motivo de distúrbios, a universidade estava fechada. Mas o nosso adido cultural, Pedro Xisto de Carvalho, contornou a dificuldade convocando os professores japoneses de português e de literatura brasileira para o salão da Embaixada, posta gentilmente à nossa disposição pelo embaixador Pedro Leão de Moura; e, assim, pôde ser feita em português a palestra, a que, além dos colegas de Tóquio, assistiu também um professor vindo de Quioto, outro centro importante de estudos brasileiros. Entre meus ouvintes estava o Prof. Mineo Ikegami, tradutor de *Raízes do Brasil*, de Sérgio Buarque de Holanda. Naquele país tão amigo de plantas, há, pois, também, curiosidade pelas raízes espirituais e há quem a oriente para as origens da nossa cultura, numa demonstração autêntica de interesse e amor.

Visita a um colégio

Não podendo conhecer a universidade, pude, graças à Associação dos Inventores, fazer uma visita a um dos colégios oficiais da capital.

É um vasto edifício algo triste. No gabinete do diretor as xícaras fumegantes de chá verde dão-nos as boas-vindas, antes de assistirmos a fragmentos de aulas em diversas salas. Em cada uma, cinquenta pares de olhos negros espiam-nos de soslaio; mas a disciplina é severa, não há comentários cochichados de uma carteira para outra. Talvez por coincidência, em todas as salas os mestres estavam praticando a preleção; os alunos escutavam, escreviam sob ditado ou copiavam do quadro-negro. Um dos ensinantes acabava de encher o quadro da frente; passou a rabiscar no do lado direito colunas daqueles hieróglifos intrincados, enchendo-o num instante; e continuou a escrever no terceiro quadro, este por trás dos alunos, que tinham de virar-se para copiar o escrito. Na biblioteca, mal-aquecida, outros alunos tremelicavam em redor de volumes para nós cabalísticos e que eram simplesmente impressos na língua do país. A nudez dos corredores, o uniforme preto dos alunos e das alunas, cuja gravidade era ressaltada pelo negror dos cabelos e dos olhos, a multidão de quadros-negros davam-nos uma sensação de frio, que as flores presentes em todos os recintos não puderam dissipar de todo. No momento da despedida, um professor de inglês acena para as árvores cheias de brotos do quintal: são cerejeiras... Talvez, se voltássemos um mês depois, com todos aqueles galhos carregados de flores, a impressão seria outra.

Oriente *versus* Ocidente

Já falamos em alguns requintes de conforto que nos causaram espécie. Teremos esquecido outros, e deve haver uma infinidade que não chegamos a notar. Mas não tenho a impressão de que o conforto seja essencial ao japonês. Aqueles aperfeiçoamentos todos brotam de sua capacidade inventiva e são aplicados especialmente na indústria turística, pois o turismo é aqui indústria e como tal é levada a sério. Mas por natureza os filhos do país pertencem antes ao tipo espartano, são pouco exigentes e habituados a condições de existência duras.

Pude avaliá-las num *ryokan*, hotel de estilo japonês que, ao que me dizem, reproduz as condições da casa individual. As dimensões e a forma da salinha podem ser modificadas por meio de biombos, incorporando-lhe ou excluindo a minúscula antecâmara e o jardinzinho fronteiro. Apenas embriões de móveis; uma mesa baixíssima e cadeiras só de encosto e assento, mas sem pernas. O chão coberto de uma esteira, de rigorosa limpeza; também, ao transpor o portão, todos tiram os sapatos e, ao transpor o limiar da sala, os chinelos também. O jantar é servido na mesinha baixa e consumido de joelhos ou de pernas dobradas. Terminada a refeição, a criada retira a mesa, busca nos armários embutidos nas paredes um número de colchões igual ao dos hóspedes e a sala de jantar transforma-se em quarto de dormir.

A comida, de aspecto lindo e, sem dúvida, saudável (pois não se veem quase japoneses gordos), não é demasiadamente saborosa, e para o nosso paladar nada tem de picante; é servida frequentemente meio crua, terminando de cozinhar na mesa sobre fogo lento. Um ou dois molhos servem para relevar-lhe o gosto, mas misturados a todos os pratos comunicam-lhes uma monotonia algo insulsa. Dominam peixes, ostras, mexilhões, algas e arroz.

Os bons hotéis e restaurantes servem comida nos estilos europeu e japonês. Apesar da qualidade excelente dos pratos servidos à europeia, os frequentadores japoneses pareciam dar preferência à comida da sua terra e quase sempre pegavam nos pauzinhos, em vez de utilizarem faca e garfo.

Quanto ao traje, eu temia uma ocidentalização excessiva. De fato, quase todos os homens aderiram aos trajes europeus, assim como a maioria das mulheres que trabalham; mas, quanto mais se penetra no interior, mais se veem mulheres de quimono, traje desajeitado inventado para esconder o corpo e ao qual o senso artístico inato das japonesas sabe dar uma variedade e uma graça cativantes. A invasão das modas do oeste parece ter realçado o prestígio do quimono, acrescentando a seus encantos o recato da intimidade do lar. Há quimonos de corte especial para permitir à mãe carregar o filho nas costas. Vimo-los de todas as espécies, suntuosos e pobres. Será que no Japão não se usa carrinho de bebê?

E assim vão, fundidos num amálgama excitante, os ingredientes do Ocidente e do Oriente; este último, porém, continua a persistir nos gestos, na mímica, nos hábitos do convívio, tudo sublinhado por uma cortesia nada exuberante, o permanente sorriso de afabilidade, a reverência comedida que substitui o aperto de mão, uma cordialidade quase silenciosa.

Que acharão os nossos hospedeiros da nossa comunicabilidade, do nosso alvoroço agitado, de nossos gestos exagerados?

Seria preciso uma permanência prolongada para podermos experimentar todas as manifestações de sua delicadeza. Ela às vezes reveste formas estranhas. Surpreende-me a multidão de transeuntes que usam um lenço no rosto, a tapar a boca e o nariz à guisa de máscara. Informam-me que são pessoas gripadas, que assim desejam impedir que o seu resfriado se comunique a outros.

Presença do passado

Se mais de uma vez me senti no século XXI, frequente-mente os monumentos do passado mergulham-me no Japão das estampas e dos biombos.

Percorremos descalços o imenso templo budista *chion* de Quioto, cujos enormes pilares e vigas, outros tantos troncos de madeira, são engastados uns em outros sem o uso de um só prego. Compramos as nossas sortes à entrada de outro templo no meio de um bosque, em cujas árvores centenas de outros compradores, que tiraram sorte ruim, dependuram suas papeletas. Na entrada de um terceiro, mandamos queimar uma vareta com nosso nome inscrito, garantia certa de saúde; aspiramos o incenso que arde no campanário; comemos, em número igual ao de nossos anos mais um, feijões dos que foram atirados na véspera nos quatro cantos da casa aos maus espíritos; contamos as coroas de palha suspensas nas portas, trazidas dos templos xintoístas para conciliar um ano novo favorável. Adquirimos amuletos os mais variados, que, devidamente atualizados, protegem não mais contra o mau-olhado, mas contra os acidentes do tráfego.

O que essas práticas representam para os demais frequenta-dores dos templos, mera distração folclórica ou manifestação singela de fé íntima, não posso aquilatar muito bem. Mas entrego-me sem resistência à magia envolvente de alguns instantes raros, como os vividos à margem do laguinho que reflete os salientes telhados sobrepostos do Pavilhão de Ouro em Quioto. Surpreendemo-lo num momento de abandono, enquanto uma chuvinha miúda o envolvia de neblina e no bosque vizinho uma flauta japonesa modulava a música discreta que momento e paisagem exigiam imperiosamente.

Os dez dias foram-se num átimo. Fixo as suas lembranças antes que se apaguem de vez, recolho-as como as pedrinhas de um mosaico, embora sabendo que não poderão compor um quadro completo e coerente. Quanta coisa que devíamos ter visto e não pudemos ver, ou vimos mal ou não entendemos! Quantos pormenores notados no momento, mas que se esgarçaram na sucessão tumultuada das imagens. Porém, a um toque da memória inconsciente, hão de surgir daqui a meses ou anos, com toda a nitidez: então já farão parte do meu eu para sempre.

Daqui a pouco deverão chegar os livros comprados durante a viagem. Sua leitura ajudar-me-á a dar forma concreta a minhas saudades, a completar a intuição pela compreensão e pelo conhecimento. Mas mesmo sem eles já sei que aqueles dez dias hão de alimentar-me a imaginação pelo resto da vida. O Japão, que guardava uma mensagem para mim, encontrou um meio inesperado para entrar em comunicação comigo: cabe a mim agora decifrá-la.

1972

ELEGIA FIUMANA

Meu amigo e sogro Eduardo Tausz morreu do coração, de um dia para outro, com 77 anos, no Rio. Sobrevivera de meio século à Monarquia austro-húngara, cujas falhas e virtudes encarnava e a cuja memória votava culto comovedor e tenaz. Bom soldado da I Guerra Mundial, bom funcionário, bom diretor de empresa, tinha o senso da hierarquia incrustado nos ossos: agradava-lhe obedecer e ainda mais mandar, e detestava tudo aquilo que podia dissolver a disciplina, enfraquecer a fibra, perturbar a ordem. Conheci-o depois de aposentado. Passamos dezessete anos em boa convivência, não sem pequenas divergências, mas dando-nos bem em toda a medida do possível, apesar das diferenças da idade, dos gostos e das tendências. Homem de notável cultura geral, ele lia muito sobre assuntos os mais variados: história, política, economia... sem falar em seus três *hobbies* — fotografia, astronomia, armas de fogo —, em que tinha conhecimentos de especialista. Pois no decorrer de todos aqueles anos não me lembro de tê-lo visto pegar espontaneamente uma obra de literatura. Por insistência minha, vez por outra condescendia em abrir um romance, que, depois de percorridos os primeiros capítulos, ficava encostado.

De poesia nem se fala. Versos e poetas inspiravam-lhe uma definitiva e sólida antipatia.

Livre de compromissos de expediente, gostava muito de ocupar o espírito inventivo e a extrema habilidade manual em serviços de mecânica, carpintaria e construção, para o que a nossa casinha de Friburgo lhe oferecia muitas oportunidades. Acontecia-lhe permanecer meses a fio sozinho na serra, consertando, aperfeiçoando, organizando coisas na casa, no quintal e no jardim, lendo as suas revistas e seus manuais especializados, anotando a lápis vermelho o jornal, observando os movimentos da redondeza e, através de seus óculos de alcance, os do firmamento.

Além disto, para encher as longas noites solitárias, ocupava-se na empresa meticulosa e quimérica de recompor aos pedacinhos um mundo para sempre submerso, reconstruindo a sua cidade natal cujo nome desaparecera de todos os mapas.

Esqueci-me de dizer que meu sogro era fiumano. Fiume pertencera, até 1918, à Monarquia Austro-Húngara com a particularidade de ser o único porto de mar da Hungria, com cujo território, aliás, não confinava; encravado no país croata, era uma ilha italiana no meio de um território eslavo e, num remate de contradições, administrada por húngaros. Essa situação especial produzira nos fiumanos, geralmente de língua italiana, embora de origens as mais diversas, um sentimento particularista muito forte, um *spiritus loci* inconfundível que só não chamamos de nacionalismo por não emanar de nenhuma nação. Essa cidadezinha de vida intensa e inquieta, de apenas 60 mil habitantes, teve o privilégio pouco invejável de exemplificar todas as vicissitudes da recente história europeia.

Em 1918, o Tratado de Paz entendeu atribuí-la à Iugoslávia, juntamente com outros territórios da Monarquia. Em 1924, ficou cidade livre; D'Annunzio, com um grupo de voluntários, ocupou-a, transformando-a em cidade italiana. Daí a pouco, com o beneplácito das grandes potências, foi efetivamente incorporada em silêncio à Itália. Mas Mussolini aliou-se a Hitler, e, em 1945, os fiumanos pagaram o pato, passando outra vez para a Iugoslávia. Traumatizados pela ocupação nazifascista, os iugoslavos não transigiram com as veleidades de autonomia: os autonomistas ativos foram passados pelas armas, os vestígios de *italianitá*, inexoravelmente apagados. As velhas famílias da cidade preferiram emigrar, constituindo colônias em Gênova e em Nápoles ou dispersando-se pelo mundo afora, enquanto Fiume foi rebatizada para Rijeka (ambos os nomes significando *rio* nas respectivas línguas).

Atirado pelo seu destino individual para outro Rio, meu sogro arrastava consigo o fantasma da sua cidade de que frequentes vezes nos contava casos. Como a minha mulher deixara Fiume muito jovem, não lhe podia auxiliar a memória em nada; por mim, guardava da cidade vagas lembranças de turista. Revendo-a juntos, ela e eu, em 1964, em vão procurávamos nela uma pessoa que falasse italiano.

Foi o mapa sentimental dessa cidade tão dolorosamente europeia que meu sogro tentava reconstituir nas frias noites friburguenses. Acabo de encontrar entre seus papéis as relações de nomes que, escavando a memória, sua mão ainda firme anotou num caderno: dos bairros da cidade, das aldeias da redondeza, das ilhas da baía, dos canais, dos cafés, das praças — entre elas a Piazza Miller, "onde nasci, no n. 2, esquina da via del Duomo" —, das ruas, dos sócios da Quarnero, Societá di Canottieri, de que ele foi diretor esportivo e remador entusiástico. Mas a lista mais completa, e a mais difícil, é aquela, alfabética, que ele tentou compor dos nomes dos seus patrícios, de todos os fiumanos contemporâneos de que tivesse notícia. Redigiu-a sob a forma de mero registro, às vezes de comentário de poucas palavras. Estas, às vezes, não passam de simples nota de localização, relações familiares e qualidades profissionais: Fulano, dentista, estabelecido em frente à Prefeitura, ou Sicrano, genro de Beltrano; ou ainda pequenos subsídios à memória: B., dono de loja de móveis, usava barba ruiva. Mas as anotações ganham força patética quando o cronista procura sintetizar a vida dos concidadãos que conhecia mais de perto: M. A., morto na guerra, considerado herói nacional, tem rua com seu nome; C., meu colega de banco, fascista n. 1, tirou-me o apartamento; L. E., voluntário da guerra de Espanha, executado pelos vermelhos; H. F., matou-se em véspera de ser detido pelos nazistas; O. G., no fim da guerra, apareceu em Fiume em uniforme dos EUA, executado pelos iugoslavos por causa de uma observação infeliz feita na agência do correio; O. G., morto no acampamento quando da evacuação de Fiume; D. G., sequestrado pelos nazistas, executado; H. ferido à morte na I Guerra Mundial; M. H., mecânico, emigrou para Israel; seu irmão, T. H., aviador italiano, casou na Abissínia; H., detido pelos fascistas, meu companheiro de prisão em Torretta; M. H., pintor, executado como espião; T. K., meu secretário no banco, mais tarde paraquedista do exército norte-americano, executado pelos alemães; L., fabricante de sabão, fascista da primeira hora, apesar disso preso em Torretta por motivos raciais; E. M., mais tarde ministro comunista na Hungria; S. N., correspondente francês-alemão, colega do banco, executado pelos húngaros em Budapeste; N., dono da confeitaria do Corso, onde se vendiam os melhores mil-folhas do mundo; P., barbeiro em frente ao Banco de Crédito, pai de um assassino fascista convicto; R. R., advogado, colega do clube de regatas, dos primeiros a arvorar uniforme da SS em Fiume; S., alfaiate, o primeiro a quem os fascistas fizeram engolir óleo de rícino; T., livreiro, nacionalista sérvio, com loja em frente à igreja grega; irmãos W., um oficial da polícia, outro fuzilado por acaso no quartel da milícia; C. V., segundo alguns, mulher ou hermafrodita; V., homem afável e simpático, passou anos preso por motivo de dinheiro, sempre me inspirou pena; S. W., despeitoso, italiano patrioteiro, antipatizado; B., barbeiro, marido de cabeleireira, nazista, emigrou para os EUA, onde a mulher se converteu ao judaísmo; S. B., livre-pensador, um dos fundadores da Ass. Giordano Bruno; B., comerciante de cereais, matou-se; C., com 70 anos tomou parte numa corrida na via XXX Ottobre, morreu da estafa; H., companheiro de turma, quis dar uma surra no professor M.; outro H., companheiro de turma, ferroviário, de nariz vermelho, esmagado pelo trem; H. K., filha do corneteiro do 79° regimento, moça simpática, bem-educada...

Assim continua o memorial, fixado em muitas laudas de papel, sem outro interesse senão aquele de ajudar a própria memória a dilatar por mais um tempinho a precária imortalidade de todos aqueles fantasmas.

As minibiografias geralmente não são completas: meu sogro deixou a sua cidade em 1941 e soube do desfecho de muitas vidas por acaso, ou pela *Voce di Fiume*, jornalzinho dos fiumanos em exílio, mas o de outros passou-lhe despercebido. Se alguém o tivesse chamado de poeta, teria protestado com veemência.

1970

Este livro foi impresso nas oficinas da
Distribuidora Record de Serviços de Imprensa S.A.
Rua Argentina, 171 – Rio de Janeiro, RJ
para a Editora José Olympio Ltda.
em fevereiro de 2014

★

82º aniversário desta Casa de livros, fundada em 29.11.1931